상처 입은 관계의 치유

MARTIN H. PADOVANI
HEALING WOUNDED RELATIONSHIPS

Copyright © 2006 by Martin H. Padovani
All rights reserved.

Translated by KWON Un-Jung.

Korean translation Copyright © 2011 by Benedict Press, Waegwan, Korea.
Korean translation edition is published by arrangement with
Twenty-Third Publications/Bayard, Inc.
New London, CT 06320, USA.

상처 입은 관계의 치유

2011년 5월 초판 | 2023년 8월 7쇄
옮긴이 · 권은정 | 펴낸이 · 박현동
펴낸곳 · 성 베네딕도회 왜관수도원 ⓒ 분도출판사
찍은곳 · 분도인쇄소
등록 · 1962년 5월 7일 라15호
04606 서울시 중구 장충단로 188(분도출판사 편집부)
39889 경북 칠곡군 왜관읍 관문로 61(분도인쇄소)
분도출판사 · 전화 02-2266-3605 · 팩스 02-2271-3605
분도인쇄소 · 전화 054-970-2400 · 팩스 054-971-0179
www.bundobook.co.kr

ISBN 978-89-419-1107-4 03230

이 책의 한국어판 저작권은
Twenty-Third Publications/Bayard, Inc.와 독점 계약한 분도출판사에 있습니다.
저작권법에 의해 한국 내에서 보호를 받는 저작물이므로
무단 전재와 무단 복제를 금합니다.

상처 입은 관계의 치유

마르틴 파도바니

권은정 옮김

분도출판사

예수님의 어머니 마리아와 내 어머니 바이올라,
브랜도, 라이오넬에게 바칩니다.

주님께서 나를 보내시어
가난한 이들에게 기쁜 소식을 전하고
마음이 부서진 이들을 싸매어 주며
잡혀간 이들에게 해방을,
갇힌 이들에게 석방을 선포하게 하셨다.

이사 61,1

차례

들어가며 9

1장 소통
말을 안 하면 그 속을 어찌 압니까? 13

2장 듣기
제발 내 말 좀 들어 주세요. 41

3장 갈등
내가 세상에 평화를 주러 왔다고 생각하느냐? 55

4장 친밀감
당신을 속속들이 알고 싶어요. 75

5장 가장 중요한 관계
나를 사랑하지 못하는데 누군들 사랑할 수 있을까? 95

6장 용서와 화해
당신을 용서하지만 여전히 마음은 아파요. 121

7장 상실
맘 놓고 울어도 좋습니다. 143

8장 이혼
　　　　내게도 책임이 있어요. 157

9장 사별과 애도
　　　　죽음이 죽음이 아니요, 새로운 삶으로 옮아감이오니 …. 183

10장 불안과 두려움
　　　　생각하는 대로 되는 법이랍니다. 213

11장 재혼
　　　　이혼한 사람은 교회의 천덕꾸러기? 231

12장 행복한 결혼생활
　　　　나는 자신 있는데, 당신은요? 255

13장 가족
　　　　일주일에 한 끼라도 다 같이 먹어요. 263

14장 감사하는 마음
　　　　먼저 고맙다고 말하세요. 277

　　감사의 말　287

들어가며

전작 『상처 입은 감정의 치유』*Healing Wounded Emotions*는 우리의 인성 가운데 특히 감정에 관한 오해와 잘못된 인식을 바로잡고자 쓴 책이었습니다. 인간의 감정을 둘러싼 오해는 신앙인을 포함한 많은 이에게 악영향을 끼칩니다. 『상처 입은 감정의 치유』에서는 자기 감정에 대한 부정적 태도를 바로잡고, 자연스럽게 감정을 느낄 수 있도록 도와주고자 했습니다.

또 『상처 입은 감정의 치유』에는 독자들로 하여금 정서적인 영역과 영적인 영역, 혹은 심리적인 문제와 종교적인 문제라 할 수 있는 현상들을 통합하게 하면서, 아울러 그 둘 사이의 모순을 제거하게 하려는 의도도 있었습니다. 그 책에서 나는 진정한 영성은 우리가 온전한 인간이 될 수 있는 능력에 뿌리내리고 있다고 밝힌 바 있습니다. 『상처 입은 감정의 치유』가 예상을 뛰어넘는 큰 성공을 거두는 바람에, 많은 독자로부터 속편을 써 달라는 요청을 받게 되었습니다.

이 책이 바로 그 속편입니다. 여기서는 우리의 인간관계 중에서도 특별히 친밀하고 개인적인 관계의 여러 측면을 살펴보면서, 이러한 관계를 오늘의 세상 속에서 유지하고 성장시키는 데 필요한 지식과 지혜를 전달하고자 합니다. 이로써 인간관계에 관한 오해와 잘못된 인식을 바로잡을 수 있을 것입니다.

나는 결혼 전문 상담가로 일하면서 관계에서 빚어지는 오류가 한 세대에서 다음 세대로 똑같이 이어지는 것을 목격합니다. 부모가 저질렀던 실수를 그대로 반복하면서 결혼생활의 첫발을 내딛는 젊은이들을 보면 안타까운 마음을 금할 길이 없습니다. 이런 무의미한 고통은 얼마든지 막을 수 있는 것입니다. 부모의 실수를 반복하지 않으려면, 어떻게 해야 좋은 관계를 유지하고 결혼생활을 잘 이어 갈 수 있는지, 어떻게 소통해야 하는지, 갈등이 유익한 경우는 언제인지, 친밀감은 과연 무엇인지 등에 관한 제대로 된 교육 프로그램이 필요합니다. 이런 자료가 요즘은 대단히 많은데도 학교나 교회, 대학 등지에서 잘 활용되지 않는 것 같습니다. 적절한 교육이 이루어져야, 예컨대 우리 사회를 흔들고 있는 높은 이혼율 같은 것들을 낮출 수 있을 것입니다.

예수님은 스스로 인간이 되셨습니다. 그분은 인간적인 것과 영적인 것을 통합하셨습니다. 어떻게 인간이 되고 어떻게 관계 맺는지를 우리에게 가르치셨습니다. 사실 복음서는 관계에 관한 책이라 해도 과언이 아닙니다. 바오로 사도가 말한 것처럼 예수님은 우리가 더욱 당신과 같아지게 하시고자 우리와 같은 인간이 되셨습니다. 예수님은 우리에게 하느님을 사랑하고 이웃을 내 몸과 같이 사랑하라고 말씀하셨습니다. 자기 스스로를 사랑하지 않고는 타인과 하느님을 진정으로 사랑할 수 없음을 그분은 우리에게 일러 주셨습니다.

이 말씀을 명심해야 합니다. 예수님 시대 이후 2천 년이 지났지만 우리는 아직도 건강한 관계를 맺지 못하고 있습니다. 독자들이 이 책을 통해 '관계를 되찾고', 우리가 온전한 인간이 되지 못하는 한, 진심으로 사랑할 수 없을뿐더러 진정한 영성을 계발하지도 못한다는 사실을 깨닫게 되기를 희망합니다.

1. 소통

말을 안 하면 그 속을 어찌 압니까?

상처 입은 관계를 치유하려면 먼저 소통에서부터 시작해야 합니다. 관계에서 빚어지는 모든 문제, 특히 결혼생활과 가정생활에서는 자식, 돈, 친척, 성생활, 애완동물 등등 헤아릴 수 없이 많은 문제가 존재합니다. 이런 관계에서 서로 간에 무수한 오해와 불편한 감정의 싹을 틔우게 됩니다. 그런데 해결이 무척 힘들고 이견이 커 보이는 문제일지라도, 본질적으로는 소통이 원활하지 못해 생겨나는 문제들입니다. 우리는 관계 맺으려 하지 않고, 상대방 뜻에 맞추지도 않습니다. 그러니 서로 모를 수밖에요!

    인간으로서 우리가 지닌 가장 강력하고 아름다운 은총은 소통할 수 있는 능력입니다. 이를 깨닫지 못하는 것이야말로 비극입니다.

**우리는
사랑으로
진리를 말해야
합니다.**

우리는 세상 어느 곳, 누구와도 즉각적으로 소통할 수 있는 첨단 미디어 시대에 살고 있습니다. 전 세계에서 일어나는 좋거나 나쁜 소식들을 거의 실시간으로 알 수 있는 세상에 살면서도, 내 삶에서 가장 가까운 사람들과 마음을 열고 소통할 줄 모르는 문제를 안고 있는 것입니다.

인간은 서로 소통할 수 있는 존재로 창조되었습니다. 생각과 느낌을 표현하고 전달할 수 있는 목소리와 혀, 입술, 귀, 표정, 몸짓을 타고났습니다. 이렇게 자신을 드러내는 능력이 삶과 관계의 근간을 이루고 있습니다. 우리는 하느님의 모상으로서 하느님과 닮게 창조되었습니다. 계시의 책으로 불리는 성경을 통해 하느님은 창조의 권능과 아름다움 속에서, 그리고 당신의 말씀을 듣는 모든 이의 가슴속에서 스스로를 드러내십니다. 실로 하느님은 우리 스스로를 당신께 드러냄으로써 당신과 관계 맺도록 우리를 부르고 계십니다.

삼위일체를 바라보는 가장 간명한 방법도 관계라는 관점에서 보는 것입니다. 아버지, 아들, 성령 그 셋이 매우 긴밀하게 관계를 유지하고 소통한다고 보면 됩니다. 더 나아가 예수님의 가르침과 삶은 대부분 관계 맺기와 소통에 관한 것이라 할 수 있습니다.

하느님은 우리가 당신께 우리 자신을 드러내도록 요구하시며, 우리는 기도 속에서 이를 실행합니다. 실제로 그리스도인에게 가장 큰 도전은 관계를 맺고 성장시키는 일입니다. 이것이 바로 하느님을 사랑하고 이웃을 내 몸과 같이 사랑하라는 그리스도의 영성이 아니겠습니까? 그러려면 서로서로 소통하려는 의지가 있어야 합니다. 소통이 없으면 관계도 없고, 관계가 없으면 사랑도 없습니다. "우리는 사랑으로 진리를 말하고 모든 면에서 자라나 그분에게까지 이르러야 합니다"(에페 4,15).

소통의 기본 목표는 뭔가를 해결하는 것이 아니라 자기를 드러내는 것입니다. 타인과 소통하려는 의지가 아예 없는 사람도 많습니다. 그들은 말합니다. "말해 봤자 무슨 소용 있어? 뭐 하나 해결되는 게 있어야 말이지." 소통의 일차 목표가 문제를 해결하려는 것이라면 결국 아무것도 이루지 못할 것입니다. 하지만 표현하는 것을 목표로 한다면 문제를 해결할 가능성과 희망이 생겨납니다. 타인에게 자신을 드러내 보임으로써 우리는 종종 문제를 해결할 만한 단서를 찾아냅니다. 표현함으로써 서로를 이해하게 되기 때문입니다.

개인적 소통은 쉽게 말해서 내가 누구인지 타인에게 드러내는 일입니다. 내가 이해하고 생각하고 느끼고 원하는 것을 드러내는 것입니다. 남들에게 나를 열어 보인다는 것은 매우 어렵고 겁나는 일입니다. 여기서는 친구나 이웃, 직장 동료와 통상적으로 이루어지는 소통이 아니라 결혼생활이나 가정에서의 매우 친밀한 관계를 말하는 것입니다. 긴밀한 관계에서 소통하려면 진지한 개방성과 정직성이 필요하며, 솔직하고 분명한 소통이 이루어져야 합니다.

그렇게 소통하면서 서로를 신뢰하는 관계가 형성되고, 신뢰를 바탕으로 사랑의 관계도 이루어집니다. 요즘 세상에서는 이해하기 힘든 말입니다. 사랑을 말하는 사람은 많아도, 대부분 유치하고 피상적인 사랑에 지나지 않습니다. 신뢰에 기반을 두고 있지 않기 때문입니다. 바로 이런 이유로, 사랑에 냉소적인 사람이 많은 것입니다. "도대체 사랑이 뭐야?" 그들은 말만 번드레하게 사랑을 속삭이는 이들에게 상처 입고 고통받아 왔습니다. 신뢰 어린 관계를 쌓지 못하면 사랑이라는 말 속에서 길을 잃고 맙니다. 개방되고 정직한 소통을 바탕으로 신뢰 관계를 구축해 나가야 합니다.

이런 신뢰 관계는 우리가 생각하고 이해하는 것뿐 아니라 느끼고 바라는 것까지도 상대와 나누는 관계를 뜻합니다. 이를테면 상대방이 저녁 모임에서 먼저 자리를 떴을 때, 그것이 단순히 충동적인 행동이었을지라도, 그 일로 내가 속이 상하고 언짢았다고 말할 수 있어야 하는 것입니다. 말하면 서로 불편해질까 봐 우리는 속마음을 감추고 차라리 감정을 덮어 두는 쪽을 택하곤 합니다. 그렇게 되면 상대방에게 내 진심을 전할 수 있는 기회를 영영 잃고 맙니다. 내 기분을 제대로 전달하지 못하는 것뿐 아니라 상대방 역시도 내가 속상하고 언짢았다는 중요한 정보를 놓치게 되는 것입니다.

이런 식의 불완전한 소통이 반복되다 보면 사람들 사이에는 서먹한 거리감이 생겨납니다. 서로를 잘 모르는 채로 응어리진 상처와 분노, 불만 속에서 관계가 서서히 악화됩니다. 가까워질 수 있는 가능성이 점점 사라집니다. 이런 상태를 흔히 사랑이 식었다고들 하지만, 실은 서로 간에 접점이 없어졌다는 것이 더 맞는 표현입니다.

소통하는 법을 아예 모르거나 두려움 때문에 진실한 소통을 피하는 바람에, 얼마나 많은 결혼생활과 가정생활, 교우 관계에 소통이 전무하거나 소통 가능성이 점차 사라져 가고 있는지 모릅니다.

물론 진실한 소통이 두려울 수도 있습니다. 거부당하면 어쩌나 하는 걱정, 사랑받지 못할까 봐 두려워하는 마음이 듭니다. 하지만 솔직하게 표현했는데도 이런 결과가 나온다면, 처음부터 그 관계는 진실하지 않았던 겁니다. 그렇지 않나요? 또 타인의 마음을 상하게 할까 봐 염려하기도 하는데, 그렇다면 우리는 건강한 관계에 대해서 잘못 알고 있는 것입니다. 솔직하게 행동하는 것이 간혹 상처를 안겨 줄 수도 있겠지만, 서로가 진실하다면 그러한 상처는 자연스러운 결과로 받아들여야 합니다. 다만 솔직하게 말할 때도 의도적으로 상처 주고 악담하는 태도는 피해야 합니다. 그리고 침묵에도 악의가 깃들 수 있음을 기억합시다. 내가 자주 인용하는 말이 있습니다. "폭력보다 침묵 때문에 파경에 이르는 결혼이 더 많습니다." 침묵이 폭력을 초래하는 경우도 흔합니다!

예수님은 말씀하셨습니다. "진리가 너희를 자유롭게 할 것이다" (요한 8,32). 예수님은 진리가 상처를 주지 않을 것이라고 말씀하지 않으셨습니다. 우리는 갈등이 두려운 나머지 정직한 소통을 꺼리지만, 건강하고 진솔한 관계에서는 갈등도 일어나는 법이며, 분노와 불화도 당연히 생겨날 수 있습니다. 우리는 스스로를 열어 보이고 타인과 정서적으로 가까워지는 것이 두려워 정직한 소통을 어려워합니다.

어떤 식으로 말하느냐 하는 것도 소통의 또 다른 본질적 측면입니다. 솔직하다는 것이 신랄하거나 냉소적이거나 치사하거나 악의적이어야 한다는 의미는 아닙니다. 솔직하다는 것은, 우리가 이해하고 생각하고 느끼고 원하는 것을 분명하고 직설적이되 점잖게 말하는 것입니다. 지금 속이 끓어오르고 있다면 잠시 기다렸다가 분을 삭인 다음 자신의 뜻을 조리 있게 전달해야 합니다. "지금은 너무 화가 나서 말하기 힘들어. 나중에 다시 이야기할게"라고 말할 수 있으며, 나중에 꼭 다시 이야기해야 합니다. "사랑으로 진리를 말한다"(에페 4,15)라고 한 바오로 사도의 지혜를 떠올려 봅시다. 그런데 시간이 지나 화가 풀리고 나면 더 이상 민감한 문제에 대해 이야기하지 않으려는 경우도 종종 생깁니다. 지나간 일로 덮어 두려는 것입니다. 당장 쉬운 길을 택해 버리면 나는 못 믿을 사람이 되고 맙니다. 이랬다저랬다 하면서 사람을 헷갈리게 한다는 소리를 듣습니다. 부모가 이런 식이면 아이가 힘듭니다. 곤란한 대화를 나중으로 미뤄 놓고는 다시 언급하지 않는 부모는 아이에게 신뢰를 잃게 되고, 혼란스러워진 아이는 결국 부모를 원망하게 됩니다.

터놓고 정직하게 소통하지 않으면 오해가 깊어질 우려가 있는 것은 물론이고 잘못된 인식을 키워 나갈 수도 있습니다. 앞서 말했듯이 침묵이 도리어 일을 그르칠 수 있음을 잊지 맙시다. 침묵으로 일관하는 한, 십중팔구 상대방은 부정적이거나 잘못된 해석에 빠지게 되고 그릇된 판단을 하게 될 것입니다.

꾸밈없이 솔직하게 말하는 것만이 내가 당신을 알고 당신이 나를 알 수 있는 유일한 길입니다. 우리는 서로의 마음을 읽을 수 없습니다. 생각하고 느끼는 바를 말로 분명히 표현해야 알 수 있습니다.

가까운 사람끼리의 소통

제대로 소통하는 법을 가까운 이들에게 적용하면, 서로를 더 잘 알게 될 뿐 아니라 사이도 좋아지고 불만도 원만히 처리할 수 있게 됩니다. 우리는 살면서 마주치는 중요한 문제와 감정을 정면으로 맞서지 않고 회피하곤 하는데, 이것이야말로 관계를 망치는 태도입니다. 이렇게 되면 관계의 기본 전제가 무너지면서 서로 영영 멀어지고 맙니다.

부부나 가까운 친구 사이에서는 세 가지 단계를 유의해야 합니다. 첫째, 함께하기. 둘째, 차이를 인정하기. 셋째, 차이를 인정하면서 함께하기. '함께하기'가 서로의 공통점만 보는 단계라면, '차이를 인정하는' 단계에서는 서로 다른 점을 인식하고 각자의 본래면목을 보기 시작합니다. 우리는 누구나 좋은 사람들이지만 서로 다르고, 저마다 고유한 특징이 있으며, 성장 배경이나 생각, 인식, 일하는 방식이 모두 제각각입니다. 이것은 어떤 관계에나 당연히 해당되는 사실입니다. 함께 성숙하려 할 때나 이별할 때, 더욱 가까워지려 할 때 우리는 이 단계를 거칩니다. 서로를 이해하면서, 타협과 협력과 관용과 공생을 배우려면 고통스러운 소통의 과정을 겪어 내야 합니다. 그러지 못하면 이혼을 하거나 가족 간의 유대가 깨지고, 겉으로는 서로 잘해 주는 듯해도 실제로는 그렇지 못한 피상적 관계에 머물고 마는 것이 바로 이 단계입니다. 관계가 무너지는 순간입니다.

하지만 서로의 차이를 인정하고 자연스럽게 받아들인다면 우리는 더욱 깊은 관계, 즉 '차이를 인정하면서 함께하는' 단계로 나아갈 수 있습니다. 조화를 이루면서 각자의 개성도 유지할 수 있게 되는 것입니다. 우리 모두는 평등하지만 서로 다르며, 진정한 관계에는 투쟁과 긴장과 적응이 따르기 마련입니다. 각자의 개성을 지킬 수 있어야 타인과의 관계도 지킬 수 있는 것입니다. "둘이 한 몸이 된다"(창세 2,24)는 말씀도 이런 의미입니다.

예수님은 이 점을 명백히 표현하셨습니다. "두 사람이나 세 사람이라도 내 이름으로 모인 곳에는 나도 함께 있기 때문이다"(마태 18,20). 사람들이 모여서 함께 기도하는 것만을 말씀하신 것이 아닙니다. 서로 참아 주고, 터놓고 솔직하게 대화하며, 우리 한 사람 한 사람을 독특한 존재로 만들어 주는 개성과 차이점을 받아들이는 힘을 기르라는 말씀입니다. 이 단계는 서로 우위를 차지하겠다고 다투거나, 상대방을 통제하고 조종하려고 골몰하거나, 이떻게든 이겨 보겠다고 절치부심하는 단계가 아닙니다. 진실하게 서로 앞에 자신을 드러내 보이는 단계입니다. 하느님이 우리 앞에 당신 모습을 드러내 보이셨듯이 우리도 서로 간에 자기 모습을 드러내라고 하느님은 촉구하십니다. 저마다 스스로를 드러내 보일 때 우리 가운데 계시는 하느님을 발견할 수 있습니다.

소통을 어떻게 배울 것인가?

그렇다면 소통은 언제, 어디서 배우는 것일까요? 우리는 오랫동안 학교에서 많은 것을 배웠습니다. 그런데 학교 교육에서 과연 우리는 개인적 소통의 기술을 배운 적이 있었던가요? 전혀 아니었지요! 학교를 졸업하고, 학위를 취득하고, 전문가가 되었어도, 소통에 관한 한, 우리는 어떤 것도 배우지 못했습니다. 의사, 변호사, 성직자, 배관공, 슈퍼마켓 직원 … 하는 일이 무엇이건 간에 소통에서는 죄다 무능력자요 벙어리나 진배없는 형편입니다.

그나마 소통의 기술을 배운 곳이 있다면 그곳은 바로 우리가 자라난 가정입니다. 우리는 부모가 서로 소통하던 모습에서, 또 우리 자신이 부모나 형제들과 소통하면서 배운 바를 이후의 관계에도 적용해 왔습니다.

가정에서 익힌 소통 방식 가운데 좋은 것을 가려내어 더욱 다듬어야 합니다. 쓸모없는 방식은 버려집니다. 어느 가정이나 부족한 점은 있는 법이며, 개중에는 심각한 문제를 안고 있는 가정도 있습니다. 꼬인 관계(결혼생활, 가정생활, 교우 관계, 본당, 직장, 신심 단체 어디나 할 것 없이)의 밑바닥을 들여다보면, 빈약하고 솔직하지 못하고 감정이 녹아들지 않은 소통이 이어지고 있거나 아예 소통이 전무한 경우가 대부분입니다. 따라서 소통 방식을 재검토하여 보완하거나 바꾸는 것이 중요합니다.

우리가 자라난 가정에서는 어떻게 소통했는지 돌이켜 생각해 봅시다. 잘잘못을 따지자는 것이 아닙니다. 대부분의 경우, 우리는 부모에게서 맨 처음 소통을 배우기 때문입니다.

상담실을 찾아온 부부가 애써 소통하려는 모습을 지켜보노라면, 그들이 각기 성장한 가정에서 소통이 어떻게 이루어졌는지 짐작할 수 있습니다. 이런 까닭에 나는 결혼을 앞둔 젊은이들에게 이렇게 말하곤 합니다. "서로의 눈을 들여다보는 것을 잠시 멈추고, 서로의 가정을 들여다보세요." 상대방의 가족끼리 어떻게 소통하는지 관찰해야 합니다. 그 집 부모가 서로 어떻게 소통하던가요? 당신의 예비 배우자는 제 부모나 형제와 어떻게 소통합니까? 결국 당신 배우자 가정의 소통 모습을 당신들 관계에서 재차 경험하게 될 겁니다. 어떤 조치를 취하지 않는 한, 반드시 같은 전철을 되풀이하게 됩니다.

어느 가정이 화목한지, 문제 있는 집안인지는 그 가정 내 소통의 질에 달려 있습니다. 소통의 기본 원리는 두 가지입니다. 첫째, 나의 삶과 문제에 관해 이야기해야 합니다. 과거 부정, 문제 회피, 스스로를 억압하는 두려움, 자기 비난 따위에 용감히 직면하면서, 핵심적인·진짜 문제를 다루어야 합니다. 둘째, 이러한 핵심 문제에서 느끼는 바를 서로 솔직하게 의논해야 합니다. 예컨대 과거의 상처 입은 감정이나 상대방에 대한 솔직한 심정 같은 것 말입니다. 그 고통과 상처, 분노, 실망, 실패, 좌절을 나눌 수 있다면 우리 앞에 놓인 고통스러운 현실을 함께 바라보게 되고, 바로 여기서 치유를 모색할 수 있습니다. 그제서야 비로소 기쁨과 성공을 서로 나눌 수 있게 되는 것입니다.

정신 건강 전문가들은 부모와 자녀가 가정의 모든 문제에 대해 지속적으로 진솔한 대화를 나눠야 한다고 강조합니다. 그러한 소통이 있어야 자녀들의 약물중독 · 음주 · 흡연 · 섹스 문제를 미연에 방지할 수 있다고 합니다. 좋을 때는 물론이고 상황이 나쁠 때 특히 부모는 자녀와의 소통 채널을 열어 두어야 합니다. 소통은 서로를 이어 주는 끈입니다.

우리는 예수님이 얼마나 뛰어난 커뮤니케이터였는지 알고 있습니다. 복음을 전해 주신 것 말고도 그분이 어떻게 문제에 대처했으며, 생각하고 느낀 바를 어떻게 표출했는지 살펴봅시다. 돈 많은 젊은이의 일화를 보면, 예수님은 젊은이가 자신의 모든 것을 버리고 예수님을 따르지 못하는 현실을 안타까이 여기십니다. 또 예수님은 당신의 친구 라자로가 죽었다는 소식을 접하고 슬피 우십니다. 복음서에 나오는 예수님의 모습은 정서적으로 건강하고 성숙한 인간 유형을 보여 준다는 점에서 놀라울 따름입니다. 예수님의 화법은 분명하고 직설적이며 숨김없고 정직합니다.

> 서로 소통할 때
> 사랑은 더욱
> 생생해지고
> 관계가
> 살아납니다.

진정한 그리스도인은 진솔하게 소통할 수 있는 사람이며, 바로 이 모습이 우리 모두가 따라야 할 이상이기도 합니다. 어둠 속의 빛이 되어 주고, 앞 못 보는 사람의 눈을 뜨게 해 주고, 못 듣는 사람의 귀를 열어 주는 존재 말입니다. 소통이 잘돼야 이 모든 일을 해낼 수 있습니다. 우리가 서로 원활히 소통할 때 사랑은 더욱 생생해지고 관계도 살아나게 됩니다. 예수님도 말씀하시길, "너희는 말할 때에 '예' 할 것은 '예' 하고, '아니요' 할 것은 '아니요'라고만 하여라"(마태 5,37) 하셨습니다. 꾸밈없고 솔직해지자는 것입니다. 단도직입적으로 분명하게 말해야 합니다. 열린 마음으로 말해야 합니다. 빙빙 돌리면 안 됩니다. 예수님의 그 한마디가 그리스도인으로서의 우리 신원을 규정해 주고 있습니다.

가정 내 원만한 소통

단란한 가정이란 가족 구성원 각자의 생각과 의견, 감정과 욕구를 솔직히 표현할 수 있는 가정입니다. 칭찬과 감사를 표현하는 것은 물론이고 동의를 구할 때, 화가 나거나 몹시 실망스러울 때라도 감정을 솔직하게 표현해야 합니다. 예를 들면 이렇습니다. 아버지가 아들에게 운전을 금지시켰습니다. 아들이 시무룩해 있자 어머니가 그 사실을 아버지에게 이야기합니다. 다른 집에서는 가장이 저녁 식탁에서 지나치게 언성을 높이는 바람에 어머니가 마음이 상했는데, 아들이 이 내용을 아버지에게 전합니다. 이렇게 표현하는 것은 직접적인 소통이 아닙니다. 이 같은 소통 방식을 '삼각 구도'라고 하는데, 이러한 간접 메시지는 듣는 사람의 오해를 불러일으키고 불쾌감과 화를 돋울 수 있습니다. 다른 사람에게 전해 들었기 때문입니다. 건강하지 못한 가정의 소통 방식입니다. 이러다 보면 가족끼리 멀어지고, 접촉을 피하게 되며, 공연한 갈등과 불만이 생겨나기 쉽습니다. "왜 내가 이런 대접을 받아야 하지?" 또는 "남편은 어째서 내게 직접 말하지 않는 걸까?" 하고 언짢아지는 것입니다.

아들이 어머니에게 아버지 때문에 기분이 좋지 않다고 말하는 것 자체는 문제 될 것이 없습니다. 하지만 이때 어머니는 아들에게 이렇게 말해야 합니다. "네가 아버지 때문에 마음 상한 것은 충분히 이해해. 그래도 네가 말씀드리는 게 좋겠어. 운전을 못 하게 해서 기분이 어떤지 아버지에게 직접 말씀드리렴." 이것이 성숙하고 바람직한 해결 방식입니다.

그런데 어머니가 직접 나서서 아버지에게 말을 전하면 어머니는 아들이 아버지를 피하는 것을 방조하는 셈이 되고, 부자 관계는 더욱 악화되고 맙니다. 아들이 아버지에게 직접 말씀드리기 두려워하거나 불편해하면 어머니가 적당한 방법을 귀띔해 줄 수 있습니다. 아버지와 이야기할 때 옆에 있어 달라고 아들이 부탁하더라도, 단

둘이 이야기하게 해야 합니다. 어머니는 "여보, 얘가 당신에게 할 말이 있대요"라고 운을 띄워 준 다음 뒤로 물러서는 것이 좋습니다.

성인이 되도록 부모와 직접 터놓고 대화할 줄 모르는 사람이 얼마나 많습니까? 그 나이까지 어릴 적 하던 방식 그대로 부모와의 관계를 이어 오고 있습니다. 어릴 때 생긴 소통 문제가 어른이 되어서까지 지속되면서, 결혼생활에도 영향을 미치게 될 것이 뻔합니다.

'삼각 구도'형 소통으로는 문제가 절대 풀리지 않습니다. 이때 가족들은 저마다 가슴속에 애매모호한 감정의 앙금을 남긴 채, 서로 단절된 듯한 느낌을 받게 됩니다. 이런 식의 부조화는 가정생활에 해가 됩니다. 이따금 사람들이 내게 누구를 극찬하는 때가 있습니다. 반대로 누구에 대해 대단히 언짢은 감정을 토로하면서 나더러 중간 역할을 해 달라는 식으로 말하는 사람도 있습니다. 그럴 때 나는 "그 사람에게 직접 말해 보셨어요? 그 사람도 알아야지요"라고 답변합니다. 다른 사람을 위해 소통의 중간 역할을 하거나 삼각 구도형 소통에 개입해서는 안 됩니다. 그렇게 되면 문제를 해결하기는커녕 우리마저도 문제의 일부가 되고 맙니다.

기본 원칙은 이렇습니다. 관계가 가깝고 깊을수록 소통은 숨김없고 직접적이고 분명해야 합니다. 예사 관계에서는 소통에 다소 왜곡이 있더라도 그냥 넘어갈 수 있지만, 밀접한 관계에서 소통이 어그러지면 관계를 유지하기 힘듭니다. 어떤 관계에서든 결코 제삼자가 내 생각과 감정과 욕구를 잘 알 것이라고 생각해서는 안 됩니다.

예를 들어, 누구를 소중히 여기는 마음을 직접 표현하지 않는 이상 당사자는 잘 모를 수밖에 없습니다. 특히 아이들은 직접 그런 말을 듣기 전까지는 자기가 사랑받는다거나 칭찬받는다는 사실을 실감하지 못합니다. 남편이 자기 마음을 알아주지 않는다고 불만에 가득 차서 '그걸 꼭 말을 해야 아나?'라고 생각한다면 잘못된 겁니다. 직접 말하지 않는 이상 남편은 알 수도 없고 알려고 하지도 않을 겁니다. 남편은 독심술사가 아닙니다. 어쩌면 그는 자신의 욕구가 무엇인지도 모르고 있을 겁니다. 이러할진대 도대체 무슨 수로 아내의 욕구를 짐작할 수 있단 말입니까? 부부는 각자가 자신의 (육체적·정서적·성적) 욕구를 찾아내고 인정하고 솔직히 표현해야 할 책임이 있습니다. 도로시 데이도 말하지 않았던가요? "냉혹하고 지독한 것이 바로 사랑입니다."

남들이
내 속마음을
알아줄 거라고
기대하지
마십시오.

소통과 성생활

성생활에 문제가 있는 부부들과 상담하다 보면 그들이 말로도 제대로 의사 전달을 할 줄 모른다는 사실을 발견하게 됩니다. 대화가 안 통하니 정서적으로도 소통이 안 되고, 결국 성적인 문제로까지 이어지는 것입니다.

오랫동안 소통에 실패하여 벽을 쌓은 부부를 그간 많이 만났습니다. 처음부터 성에 관한 고민을 털어놓지는 않아도 그들 사이에서 느껴지는 공허함을 통해 성생활도 심각한 지경에 놓여 있음을 짐작하기란 어렵지 않습니다. 말이 안 통하는데 몸인들 잘 통하겠습니까? 어불성설이지요. 언어적 소통이 확고히 뿌리내리지 못하는 한, 성적 소통은 실패하게 되어 있습니다.

성생활을 유지하고는 있으나 그에 관한 느낌을 서로 표현하지 않는 부부가 많습니다. 이런 사람일수록 상대방의 성적 욕구와 기호를 잘 알고 있다고 착각하기 쉽지만, 이런 경우 부부 중 어느 한쪽이나 어쩌면 두 사람 다 성생활이 만족스럽지 못하다는 것은 명백한 사실입니다. 성생활에 불만을 가지고도 상대방과 터놓고 의논하지 못하는 경우가 수두룩합니다. 이런 태도가 부부 관계에 큰 해를 끼치는 것은 두말할 필요가 없으니, 도대체 어디서부터 풀어 나가야 할까요?

우리 그리스도인에게 혼전 성 관계는 죄이며 관계에도 해로워, 당사자 모두에게 상처가 되기 쉽습니다. 진실한 정서적 유대가 생기기 전에 성 관계부터 갖는 것은 무책임한 행동입니다. 성급히 성 관계를 맺으면서 마치 진지하고 깊은 관계라도 되는 양 착각에 빠지는 사람들이 있는데, 그러다가 시간이 흘러 사이가 나빠지면 이렇게 말하곤 합니다. 그것이 사랑인 줄 알았노라고, 그 사람이 나를 사랑하는 줄 알았노라고 …. 터놓고 솔직하게 소통할 수 있을 때라야 진정한 사랑의 관계를 실현할 수 있습니다. 그럴 때 서로의 세계와 관점을 깊이 이해하게 됩니다. 기쁨과 고통이 모두 수반되는 과정이지만 이 과정을 거쳐야 환상이 사라지고, 그런 후에야 비로소 우리는 성적으로 진정한 관계를 맺을 수 있게 되는 것입니다.

  서로 간에 친밀한 느낌이나, 의미 있고 진솔한 소통이 없는 결혼 생활이라면, 성생활 역시 이내 시들해지고 불만족스러워지며 급기야 완전히 단절되는 경우까지 생겨납니다. 성 관계를 가지더라도 정서적으로 만족하지 못합니다. 대개 아내 쪽에서 먼저 감지하고 결국 남편도 인정하지 않을 수 없게 됩니다. 이런 말이 있습니다. "남자는 성 관계를 위해서 애정을 표현하고, 여자는 애정을 얻으려고 성 관계에 동조합니다." 애정과 성이 같이 갈 수는 없는 걸까요? 물론 가능합니다만, 그러려면 소통이 선행되어야 합니다.

소통 방식

  구체적인 소통 방식도 대단히 중요합니다. 소통에 사용하는 어휘나 어조에 따라 메시지가 매끄럽게 전달되기도 하고 그렇지 못할 수도 있습니다. 시간과 장소도 중요합니다. 또 말에는 감정이 담겨야 합니다. "당신이 한 말 때문에 정말 속상했어요"라고 말하더라도 적절한 감정이 실리지 않으면 호소력이 떨어지는 법입니다. 또 감정이 실리지 않으면 말이 너무 밋밋해져서 듣는 사람이 핵심을 놓칠 수도 있습니다. 반대로 몹시 흥분하고 화가 난 상태에서 하는 말은 상대방을 지나치게 고통스럽게 만들고 방어적으로 몰고 갈 수도 있습니다. 그러다 보니 메시지가 제대로 전달될 리가 없습니다. 이쪽이 흥분하면 상대방도 같이 흥분하거나 아예 자리를 피해 버리기도 합니다.

한편으로, 누가 분노와 고통을 표현하는데도 대꾸조차 없이 무관심으로 일관한다면 그는 더욱 상처받고 좌절하고 분노하고 혼란스러워할 것입니다. 오해는 이런 식으로 끝없이 이어지게 됩니다. 우리가 침묵을 고수할 때 그 의도와는 상관없이 남들은 우리의 침묵을 부정적으로 해석하기 십상입니다. 타인의 정서적 욕구에 반응하지 않는 침묵은 그의 감정을 무시하는 처사로 오해될 수 있습니다. 간혹 침묵은 잔인한 공격 수단이 되기도 합니다. 긴밀한 관계에서 침묵이라는 수단을 파괴적으로 교묘히 이용하는 사람도 있습니다. 중요한 메시지를 전달하려 할 때 반응이 없는 것만큼 분통 터지고 맥 빠지는 일도 없을 것입니다. 전형적인 수동 공격형 행위라 할 수 있습니다.

나 전달법

또 하나의 중요한 소통 방식은 '나' 또는 '우리'라는 말로 대화를 시작하는 '나 전달법'을 구사하는 것입니다. 단순해 보여도 효과는 대단합니다. 인류의 모든 발전과 더불어 소통 역시 말솜씨가 요구되는 하나의 기술입니다. 학자들에 따르면 '나 전달법'이 '너 전달법'보다 언제나 한결 효과적이라고 합니다. '너/당신'으로 시작되는 말은 듣는 사람으로 하여금 공격받는다고 느끼게 하여 더욱 방어적이 되게 만듭니다. 아예 귀를 막아 버리거나, 자기 변호에 급급하거나, 반박을 준비하느라 여념이 없는 모습을 보이기도 합니다.

  반면에 '나 전달법'은 내가 생각하고 느끼는 바에 대해 상대방이 감지할 수 있다는 장점이 있습니다. '나'로 이야기를 시작하는 것은 내 정체성을 드러내면서, 나 자신을 적절히 통제하고, 내가 표현하고 느끼는 것에 책임을 지겠다는 마음을 의미합니다. 예를 들면 이렇습니다. "나는 내가 말하고 있을 때 당신이 신문을 읽는 것이 싫어요. 나는 당신이 내 말을 잘 들어 주었으면 좋겠어요." '나 전달법'은 듣는 사람으로 하여금 변명거리를 찾게 만들기보다 내 말을 더 열심히 듣게 만드는 효과를 낳습니다. '나'로 시작하는 표현이 덜 위협적으로 느껴지기 때문입니다.

  내 쪽에서 어떻게 생각하고 느끼든 전혀 상관하지 않겠다는 사람에게라도 일단 소통을 시도하면 효과적인 방식으로 나 자신을 전달할 수 있게 되고, 그에게 큰 영향력을 미칠 수도 있습니다. 우리는 종종 내가 전하려는 메시지가 상대방에게 아무런 영향을 주지 못한다는 이유로 소통을 포기하려 합니다. 간혹 자존심 때문에 생각과 감정을 솔직히 전달하지 못할 때도 있지만, 상대방 역시 듣기 싫더라도 내 말을 들어야 합니다. 자신감을 가지고 정직하게 소통하다 보면 만족감을 느낄 날이 올 것입니다.

예수님도 얼마나 자주 '나 전달법'을 쓰셨는지 보세요. "나는 길이요 진리요 생명이다"(요한 14,6). "아버지와 나는 하나다"(요한 10,30). "나는 부활이다"(요한 11,25). 예수님의 일인칭 화법은 당신 자신의 분명한 정체성뿐 아니라 당신이 전달하고자 하는 메시지에 대한 확신을 보여 줍니다.

우리도 '나'로 대화를 시작할 때, 우리가 생각하고 느끼고 바라는 바를 타인에게 전달함으로써 자기 정체감과 자아 인식을 함께 전달할 수 있습니다. 자신감과 자부심, 자존감을 전달하는 것입니다. '나 전달법'은 내가 생각하고 느끼고 바라는 것에 대해 남의 탓을 하지 않고 스스로 책임지겠다는 태도를 보여 줍니다. 내 말은 내게 속해 있기 때문입니다. '나 전달법'을 통해 우리는 타인에게 받은 고통과 상처와 불만을 잘 표현할 수 있게 되며, 이것이 바로 진정한 소통의 목표입니다.

상대가 내 말에 동의하고 말고는 큰 문제가 안 됩니다. 그가 내 생각과 감정을 아는 것이 중요합니다. '나 전달법'을 만병통치약이라 할 수는 없겠지만, 긴 시간을 두고 본다면 대단히 효과적인 것만은 분명합니다. 대번에 효과가 나타나지는 않더라도, 언젠가는 우리가 느끼는 바를 남들에게 확실히 전달할 수 있게 될 것입니다.

우리는 남을 변화시킬 수 없습니다. 타인을 변화시키려는 것은 무망한 짓입니다. 하지만 그들에게 영향을 끼치고 나를 더 알리는 길은 항상 있습니다. 살아 있다는 것은 삶이 달라질 수 있다는 가능성을 믿는 것입니다. 삶이 변화하도록 노력하는 동시에 하느님이 삶 안에서 언제나 우리와 함께하심을 기억하는 것입니다. 우리가 당신과 함께하면서 제 몫을 다할 때, 하느님은 우리 삶의 변화를 허락하십니다. 원활히 소통한다는 것은 성령께서 활동하실 자리를 마련해 드리는 일이기도 합니다.

내가 바꿀 수 있는 사람은 나 한 사람뿐입니다.

어떤 관계에서든 내가 확실하게 변화시킬 수 있는 사람은 나 자신뿐입니다. 분명하고 조리 있게 나를 전달함으로써, 타인과 관계 맺는 방식이 변화하게 됩니다. 이제부터라도 과거의 그릇된 소통 방식에서 벗어나 새로운 방식으로 소통을 도모한다면, 상대방 역시 더욱 성숙하고 효과적인 방식으로 반응하게 될 것입니다. 관계에 변화를 꾀하는 데 소통 방식을 바꾸는 것 이상의 방법은 없습니다. 어린 시절 가정에서 배운 낡고 비효율적이고 파괴적이기까지 한 소통 방식을 버린다면 변화는 즉각 실현될 것입니다.

생각과 느낌을 전달하려는 나의 노력에, "당신이 어떻게 생각하고 느끼든 상관 않겠소"라는 반응이 돌아올 수 있습니다. 나의 메시지를 아예 거부해 버리는 태도입니다. 어쩌면 그는 위협을 느끼는지도 모릅니다. 그래도 어쨌든 메시지는 전해졌습니다. 무시하건 말건 그의 귀에 들어간 것은 분명하니 핵심은 전달되었습니다. 씨앗이 땅에 떨어진 것이지요. "어떤 것은 바위에 떨어져, 싹이 자라

> **문제를
> 해결하려면
> 밖으로
> 드러내야
> 합니다.**

기는 하였지만 물기가 없어 말라 버렸다. 그러나 어떤 것은 좋은 땅에 떨어져, 자라나서 백 배의 열매를 맺었다"(루카 8,6.8).

소통의 일차 목표가 문제 해결이 아니라 자기를 드러내는 것이라고 한 말을 기억하십시오. 문제는 밖으로 드러내야 합니다. 다음과 같은 함정을 주의하십시오. "말해 봐야 무슨 소용 있어? 입이 닳도록 말해도 쇠귀에 경 읽기지. 그 사람은 하늘이 무너져도 바뀔 사람이 아니야." 이런 생각이 스스로를 옥죄면서 두려움에 옴짝달싹 못하게 됩니다. 일단 자기를 드러내는 것이 중요합니다. 상대방이 받아들이느냐 마느냐는 나중 문제입니다. 이 점에서 많은 이가 헷갈려합니다. 그들은 타인을 변화시키는 것을 최우선 목표로 생각하지만, 정말 중요한 목표는 메시지 전달입니다. 품위와 자존심을 지키면서 메시지를 전달할 수만 있다면 우리는 틀림없이 만족감을 느낄 것입니다. 물론 실패할 가능성도 없지 않고 관계가 오히려 더 나빠질 위험도 있습니다! 그렇다고 해서 열린 마음으로 정직하게 메시지를 전달하지 않는다면 나도 상대방도 더 큰 피해를 입게 될 것입니다.

내가 먼저 소통을 시도하면서, 효과적이고 요령 있게 메시지를 전달하는 것만이 나 자신을 진정으로 변화시키고 타인과의 관계도 변화시킬 수 있는 최선의 방법입니다. 예를 들어, 빈정대는 말투를 좀 더 신중한 말투로 바꾸기로 마음먹고 실행에 옮긴다면 관계는 놀랍도록 좋아질 것입니다. 부부 가운데 한쪽이 먼저 건강하고 솔직한 소통 방식을 따르면서 관계가 호전되는 경우를 나는 수없이 보아 왔습니다. 이쪽에서 어투가 바뀌면 상대방도 언젠가는 변화할 수밖에 없습니다. 상호 의존하는 소통 사이클은 어느 한쪽이 사이클에서 빠져나오는 순간 무너지게 되어 있습니다.

하느님은 성경에서 스스로를 계시하시는 분으로 나옵니다. 실제로 예수님은 하느님이 스스로를 드러내신 분이었습니다. 가면을 벗어던진다는 것은 우리 자신과 상대방 모두에게 매우 두려운 일입니다. 자신을 드러내려면 엄청난 신뢰가 필요합니다. 위험도 따르겠지만, 신뢰 어린 관계를 키워 나가는 데는 유일한 길입니다.

어린 자녀를 둔 어머니는 아이와 되도록 많은 대화를 나누는 것이 좋습니다. 밥 짓고 빨래하는 끝없는 집안일 속에서도 아이와 대화를 이어 나가면 엄마와 아이 사이에 깊은 유대를 형성하는 좋은 경험이 됩니다. 이럴 때 아이는 자신이 보살핌과 사랑을 받는 소중한 존재라고 느끼게 되고, 어머니와 아이 사이에 기본적인 신뢰 관계가 형성됩니다. 아이는 어머니를 신뢰하면서 동시에 자기 자신도 신뢰하기 시작합니다. 에릭 에릭슨에 따르면 이러한 신뢰 관계가 인간 심리 발달의 기본적인 첫 단계이며 건강한 인성의 기초가 된다고 합니다. 아이를 안은 채 부부가 서로 대화하고 또 아이에게도 말을 걸면서 이 같은 신뢰 관계가 시작됩니다.

내가 말하는 소통은 삶의 공허함이나 날씨에 관해 의미 없이 주절거리는 것을 뜻하지 않습니다. 수많은 이야기를 나누면서도 실질적인 대화는 전혀 이루어지지 않을 수 있습니다. 진정한 소통은 남들에게 자신의 내면 세계를 드러내 보이면서 비로소 시작됩니다. 식당에서 같이 식사를 하면서도 서로 말 한마디 주고받지 않는 부부를 흔히 봅니다. 안타까운 광경이지요. 함께 식사를 한다는 것은 자기를 드러내고 나눌 수 있는 좋은 기회인데 전혀 활용하지 못하고 있는 것입니다.

서로를 깊이 나눈 사람들은 침묵 속에서도 얼마든지 편안한 기분으로 함께할 수 있습니다. 정서적 유대가 형성되어 있기 때문입니다. 이들의 관계는 공고하며 거리가 없습니다. 서로를 신뢰합니다. 이들의 침묵은 수준 높은 침묵입니다. 반면에 서로를 깊이 나눌 줄 모르는 사람들의 침묵은 공허할 따름입니다. 바로 밑에는 두려움과 소외감이 짙게 깔려 있는 침묵입니다.

자신과의 소통

소통을 잘하는 사람은 자기 자신과도 잘 통할 수 있어야 합니다. 사실 우리는 알게 모르게 스스로와 많은 대화를 나누고 있으며, 자기 자신을 알려면 이 점을 분명히 인식해야 합니다. 각자의 내면에서 일어나고 있는 일을 제대로 파악하고 있는지 자문해 봅시다. 자신의 생각과 태도와 욕구, 특히 감정에 대해 전반적으로 잘 알고 계십니까? 기억 속에 남아 있는 과거의 상처와 기쁨도 잘 인지하고 계신가요? 이런 것들을 잘 알수록 타인과 소통하기도 쉽습니다. 우리는 대체로 자기 자신에게서 멀어져 있습니다. 자기 내면에서 일어나고 있는 일들을 제대로 지각하지 못한 채 살아갑니다. 기분이 나쁘다, 뒤숭숭하다 하는 식으로 표현할 수는 있겠지만 상처와 분노, 실망, 두려움 같은 감정을 구체적으로 직시하지는 못합니다.

우리 내면에는 어릴 적부터 줄곧 우리를 따라다니면서 왜곡된 사실만 떠들어 대는 부정적 라디오가 들어 있습니다. 죄다 부정확하고 비관적인 내용인 이 라디오가 우리를 지배합니다. 다음과 같은 부정적 사고에 사로잡혀 있습니다. "실패할 게 뻔해." "나는 못해." "나는 호감 가는 스타일이 아냐." "나 같은 걸 누가 사랑하겠어?" 이렇게 떠들어 대는 라디오에 시달리다 보면 우리는 점차 무력해지고 죄책감과 자기 비하에 빠지고 불안해하며 자존감이 낮아지게 됩니다. 그러다 보면 또 자신에 대해 부정적인 생각이 들고 생각이 다시 나쁜 감정을 불러일으키면서 악순환이 거듭되는 것입니다.

그렇다면 생각을 바꿈으로써 이런 악순환의 고리를 끊을 수 있습니다. 데이비드 번스 박사가 우울증에 관해 쓴 『긍정적 감정』*Feeling Good*을 보면 이 문제를 다루는 방법이 나와 있습니다. 긍정적인 감정을 가지려면 스스로에 대한 생각과 인식을 바꿔야 한다고 책에서는 말합니다. 우리는 자신을 바라보는 관점을 즉각 바꿀 수 있습니다. 비틀리고 왜곡되고 손상된 감정을 치유하려면 물론 시간은 걸리겠지만, 스스로에 대한 새롭고도 건강한 관점으로 내면의 부정적 감정과 직면하여 이겨 내야 합니다.

자기를 긍정하는 새로운 사고와 부정적으로 바라보는 기존 사고 사이에 긴장이 생겨날 수도 있습니다. 왜곡된 자기 감정을 직시하면서 그런 부정적인 감정이 어디에서 비롯되었는지 이해하고자 노력해야 합니다. 그렇게 될수록 우리는 더욱 명료히 사고하고, 삶에 대해 온전한 판단을 내릴 수 있게 됩니다. 건강한 소통과 상담의 일차 목표는 바로 이런 문제를 해결하려는 데 있습니다. 대화와 상담을 통해 우리는 불건전한 감정을 해소하고 이해할 수 있게 됩니다.

거듭 강조하지만, 남들과 원활히 소통하려면 자기와의 내적 소통이 필히 전제되어야 합니다. 자신에게 부정적인 감정이 있다면 타인에게 알려 도움을 구해야 합니다. 전문 상담가나 가까운 친구에게 속내를 털어놓는 것도 좋습니다. 이는 곧 자기 내면을 남들에게 열어 보일 수 있는 용기와 신뢰를 지녀야 한다는 말이기도 합니다.

내적 소통 기제가 엉망진창일 때 우리는 지나치게 방어적이 되고(타인을 비난하고 오해함), 지나치게 순종하거나 비굴해지기 때문에 소통이 제대로 이루어지지 못합니다. 다른 사람에게 지나치게 고분고분해지는 이유는 사랑받고 인정받기를 원하는 한편, 거부당할까 봐 두려워하기 때문입니다. 따라서 원만한 소통은 요원해지고 맙니다.

내적 자아와 만나는 일은 타인과의 소통에 있어서 필요 불가결한 일입니다. 남성 상당수가 사적 관계에서 소통에 실패하는 이유도

이와 관련이 있습니다. 남자들은 자기 내면세계와 만나는 것을 어려워합니다. 여성들이 흔히 겪는 우울증과 불만, 공허함의 원인 제공자가 소통을 거부하는 남편인 경우가 많습니다. 이 때문에 어떤 여성들은 자녀에게 집착하기도 하고, 여자 친구들과 어울려 다니거나, 사회 활동에 열중하게 됩니다. 남편과의 소통 불화에 따른 불만을 처리하는 한 방법인 셈입니다. 데버러 태너의 『당신은 이해 못해요』*You Just Don't Understand*와 존 그레이의 『화성에서 온 남자, 금성에서 온 여자』*Men are from Mars, Women are from Venus*는 남성과 여성 사이의 소통 기술을 상세히 다룬 책입니다.

왜 아내는 애초부터 남편이 이런 식으로 소통하도록 내버려 두어 사태를 악화시켰을까요? 여성들은 시간이 지나면 자기 남편이 달라질 거라고 상상하곤 하지만 천만의 말씀입니다. 남편과 소통하고자 하는 욕구와 남편의 침묵으로 인해 느끼는 불만을 아내는 분명하고 강력하게 표현해야 합니다. 그러지 않는 이상 변화의 가능성은 전무합니다. 여성이 적극적으로 나서야 남성도 변하거나 소통 방식을 바꿀 가능성이 생겨납니다. 결혼을 앞둔 여성이라면, '듬직하고 입이 무거운 사람'이라고만 생각했던 자기 신랑감이 어쩌면 소통할 줄 모르거나 아예 그럴 의향이 없는 사람일 수도 있다는 가능성에 대해서도 숙고해 보아야 합니다. 정말 그런 사람이라면 차라리 결혼하지 않느니만 못합니다. 『당신은 이해 못해요』에서 데버러 태너는 남자와 여자의 소통 방식이 얼마나 다른지 설명합니다.

태너에 따르면 남자는 바깥 세상에 근거하여 말하고, 여자는 내면 세계로부터 말합니다. 또 남자는 늘 지위에 신경을 쓰는 반면, 여자는 항상 관계를 염두에 둔다고 합니다. 이 모두가 남자 아이와 여자 아이로 자라면서 이미 형성된 것들입니다. 남녀 사이의 소통에는 노력과 이해가 필요합니다.

우리가 사용하는 말에는 창조력이 있습니다. 말로써 서로를 나누는 관계에는 치유와 성화聖化가 깃듭니다. 소통의 씨앗으로부터 타인과, 그리고 하느님과 보다 나은 관계를 형성할 수 있는 희망이 싹틉니다. 대화를 통해 생각과 감정을 나누면서 서로 간에 유대가 생겨나고, 이것을 우리는 친밀감이라고 부릅니다. 소중한 관계에서 친밀감을 누리려면, 나 자신부터 소통을 위해 부단한 노력을 기울여야 합니다.

2. 듣기
제발 내 말 좀 들어 주세요.

소통이 상호 간에 자신을 드러내는 기술이라면, 듣기는 상대방이 자신을 드러낼 때 우리가 그에게 가슴을 여는 기술을 말합니다. '듣기'는 우리가 서로 연결되어 상대방의 세계에 들어가는 행위입니다. 열린 마음으로 솔직하게 이야기하는 것도 힘들지만, 듣는 것은 그보다 더 어려울 수 있습니다. 소통에는 기술과 정직과 훈련이 필요하다면, 듣기에는 주의력과 인내가 필요합니다. 또 듣기에는 놀라운 치유의 의미가 담겨 있는데, 타인의 고통과 욕구에 주의 깊게 귀 기울일 때 더욱 그러합니다.

잘 들으려면 마음으로 집중하면서 상대방의 눈을 응시해야 합니다. 그가 무슨 말을 하는지뿐 아니라 어떻게 느끼고 있는지 이해해야 합니다. 상대방이 자기 감정을 드러내 보이든 그렇지 않든 그가 느끼는 바를 알아낼 수 있어야 합니다.

잘 들으려면 어떤 기술이 필요할까요? 시편에 "귀가 있어도 듣지 못하고"(시편 135,17)라는 표현이 나옵니다. 우리는 남이 하는 말을 참으로 귀여겨듣고 있을까요? 정녕 그들과 맞닿아 있습니까? 그들의 영혼 깊숙이까지 들어가고자 노력했나요? 다만 주위를 서성이며 오히려 관계를 방해하고 있는 것은 아닌지요. 제대로 듣는지 여부에 따라 관계는 좋아지기도 하고 악화되기도 합니다. 그만큼 듣기는 중요합니다. 누구에게서 마음으로 멀어지고 싶다면, 무관심하고 냉담하고 싶다면 그저 그의 말을 안 들으면 됩니다.

참으로 온전히 '들어 주는 사람'(聽者)이 되려면 자신의 내면과 연결되어 있어야 한다고 생각합니다. 자신의 생각이나 태도, 무엇보다도 감정은 어떤 상태인가요? 내적 자아와 맞닿아 있으면서 그것을 자각해야 합니다. 다른 말로, 우리는 스스로의 목소리에 귀 기울이고 있습니까? 나 자신의 소리도 듣지 못하는데 어떻게 상대방의 소리를 들을 수 있을까요? 자기 내면과도 소통하지 못하면서, 어떻게 상대방의 내면세계와 소통할 수 있겠습니까? 자신의 소리를 듣는 것이 가장 절실합니다. 그러지 않고는 타인의 마음 깊은 곳에 가 닿을 수 없습니다. 단순히 상대방의 목소리를 듣는 것만으로는 부족합니다. 단순히 듣는 것과 귀여겨듣는 것은 다릅니다. 나 자신의 분노를 다스리지 못할 때, 타인과 편안한 관계를 맺는 것이 가능할까요? 이럴 때는 상대방의 진심 어린 감정과 표현을 받아들이기 힘듭니다.

자신의 감정을 지각하는 것은 곧 특정 감정을 섬세히 분별할 줄 아는 능력을 뜻합니다. 마음이 언짢다는 말을 우리는 자주 하는데, 이 말은 정확히 무슨 의미입니까? 상처와 분노, 슬픔, 실망 같은 감정을 우리는 명확히 분간할 수 있을까요? 이런 측면에서 결혼 문제 상담을 통해 각자의 감정과 요구를 확인하고, 자신의 역할을 찾도록 도움을 받는 것이 중요합니다. 그런 다음에야 감정을 상대방에게 제대로 알릴 수 있습니다.

우리는 타인이 무슨 말을 하는지는 알면서도 그가 어떻게 느끼고 있는지에 대해서는 무관심할 때가 많습니다. 제대로 듣지 않았다는 증거입니다. 수많은 관계가 피상적인 상태에 머무른 채 끈끈한 유대로 나아가지 못하는 것도 이 때문입니다. 진심으로 연결되지 못하는 것입니다. 어떻게 해야 서로 연결될 수 있는지 모를 뿐 아니라 그런 식으로 타인과 엮이고 싶지도 않은 겁니다.

타인의 이야기를 들을 때, 그에게 지금 느낌이 어떤지 물어보면서 그 스스로 자기 감정을 찾아내고 정리할 수 있도록 도움을 주어야 합니다. 그리고 나서 우리가 들은 대로 그에게 되풀이해 주면 됩니다. 가령, "당신 누이가 비꼬는 말을 해서 정말 속이 상하신 것 같군요"라고 말해 준다면 그는 우리가 자기 말을 정말 귀담아들었다고 느낄 것입니다. 고통스러워하던 그는 연대감을 느끼고, 우리가

> **경청은
> 나의 관심과
> 에너지를
> 상대방에게
> 집중하는
> 것입니다.**

자기를 진심으로 배려하면서 자기 삶으로 들어오고 있다고 느낄 것입니다. 이것을 '공감'이라고 합니다. 전문 상담가만 공감 훈련을 받아야 하는 것이 아닙니다. 타인과 마음을 맞추려면 누구나 다 공감 훈련을 받아야 합니다.

 듣는다는 것은 나의 관심과 에너지를 상대방에게 집중하는 것입니다. 몸짓으로도 우리가 그의 곁에 있음을 알려 줄 수 있고, 눈길로도 서로 함께하고 있음을 보여 줄 수 있습니다. 이렇게 들으면서 공감하고 반응하는 것입니다. 마네킹처럼 그 사람 앞에 앉아 있기만 하는 것이 아니라 그의 생각과 느낌을 되비쳐 주는 것입니다. 그의 기쁨에 함께 기뻐합니다. 그가 놀라워하면 함께 놀라워해 주고, 화를 내면 함께 화내고, 슬퍼하면 함께 울어 줍니다. 섣불리 논리적인 답변을 해 주려 하거나 자기가 겪은 비슷한 경험을 이야기해서는 안 됩니다. 그 상황에서는 그렇게 하는 것이 별로 달갑지 않습니다. 상대방은 그저 우리가 그 순간에 함께 머물러 주기를 바랄 뿐입니다. 이렇게 간섭하지 않으면서 잘 들어 주려면 많은 훈련이 필요합니다. 그래야 상대방에게 집중할 수 있습니다.

 예수님이 얼마나 다정하고 섬세하게 들으셨는지 기억해 봅시다. 그분은 눈먼 이의 호소에, 하혈하면서 당신 옷에 손을 대려던 여인의 간절한 소망에, 아들을 잃고 슬퍼하는 과부의 슬픔에 귀 기울이셨습니다. 이렇게 잘 들으셨던 예수님은 자신과 타인에 대해 마음으로 연결되어 있는 예민한 분이었습니다. 그러한 유대감 속에서 사람들과 신체적으로 접촉하고 그들의 병을 고쳐 주셨습니다. 그리고 그분에게서 권능이 드러났습니다. 타인에게 귀 기울일 때 우리에게서도 치유의 힘이 솟아 나옵니다. 우리도 예수님처럼 공감하고 반응하고 따뜻이 들어 주는 연습을 하면서 남들의 아픔을 치유해 줄 수 있습니다.

  잘 듣는다는 것이 단순히 말만 잘 들어 주는 것을 의미하지는 않습니다. 그의 침묵과 눈물과 고통 어린 신음, 감정의 분출도 기꺼이 받아 주는 것입니다. 그가 비합리적인 분노를 터뜨릴 때도 마찬가지입니다. 궁지에 몰린 이는 달아나려 하거나 심지어 자살을 기도할 수도 있는데, 이럴 때는 우리도 겁을 먹고 당황하기 쉽습니다. 하지만 억압된 감정을 분출하도록 해 주면 그는 차츰 평정을 찾게 될 것입니다.

  타인의 고통 앞에서 우리는 항상 언행을 조심해야 합니다. 혹시라도, "제발 그러지 마세요", "그러면 안 됩니다"라고 말하지 않도록 신중해야 합니다. 물론 대부분의 경우, 극단적인 행동까지 취하지는 않겠지만 사람들 마음속에 억압된 분노와 절망과 고통은 표출되어야 합니다. 고통 중에 있는 사람은 우리가 어떻게 반응하고 자기를 어떻게 대하는지에 몹시 민감합니다. 또 우리가 말만이 아니라 자기와 진심으로 함께하고 있는지 알고 싶어 합니다. 만일 그가 우리의 진심을 느낀다면 우리를 더욱 신뢰할 수 있을 것이고, 자신의 내밀한 느낌, 두려움, 근심, 좌절감, 혼란을 드러낼 수 있을 것입니다. 우리가 그와 함께 머물러 그의 말을 들어 준다면, 그는 우리에게 마음속 깊은 이야기들을 풀어 낼 것입니다.

이렇게 될 때 복음서에 나오는 치유의 기적(소경이 앞을 보고, 귀머거리가 듣게 되고, 다리 저는 이가 걷게 되는)이 그 사람에게도 일어나게 됩니다. 무수한 이가 진정한 삶을 되찾게 될 것입니다. 이야기를 들어 주기만 했는데도 끝에 가서 상대방이 "내 말을 들어 줘서 정말 고맙습니다. 도와줘서 정말 감사합니다"라고 말하는 경우가 많습니다. 그저 들어 주기만 했을 뿐인데 말이지요. 그런데 들어 주는 것이야말로 대단한 축복이 아니겠습니까! 이처럼 진심으로 집중하여 들어 주는 일은 상대방의 가슴에 일렁이는 파도를 잠재우는 힘이 있습니다.

아내의 우울증과 불만 앞에서 어찌할 바를 몰라 무기력하고 답답하다고 토로하는 남편이 너무나 많습니다. 아내의 고통을 낮게 해줘야 하는 어려운 과제 앞에 선 남자들입니다. 나는 그들이 해야 하는, 그리고 가장 잘할 수 있는 일은 단 하나, 아내의 이야기를 성심껏 들어 주는 것뿐이라고 남편들을 격려하곤 합니다. 아내가 울든, 소리 지르든, 자기 한탄을 늘어놓든 무조건 감정을 실컷 표출하게 해 주십시오. 그러면 치유가 일어날 것입니다! 그리고 서로가 가까워진 듯한 소중한 느낌이 생겨날 것입니다.

서로서로 잘 들어 주지 않는 한, 우리 사회나 교회에 진정한 치유는 기대하기 힘듭니다. 모든 상담은 기본적으로 사람들의 말을 들어 주면서 그들이 정말 하고자 하는 말이 무엇인지 귀 기울여 주고, 그들의 느낌을 있는 그대로 받아 주고, 그들 스스로 마음을 정리할 수 있도록 도와주고, 상황을 제대로 판단할 수 있게 해 주고, 이러한 깨우침을 자기 삶 속에서 통합하도록 만들어 주는 것으로, 이 모두가 성령의 치유를 가져다줍니다.

듣기를 기술이라고 한다면, 맞는 말입니다. 많은 훈련과 노력이 필요하며, 제 나름으로 발전시킬 수 있고 배울 수 있습니다. 나부터 집중하여 노력을 기울이면서 협력해 나가야 합니다. 듣기의 기술이 우리의 관계에 가져오는 변화를 보면 누구라도 놀라지 않을 수 없을 것입니다!

그런데 우리는 어디까지, 얼마나 들어 줄 수 있는지 자신의 한계를 알아야 합니다. 듣다가 힘들면 좀 쉬면서 재충전한 다음, 다시 돌아가 듣기 시작합니다. 건성으로 들으면 상대는 이내 알아차립니다. 누군가 말할 때 진심인지 아닌지 우리가 알 수 있듯이, 그들도 우리가 자기 말을 듣고 있지 않다는 것을 금세 눈치 챕니다. "지금 제 얘기 안 듣고 계시죠?" 나도 많이 듣는 말입니다. "어디 불편하세요? 제 말을 안 들으시는 것 같은데요." 인간은 약하고 쉬이 피로해지고 주의가 산만해집니다. 자연스러운 일이지요. 하지만 우리 앞에 있는 이 사람들, 가끔 '비정상'이라고 느껴지는 이 사람들도 우리가 자기 말을 듣고 있지 않다는 사실에 대단히 민감합니다.

　잘 들어 주는 일이 치유로 이어지는 이유는, 듣는 행위 자체가 말하는 사람의 아픔에 공감하는 것이기 때문입니다. 상처 입은 사람은 대개 자기 자신에 대해서도 나쁜 감정을 품고 있기 마련입니다. 그들의 말을 들어 주는 것은 연민을 가지고 부드럽고 따뜻하게 상처를 싸매 주는 일입니다. 타인에게 마음을 열면서 그들은 내면에서 스스로를 갉아먹고 있는 아픔의 근원이 무엇인지 보게 되고, 이때 치유가 시작됩니다. 가슴 깊은 곳의 응어리와 상처, 죄의식, 수치심 같은 부정적 감정들만큼 관계에 해로운 것도 없습니다. 깊이 숨어 있지만 해소되어야 할 감정들입니다. 믿을 만한 사람에게 허심탄회하게 털어놓음으로써 이런 감정들은 해소될 수 있습니다.

　내면의 문제가 해결되고 나면 주변 상황을 정리할 수 있게 됩니다. 속의 것을 밖으로 표출할 수 있을 때, 우리는 어둠 속의 그 무언가를 햇빛 아래 끌어내 구체화할 수 있으며, 그 의미를 이해하고 잘 대처할 수 있게 됩니다. 그러고 나면 새로운 길과 희망이 열립니다. 희망은 우리에게 달라질 수 있다고 속삭입니다. 그리스도인의 희망은 하느님이 우리와 함께하시므로, 삶의 문제와 씨름할 때 하느님이 우리를 도와 함께 일해 주시므로 우리는 변화할 수 있다고 속삭입니다.

　듣기는 관계를 치유합니다. 우리가 상대방의 이야기를 듣기 시작하면, 그동안 쌓이고 쌓여 결혼생활과 가정생활에서 그토록 많은 갈등을 초래한 오해와 혼란은 사라집니다. 그러한 갈등은 결혼생활과 가정생활 자체에 내재되어 있는 문제라기보다 구성원들 서로가 생각과 감정을 전하지 않아서 발생한 문제입니다. 따라서 갈등에는 다음과 같은 등식이 성립됩니다. '우리는 서로 말하지 않았다. 그래서 서로를 느끼지 못하고, 믿지 못하게 되었다.' 서로 대화하지 않으니 듣지도 못할 것이고, 이렇게 되면 혼란과 고통과 오해를 가중시키는 침묵만 이어지게 됩니다.

다른 종류의 침묵도 있습니다. 신경증적 내향성neurotic introspection으로 인한 침묵으로, 남들과의 사이에 의도적으로 장벽을 치는 것입니다. 침묵은 비협력의 무기가 될 수 있고, 반대와 무관심을 나타내기도 합니다. 또 불편의 증거일 수도 있습니다. 사이가 불편하여 무슨 말을 해야 좋을지 모를 때 침묵이 흐르는 법입니다. 오해, 반발, 분노, 불신의 표시로 침묵이 나타나는가 하면, 공포나 불친절의 결과로 침묵이 생겨나기도 합니다(숀 던 『침묵의 길』*The Road to Silence*).

듣는 법을 경험을 통해 익혀 가면서, 타인은 물론 우리 자신에 대해서도 더 잘 알고 이해하게 됩니다. 나 역시 상담받는 쪽은 오히려 나라고 누누이 이야기하는 것이, 상담 치료사로서 사람들을 만나 이야기를 들으면 들을수록, 나 자신의 목소리를 듣고 나 스스로와 만나게 되는 까닭입니다.

주의 깊게 들음으로써 사람들의 진짜 모습을 알게 됩니다. "너 자신을 알라"고 한 그리스 격언이야말로 모든 지혜와 깊은 영성의 단

경청은 상대방에 대한 통찰력을 키워 줍니다.

초가 됩니다. 자아를 알기 위해 시간과 노력이 필요하듯이, 타인을 아는 데는 더 많은 시간과 노력이 소요됩니다.

성경에서 성적 관계를 표현할 때 "알게 된다"라고 쓰고 있음을 상기해 봅시다. 육체적 관계를 넘어서는 무언가를 표현하는 말입니다. 누구를 가까이 느끼고 다가간다는 뜻입니다. 서로를 알아 가고 이야기를 들어 주면서 친밀감이 형성됩니다. 친밀감 없이 성 관계를 가지는 사람들도 있는데, 이는 진정한 사랑의 능력을 파괴하는 짓입니다. 마음을 열고 서로를 나누고자 한다면 위험을 무릅쓰고 서로를 신뢰하며 자기를 기꺼이 내맡겨야 합니다. 상대가 나에게 속내를 털어놓는 것에 감사하고, 신뢰를 지키며, 비밀을 소중히 간직해야 합니다. 설령 그와 내가 의견이 다르더라도 그가 내게 고백한 사연은 존중되어야 합니다.

여기서 내가 다루는 내용도 대부분 남들 이야기를 들으면서 알게 된 것들입니다. 듣기는 타인에 대한 통찰력을 키워 줌으로써 그들을 이해하게 해 주고, 그들 스스로 자신을 만나고 이해할 수 있도록 도와줍니다. 듣기는 사랑의 한 방편입니다. 경청하고 난 후에야 상대방을 진실로 사랑하기 시작합니다. 그를 그 사람 자체로 받아들이고 사랑하게 되는 것입니다. 나는 이렇게 말하고 싶습니다. "내가 바라는 모습의 당신이 아니라, 있는 그대로의 당신을 사랑합니다."

듣기는 삶의 일부입니다. 우리가 사는 현실과 만나는 것입니다. 고통스럽더라도 현실을 대면하는 것이 정신 건강에 좋습니다. 온전히 살아 있고 생기 넘친다는 것은 우리를 둘러싼 세상을 경청하고 삶을 배워 나가며 감사하는 것과 다르지 않습니다.

듣기는 웃음과도 관련됩니다. 누구나 삶의 부조리와 불합리성에 맞닥뜨리기 마련입니다. 진심으로 누구의 말을 들어 준 다음 그를 웃음거리 삼지 않고 함께 웃어 줄 때, 우리는 그가 치유되고 좋아지기 시작한다는 것을 알 수 있습니다. 그는 스스로에 대해 웃을 수 있게 되었고, 우리도 그와 함께 웃을 수 있게 되었습니다. 유머 감각은 인생을 폭넓게 바라보게 해 주고, 왜곡된 인식을 바로잡아 주며, 삶의 무게를 덜어 주고, 스트레스를 줄여 줍니다. 그런데도 유머는 삶에서나 상담 치료에서 가장 도외시된 치료법이었던 것 같습니다.

우리 상담소 대기실에는 지난 15년 동안 내가 모아 놓은 만화 스크랩북이 네 권 있습니다. 일상생활이나, 특히 결혼생활과 가정생활, 인간의 약점 등을 다룬 만화입니다. 남녀노소 할 것 없이 상담 온 이들이 그것들을 읽고 또 읽는 모습을 보면 흥미롭습니다. 사람들은 이 만화가 얼마나 분위기를 편안하게 해 주는지 모른다고 말합니다. 분명 하느님도 유머 감각이 있는 분일 겁니다. 그렇지 않고서야 그토록 오랫동안 어떻게 우리 인간을 참아 내실 수 있었겠습니까?

**경청은
나 자신을
놓아 버리는
일입니다.**

　듣기는 자신을 내맡기는 일입니다. 남의 이야기를 들을 때는 자기를 놓아 버리고, 자기가 중심인 세상을 잠시 잊습니다. 타인을 만나고 그에게 다가가 고통과 슬픔을 어루만집니다. '이런 삶도 있구나' 하고 이해하기 시작합니다. 그리스도교 전통에서 말하듯이 "나를 잊을 때, 나를 만납니다".

　타인의 문젯거리(고통, 슬픔, 상처, 상실감)를 귀여겨듣다 보면, 자신의 고통은 대수롭지 않게 느껴집니다. 자기 문제를 객관적으로 파악하게 됩니다. 나 역시도 날마다 남들의 문제를 듣다 보니, 정작 내 문제는 별로 심각하지 않은 것처럼 생각됩니다. 자신의 문제를 너른 견지에서 바라본다면 대처하기가 한결 수월해질 것입니다.

　누군가 내게 상처를 주고 용서를 구할 때는 그의 이야기를 직접 들어 봐야 합니다. 그래야 이해할 수 있습니다. 그러고 나면 상처와 분노, 고통을 놓아 버릴 수 있습니다. 그를 이해하면 용서할 수 있게 됩니다.

　이상이 내가 남들의 이야기를 듣고 얻게 된, 듣기에 관한 깨달음입니다. 여러분도 타인의 이야기를 들음으로써 자기 나름의 지혜를 얻게 될 것이라고 믿습니다. 많이 들을수록 더욱 인간다워지고 영성이 깊어질 것입니다. 우리는 스스로를 드높여서 이웃과, 그리고 하느님과 만날 수 있습니다.

기도 역시 듣는 것입니다. 내 가슴속 이야기와 내 이웃의 이야기를 듣고 나서, 우리 이야기를 잘 들어 주시는 하느님께 전부 들려 드리는 것입니다. 기도는, 자상하고 자애롭고 언제나 들어 주시는 하느님이 현존하신다는 믿음입니다. 기도 안에서 우리는 강해지고 위로받고 평화를 누립니다. 기도 안에서 우리는 자신을 잊고, 무엇을 들으시든 무엇을 알고 계시든 우리를 보살피고 사랑해 주시는 하느님과 만남으로써 치유받을 수 있습니다.

3. 갈등
내가 세상에 평화를 주러 왔다고 생각하느냐?

갈등은 삶에 필연적으로 따라오는 것이며, 반드시 필요한 것이기도 합니다. 결혼 파탄에 관해 사람들이 오해하는 것 가운데 하나가 갈등이 가정불화나 이혼의 원인이라는 생각입니다. 파탄에 이른 결혼 중 대다수는 오히려, 갈등 해결을 위한 갈등이 없었거나 그것을 피하려고 한 경우가 많습니다. 소통의 기술에는 적절히 갈등을 빚을 줄 아는 능력도 포함되어 있습니다. 그리고 이 갈등을 해결하는 것이야말로 건전한 관계를 이루는 데 대단히 핵심적인 요소입니다.

건강하고 원활한 관계를 유지하려면 갈등이 필요합니다. 예수님도 세상에 오시어 불화를 일으키셨습니다. 수수께끼 같은 말씀도 하셨습니다. "내가 세상에 평화를 주러 왔다고 생각하느냐? 아니다. 내가 너희에게 말한다. 오히려 분열을 일으키러 왔다"(루카 12,51). 예수님은 제자들과, 백성들과, 친지와, 특히 율법학자나 바리사이와 자주 갈등을 빚으셨습니다. 성경에도 얼마나 많은 갈등 이야기가 나옵니까! 시편에도 우리 안에, 사람들 간에, 그리고 인간과 하느님 사이에 지속되는 불화가 실려 있습니다. 사람들이 서로 가까워지려 할 때는 호감과 마찰이 동시에 일어나기 마련입니다. 가까운 관계에서도 호감과 마찰은 늘 함께합니다. 관계가 멀어지면 호감도 마찰도 없어지며, 이렇게 되면 관계는 끝난 것입니다. 원활한 관계를 유지하려면 일종의 윤활유가 꼭 필요한데, 윤활유는 엔진 과열을 차단하고 기어가 막히는 것을 방지합니다. 결혼생활과 가정생활을 위시한 모든 관계에서 이런 윤활유 역할을 하는 것이 적절한 갈등입니다.

『상처 입은 감정의 치유』에서도 다루었지만, 우리가 그동안 미덕이 아니라 악덕으로 여겨 온 분노가 사실은 자연스럽고 건강한 감정이라는 사실을 이야기하고 싶습니다. 따라서 적절한 방식으로 표출되는 것이 바람직합니다. 여기서 적절한 분노와 비생산적인 분노는 구분되어야 합니다. 갈등과 폭력은 다르다는 점도 기억해야 합니다. 폭력은 통제되지 않은 갈등입니다.

부부가 서로에 대한 분노와 상처와 실망을 억누르고 마음속에 쌓아 두기만 하는 것은 관계를 해롭게 할 따름입니다. 이런 억압적 관계 형태는 마치 두 사람 사이의 유대를 갉아먹고 잠식하는 암과도 같습니다. 처음에는 의식하지 못한 채 서로 멀어지다가, 점차 서로에게 애정이 없음을 느끼고, 성적으로도 흥미를 잃게 됩니다. 이렇게 되면 부부는 당황합니다. 이들은 더 이상 서로를 사랑하지 않는다고 생각하고 결혼생활도 끝났다고 생각합니다.

 이런 생각이 반드시 옳은 것은 아닙니다. 무미건조한 상태, 무감한 상태는 부부 관계에 이상이 있음을 말해 주는 표시입니다. 관계가 교착 상태에 빠진 것입니다. 이러한 무감각 상태의 바로 이면에는 상처와 분노, 심지어 증오의 감정까지 켜켜이 쌓여 있습니다. 두 사람은 자기 내면에 쌓인 응어리와 감정의 찌꺼기를 모두 밖으로 내보이면서, 어렵고도 진지한 대화를 시작해야 합니다. 여기서 특히 힘든 점은 불편한 오해나 해소되지 않은 불화, 해묵은 감정, 깊은 상처를 다시 꺼내야 한다는 사실입니다.

 외도는 결혼생활에서 해소하지 못하고 자각하지 못한 불만을 해결하려고 저지르는 파괴적이고 부당한 행위입니다. 사람들은 종종 결혼생활에서 충족하지 못한 정서적·성적 욕구를 채우려고 외도에 빠져들지만, 그런 관계가 항구히 지속될 가능성은 거의 없습니다. 간혹 외도가 결혼생활을 끝내는 징검다리 역할을 하는 경우도 있습니다. 어쨌거나 외도는 결혼생활에 문제가 있음을 드러내는 징후로서, 배우자에 대한 억눌린 감정과 풀리지 않은 갈등을 나타냅니다. 침묵하는 갈등은 죽음과도 같습니다. 건강한 갈등은 하느님의 치유하시는 힘이 발휘될 수 있는 구원의 은총입니다.

갈등을 억누르면 오만 가지 신체적 문제와 정서적 장애가 나타납니다. 불안, 우울, 의기 소침, 성적 거리감, 수동적 공격 성향 등 헤아릴 수 없는 장애들로 인해 관계는 추락하고, 열정도 친밀감도 사라지며, 영적으로 삶의 의미와 영감이 결여됩니다.

이때 많은 이가 결혼생활이 끝났다고 성급하게 결론을 내려 버립니다. 별거에 들어가거나 외도를 하거나 대외 활동을 늘리고 취미 생활에 빠지기도 합니다. 아니면 근본 원인에는 눈을 감은 채 그럭저럭 참고 지냅니다. 문제 해결에는 관심 없이 이혼 결정부터 내리는 경우도 있습니다. 이렇게 되면 두 사람이 진실한 마음으로 만나서 문제를 해결해 볼 기회는 영영 사라지고 마는 것입니다.

직접적이고 정직한 소통이 분노와 갈등을 초래할 가능성도 물론 있습니다. 누군들 갈등이 좋겠습니까? 미국에는 집집마다 다음과 같은 보이지 않는 문패가 달려 있습니다. '무슨 일이 있어도 평화!' '결혼만은 지키자!'

해결되지 못한 채 묻혀 있던 결혼생활의 상처와 분노가 끝내 폭발하거나 과잉 반응으로 나타날 때가 있습니다. 파괴적인 갈등 양상입니다. 꼭 그럴 마음이 아니었는데도 상대방에게 독한 말을 퍼붓는 바람에 공연히 상처를 주기도 합니다. 이제 두 사람은 통제 불능 상태에 빠집니다. 분노를 터뜨리고 나면 후회와 부끄러움이 밀려오지만, 다시 대충 상처와 분노를 덮어 둡니다. 그렇게 그냥저냥 지내다가 또 폭발과 갈등이 일어나는 것입니다. 이와 같은 폭발과

소강의 순환을 멈추려면 두 사람이 각자의 상처, 분노, 실망을 그때그때 숨김없이 다루는 법을 배우는 수밖에 없습니다. 하지만 두 사람이 갈등을 두려워한다면 꼭 필요한 갈등마저 피하게 되고, 결국 불건전한 폭발만 주기적으로 되풀이하는 셈이 됩니다.

갈등이 두려운 나머지 남이 나를 함부로 대하거나 해를 입혀도 참고만 있는 것은 스스로를 존중하지 않는 태도입니다. 나를 막 대하는 사람은 나를 존중하지 않는 사람입니다. 그냥 내버려 둔다면 그들은 나를 계속 괴롭힐 것입니다.

상대방이 내게 그다지 중요하지 않거나 갈등이 너무 사소하다고 느껴지는 때는, 감정을 소진하지 않으려고 그냥 넘어가기도 합니다. 그러나 불화에 직면하기가 두렵기 때문에 별문제 아닌 것처럼 말하면서 갈등을 피하려 하고 최소화하고 합리화하는 경우도 있습니다. 만일 이런 경우라면 자기 자신에게 좀 더 솔직해져야 합니다. 솔직해지도록 도와줄 수 있는 믿을 만한 친구에게 사정을 털어놓으면 도움을 받을 수 있을 것입니다.

갈등이라고 전부 문제를 해결해 주지는 않습니다. 상황이 더 악화될 수도 있습니다. 그렇더라도 갈등을 직시하고 최선을 다했다는 데서 위안을 찾을 수 있습니다. 인간으로서 도리를 다하고 나머지는 하느님께 맡기고 기다리면 됩니다. 늘 싸움만 하는 사람도 있을 수 있습니다. 그만한 가치가 있는 싸움을 잘 골라서 우선순위를 정해야지, 그렇지 않으면 허구한 날 싸움질만 하게 될 것입니다.

공격적이고 살벌한 분위기에서 갈등을 일삼으며 사는 부부는 언제나 서로를 탓하고 손가락질하며 감정적·물리적 충돌을 벌입니다. 이들은 공정하게 싸우는 법을 배우면서, 이제는 일상이 되어 버린 끝없는 싸움에서 벗어날 방안을 모색해야 합니다. 분노 조절 프로그램에 등록하는 것도 좋은 방법입니다.

지금까지 내가 말한 갈등은 바람직하거나 건전한 갈등이 아닙니다. 하지만 사람들은 대부분 이런 갈등이 전부인 줄 압니다. 갈등에 대해서 늘 부정적으로만 배워 왔기 때문입니다. '싸우지 마라', '싸우면 죄짓는 거다', '위험하다', '거부당할지도 모른다', '갈등은 폭력과 비난으로 이어진다', '잘잘못을 따지는 거다', '권력투쟁이다' ···. 갈등을 두려워하고 회피하는 것도 무리는 아닙니다. 내가 권장하고 필요하다고 생각하는 갈등은 두 사람 이상이 개방적인 분위기에서 함께 살 때 정상적으로 일어나는 갈등을 말합니다. 함께 사는 사람들이 서로 간에 열려 있고 솔직하다면 불화와 이견, 곤란한 상황은 발생하기 마련입니다. 이는 자연스럽고 불가피한 현상입니다. 그렇지 않은 관계는 오히려 피상적이며 어쩌면 부정직한 관계일지도 모릅니다. 진솔한 관계를 원한다면 갈등은 피할 수 없는 현실입니다.

갈등은 자연스러운 것

건강한 관계에서 일어날 수 있는 적절한 갈등을 살펴보겠습니다. 이런 갈등은 불가피하며 성장의 원천이기도 합니다. 갈등은 건강한 의견 차이와 불화와 오해를 처리하도록 도와줌으로써 관계 유지에 기여합니다. 어떤 관계에서든 갈등은 창조적인 역할을 할 수 있습니다. 창세기에 보면 하느님이 거대한 혼돈 상태에서 우주를 질서 있게 창조하신 것으로 나옵니다. 갈등에는 종종 이러한 혼돈이 뒤따릅니다. 또 갈등은 우리 관계에 변화의 기회를 부여합니다. 이 때문에 갈등을 성장의 기회라고 하는 것입니다.

 긍정적 갈등으로부터 우리가 얻을 수 있는 것은 무엇일까요? 우선, 새로운 자각을 들 수 있습니다. 갈등은 사람이 모여 살 때, 그리고 모든 가까운 관계에서 일어나는 것으로, 새로운 정보를 제공하고, 문제 해결의 필요성을 제시합니다. 따라서 갈등이 생기면 우리는 상대방에 대해 그동안 몰랐던 정보를 얻게 됩니다. 욕구불만, 알아 주지 못한 감정, 오해, 불화 등이 명백히 드러나는데, 이때 우리는 변화와 조정, 타협의 필요성을 느끼게 됩니다. 그렇게 서로에게 더욱 민감해집니다. 간혹 새로이 드러난 사실 때문에 충격을 받거나 그것에 압도당할 수도 있지만, 사람 사이의 차이는 나쁜 것이 아닙니다. 그것은 정상입니다. 갈등이 이러한 자각을 가져다줍니다.

 우리는 갈등을 인정하고 그것에 책임을 져야 합니다. 유년기부터 비롯된 부정적인 라디오를 버리고, 이기고 진다는 생각도 버리고, 서로 비난하거나 흠잡으려는 생각도 버려야 합니다. 갈등을 해결하기 위해 내가 먼저 움직여야 합니다. 갈등을 야기했다고 해서 나쁜 사람인 것은 아니지만, 그것을 해결하고자 용기를 내고 진실을 추

우리는 갈등을 인정하고 책임져야 합니다.

구할 때 우리는 진정 자유로워집니다.

실제로 갈등은 우리가 타인에게 조종당하거나 장악되지 않게 해 주어, 우리의 정체성을 지키는 데 도움이 됩니다. 또 갈등을 통해 서로 간의 경계를 확립할 수 있습니다. 통제와 복종은 건강한 관계를 무너뜨립니다. 결혼생활이 성장하기도 하고, 침체되거나 파탄 나기도 하는 것이 바로 이 갈등 영역에서 일어나는 일입니다. 이때를 참지 못하고 성급하게 이혼을 해 버리면 부부간의 차이를 이해하고 해결할 수 있는 기회를 영영 놓치고 맙니다. 이럴 때 성격 차이라고 단정 짓기보다는, 두 사람이 동등하지만 서로 다를 뿐이라고 생각하는 것이 좋습니다.

건강한 갈등은 우리에게 협상하는 법을 일러 줍니다. 이는 관계(친밀한 관계든 사무적인 관계든)에서 각자의 역할이 어떤 과정을 통해 드러난다는 이론에 근거하고 있습니다. 방어하지 않으면서 각자의 생각과 감정, 견해와 입장을 나누면서, 터놓고 문제를 논의하고 서로의 의견을 들어 보아야 합니다.

부부는 서로 다른 환경에서 온 사람들입니다. 돈 문제며 자녀 양육 문제, 휴가 계획부터 맞벌이 문제에 이르기까지 의견이 다를 수밖에 없습니다. 부부는 정보를 공유하는 법을 배우고, 그러한 정보에 의거하여 협상하는 법을 배웁니다. 어떤 문제는 합의하고, 어떤 문제는 협력하거나 양보하고, 상대방의 결점을 참아 넘기는 법을 배웁니다. 이 모든 것이 상호 이해를 촉진하고 서로를 신뢰하는 데 도움이 됩니다. 이러한 상호 작용으로 부부는 서로를 깊이 아는 것은 물론이고, 자기 자신에 대해서도 더 잘 알게 됩니다. 서로 깊이 안다는 것은 결혼의 영성에서 대단히 중요한 측면입니다.

모든 관계에 이런 식으로 임한다면 우리는 자신이 무엇을 생각하고 인식하는지, 어떻게 느끼는지, 또 자신의 욕구가 무엇인지를 더욱 명확히 알 수 있습니다. 그럼으로써 우리는 서로 간의 긴장과 혼란과 오해를 떨쳐 버릴 수 있습니다. 서로를 위해 필요한 조정을 할 수 있고, 상대의 욕구를 더 잘 알게 됩니다. 이 모든 것이 실현되면 스스로는 물론이고 서로가 어울려 더 큰 평안과 행복을 느낄 수 있습니다. 폭풍 뒤에 찾아오는 고요와도 같다 하겠습니다.

갈등은 또한 우리가 경직성을 벗어나 융통성을 가지게 해 줍니다. 집 안에서 큰소리를 내지 않으려고 부부 중 어느 한쪽이 항상 져 주기만 하면, 그것은 자기 정체성과 존중심을 저버리는 일일 뿐 아니라, 상대방이 더욱 완고해지고 지배적이 되도록 조장하는 결과를 낳기에 이릅니다. 주변에서 이런 가정을 심심치 않게 발견할 수 있습니다.

관계에 뭔가 이상이 있다는 느낌(불안하고, 화가 자주 나고, 사소한 일에 자꾸 신경질이 나고 하는)이 들면, 무엇이 우리를 괴롭히는지 자문해 보고 그에 관해 상대방과 대화를 시작해야 합니다.

대화를 주저하고 경고 신호를 무시한다면 문제를 더 키우게 됩니다. 상대방의 마음을 상하게 하고 싶지 않다고, 그가 기분 나빠 할까 봐 두렵다고 하는 사람도 있지만, 이런 태도는 핑계에 지나지 않습니다. 우리가 정말로 두려워하는 것은 갈등 상황입니다. 엄연한 현실을 부정하면서, 모면하고 합리화할 궁리만 합니다. 갈등을 똑바로 인식한다면, 달갑지 않은 현실에 직면하도록 서로를 도울 수 있습니다. 갈등에 대한 두려움을 터놓고 나눔으로써, 갈등을 회피하려는 벽을 무너뜨릴 수도 있습니다.

남에게 상처를 줄까 봐 갈등을 피한다는 말은 가장 흔한 핑계이며, 책임 회피 구실에 불과합니다. 타인의 감정을 상하게 하는 것은 그리스도인의 자세가 아니라는 듯이 갈등을 덮어 두려고만 합니다. 그러나 이런 생각이야말로 우리 신앙의 중요한 가르침을 저버리는 일이 됩니다. 우리가 두려워하는 것은 많습니다. 거부당할까 봐, 상처 입을까 봐, 미움받을까 봐, 평상심을 잃을까 봐, 심지어 폭력을 당할까 봐 두려워합니다.

건강하고 정직한 관계 속에 있는 사람들이 서로 진실을 이야기할 때, 마음의 상처를 입는 것은 자연스러운 일입니다. 이러한 상처는 당연히 따라다니는 것입니다. 타인의 마음을 상하게 하는 일은 죄가 아닙니다! 누구에게 정직하게 대한다는 것은 그를 배려하고 사랑한다는 뜻입니다. 물론 고통스러운 진실을 말하더라도 악담이나 트집 잡기식으로 해서는 안 됩니다. 그러면 듣는 사람은 나쁜 표현만 주로 기억하게 되고, 실제 전하려던 메시지의 본질을 놓치고 맙니다.

남의 마음을 상하게 하는 일은 죄가 아닙니다.

예수님은 솔직한 말로 사람들의 마음에 상처를 주곤 하셨습니다. 그리고 단도직입적으로 말씀하셨지요. "진리가 너희를 자유롭게 할 것이다"(요한 8,32). 진리가 마음에 상처를 주지 않는다고 말씀하시지 않았습니다. 물론 진실을 말하기란 쉽지 않습니다. 하지만 그 반대는 우리 자신과 우리 관계에 훨씬 더 해롭습니다. 바오로 사도는 빈정거림이나 분노나 토론에서 이기려는 의도 없이 말합니다. "우리는 사랑으로 진리를 말하고 모든 면에서 자라나 그분에게까지 이르러야 합니다"(에페 4,15). 솔직하게 말하지 않으면 상대방에게 해를 끼치는 것이고, 의도하지 않게 죄를 짓는 것입니다. 그가 변화하고 성장하고 통찰력을 키울 기회를 놓치게 만들 수도 있습니다.

갈등은 변화와 조정을 가져오고, 심지어 가족 내 역할을 바꾸게 하기도 합니다. 맞벌이 부부라면 남편도 집안일을 분담해야 합니다. 아내의 욕구가 충족되지 않거나 남편이 아내의 정서적 욕구에 무신경한 경우, 갈등을 통해 이런 상황을 드러내 보여야 필요한 조치를 취할 수 있습니다. 반대로, 부부가 갈등을 외면한 채 침묵을 택하는 경우, 왜 그토록 많은 결혼 관계가 폭력이 아닌 침묵 때문에 파경에 이르는지를 알게 됩니다. 우울증 같은 정서적 질환, 그리고 여러 육체적 질환의 상당 부분이 감정의 억제, 특히 분노, 실망, 좌절, 갈등 회피 때문에 발생하고 있습니다.

갈등은 불가피하지만 긍정적이고 창조적일 수 있습니다. 갈등을 일정한 형식으로 표출할 수도 있습니다. 상대방에게 문제를 제기하고 싶을 때 서로 편리한 시간과 장소를 잡아서 정식으로 이야기를 꺼내면 됩니다. 여기서 핵심은 공정한 싸움인가 여부입니다. 예전처럼 아귀다툼하는 갈등은 전혀 도움이 안 됩니다. 소리 지르고, 분을 삭이지 못해 공격적으로 행동하면 아무도 이야기를 들어 주지 않습니다. 대놓고 비난하고, 부모를 탓하고, 억지 비교로 화를 돋우고, 약점을 공격하고, 책임을 전가하고, 터무니없는 과장을 하면 상대는 자신을 방어하고 변명을 늘어놓느라 진짜 문제는 피하게 됩니다. 상대방 면전에서 자리를 박차고 일어나거나, 화제를 바꾸거나, 다른 문제를 제기하거나, 지난 일을 끄집어내거나, "언제나!", "절대로!" 같은 말을 남발하면 건설적인 갈등 상황을 망치게 됩니다. 건설적인 갈등도 가끔은 공정하지 못한 싸움을 불러오지만, 그 정도 위험은 감수해야 합니다. 공정한 싸움을 하려면 어느 정도의 자제력이 있어야 합니다.

방어적인 태도 역시 건강한 갈등을 방해하는 요인입니다. 방어적일 때는 상대의 말이나 감정에 신경을 쓰지 못합니다. 그저 자기가 공격받고 있다는 생각에 자기도 상대방을 공격하며 지지 않으려 합니다. 그런데 방어적으로 처신한다는 것은 이런 의미입니다. "나를 버리고 갈까 봐 두려워." "나 혼자 남겨지면 어떡하지." "상처받기 싫어." "더는 나를 사랑하지 않을 거야." "나는 문제가 많아." "우리 결혼생활은 엉망진창이 되고 있어." 두 사람 모두 방어적일 때는 둘 사이의 진짜 문제가 다루어지지 못하고 무용한 갈등만 빚으면서 좌절하고 탈진하게 됩니다. 반응을 자제하고, 침착한 가운데 상대방의 말을 주의 깊게 들으려 노력하면서 자신의 방어 심리를 통제해야 합니다. 감정을 식히기 위해 합의하에 잠시 휴식을 취하고 나서, 다시 만나 대화를 이어 갈 수도 있습니다. 이렇게 하면 우리 자신의 방어 심리를 통제할 수 있을 뿐 아니라 상대방에 대해서도 더 많은 것을 알아 가면서 마음을 가라앉힐 수 있습니다.

심각한 지경에 이른 결혼생활, 그리고 높은 이혼율의 원인을 찾아보면 부부 사이에 너무나 많은 문제가 해결되지 않은 채 쌓여 있는 경우가 대부분입니다. 처음부터 가망이 없었던 결혼도 있습니다. 자기 내면의 갈등을 해결하지 못한 사람은 부부 관계에서도 갈등을 해결하기 힘듭니다. 자존감이 부족하고, 자기 감정을 볼 줄 모르고, 수치심과 죄의식에 사로잡혀 있으면 건강한 불화마저 견뎌 내지 못하게 됩니다.

상대방의 가정에서부터 비롯된 내적 갈등을 이해하면 둘 사이의 갈등을 해소하는 데 도움이 됩니다. 배우자가 부모와의 관계에서 형성된 분노와 상처, 실망, 자포자기 같은 감정들을 여전히 짊어지고 있음을 알게 된다면, 그가 하는 말에 일희일비하지 않고 그를 더 잘 이해할 수 있을 것입니다. 물론 그에게는 자기 내면의 문제를 스스로 해결해야 할 책임이 주어집니다.

원만한 결혼생활을 하려면 부부 각자가 스스로 평안한 사람, 자기를 사랑하는 사람들이어야 합니다. 그래야 서로를 사랑하고 참아내면서 갈등을 현명히 처리하는 힘을 키울 수 있습니다. 결혼생활은 부부 각자가 한 인간으로서 성장하고 성숙하기 위한 도전 정신을 요구합니다. 성숙한 배우자는 상대방의 감정이나 고민, 불안에 민감하게 반응하면서도 거기에 휩쓸리거나 전염되지 않습니다. 그렇지 못하면 두 사람 모두 문제 자체에 매몰될 우려가 있으며, 이를 두고 '상호 의존' 상태에 빠졌다고 합니다.

우리는 갈등을 관리하는 데 필요한 기술을 배울 수 있습니다. 이를테면 타이밍도 중요한 기술입니다. 언제 싸우고 언제 싸우지 말아야 하는지, 갈등이 너무 오래가거나 수위를 넘을 때 어느 시점에서 휴전을 선포해야 하는지 등을 배워야 합니다. 민감한 문제를 의논하기 위해 시간을 따로 낼 수도 있을 것입니다. 이와 관련한 여러 기술을 배울 수 있으며, 요즘은 훌륭한 자료도 많이 나와 있는데, 앞서 소개한 데버러 태너의 책이 좋은 예입니다. 갈등 해소와 현명한 싸움의 기술을 가르치는 세미나도 있습니다. 이렇게 관계를 다루는 기술을 고등학교나 대학에서 가르쳐야 할 것입니다. 필 맥그로 박사의 『관계 회복』*Relationship Rescue* 같은 책에서 도움을 받을 수도 있습니다.

거듭 말하지만 자기가 자라난 가정에 대한 통찰과 이해가 필요합니다. 가정은 한 인간에 관한 정보의 보물 창고입니다. 자기 집안을 알자는 말은 부모를 원망하자는 것이 아니라 자신의 근본을 이해하자는 뜻입니다. 가족사를 이해하면 우리가 갈등을 대하는 방식을 이해할 수 있습니다. 공정하게 싸우는 법을 배웠는지, 아니면 어떻게 싸움을 회피하게 되었는지, 그리고 문제와 감정을 왜 숨기게 되었는지를 이해하게 됩니다. 부모의 갈등을 목격한 적이 있습니까? 그들은 침묵을 공격이나 회피의 수단으로 사용하지 않던가요? 성인이 되도록 자기 부모가 싸우는 것을 한 번도 본 적이 없다고 말하는 사람을 나는 많이 만났습니다. 이게 무슨 뜻일까요? 그 부모들은 신경질 나는 일을 안 겪고 살았다는 말인가요? 어떤 대가를 치르고라도 겉으로는 평화를 유지했다는 말입니까? 만일 싸웠다면 갈등과 분노를 어떻게 다루었을까요? 우리가 어릴 적에 화를 내거나 누구랑 싸우면 부모로부터 벌을 받지는 않았나요? 우리 부모는 정당한 분노나 적절한 갈등이 일어나는 경우와 그렇지 않은 경우를 구분할 줄 알았던가요?

이렇게 집안 내력으로 전해져 온 특성들에다가 그릇된 종교적 태도(갈등은 죄이므로 피해야 한다는)까지 겹쳐진 경우도 있는데, 이는 성경에서 말하는 분노와 갈등을 잘못 해석한 결과입니다. 우리는 세 가지 '에스's'를 배우면서 자랍니다. 첫째, 갈등은 죄sin이므로 누구랑 싸우면 죄책감을 느껴야 합니다. 둘째, 싸움을 하면 야단을 맞게 되므로 수치심shame을 느끼게 됩니다. 수치심 때문에 다시 나 자신을 미워하게 되고, 싸움은 나쁜 거라는 부모 말씀에 다시 죄책감을 느낍니다. 셋째, 갈등은 고통suffering을 동반하므로 피해야 합니다.

극도로 갈등이 심한 집안에서 자라면서 마음의 상처를 크게 입은 사람들이 있습니다. 이들 역시 갈등으로 가득한 결혼생활 속에서 부모 세대의 전철을 되풀이하거나, 반대로 자신만은 무슨 수를 써서라도 결혼생활에서 갈등을 피하려고 애쓰기도 합니다만, 두 경우 모두 과거의 지배를 받는다는 점에서는 다르지 않습니다.

여기서 타협이 필요해집니다. 갈등이 삶의 일부임을 받아들이되 현명히 관리하도록 노력하는 것입니다. 과거를 되풀이하거나 반발함으로써 과거의 짐을 덜 수 있지만, 과거를 재구성해 보는 방법도 있습니다. 우리 집안의 약점과 결함으로부터 교훈을 얻어 과거를 달리 인식할 수도 있는 것입니다. 그러고 나면 우리는 현명하고 적절하게 갈등과 분노를 표현하는 법을 발견하기 시작하고, 차츰 건강하고 원활한 관계를 되찾게 됩니다. 공정한 갈등을 위한 조언을 몇 가지 드리자면 이렇습니다.

- 상대방의 말을 귀 기울여 잘 듣습니다.
- 상대가 말하고 생각하고 느끼고 이해하고 원하는 것이 무엇인지 정확하게 물어봅니다.
- 타인을 존중합니다.
- 반대 의견을 낼 때도 예의를 갖춥니다.

- 다른 사람 탓을 하거나, 험한 말이나 비꼬는 언사를 사용하지 않습니다.
- 남의 말에 끼어들지 않습니다.
- 감정을 가라앉힙니다.
- "언제나", "절대로" 같은 말을 사용하지 않습니다.
- "당신"보다는 "나"로 대화를 시작합니다.
- 갈등이 도가 지나치면 잠시 휴전을 제안하고, 시간이 지난 후에 다시 만나 이야기합니다.

쉽지는 않겠지만 실천하면 큰 도움이 될 것입니다.

갈등의 필요성

우리가 더불어 살아가고 교류하는 삶의 모든 영역에서 갈등이 일어나지 않기를 바라는 것은 불가능한 일입니다. 갈등은 반드시 필요합니다. 그래야 사람들 사이에 경계를 짓고, 각자 정체성을 지키고, 서로를 알아 가고, 개념과 문제점을 제대로 파악하고, 삶을 나름대로 꾸려 나갈 수 있습니다. 갈등은 우리를 가로막는 벽을 부수고, 오도 가도 못하게 하는 병목 지점을 풀어 주며, 소통의 통로를 틔워 줍니다. 그런 분위기 속에서 결혼생활과 가정생활이 성장하고, 우리도 신뢰와 사랑 속에서 자라날 수 있습니다.

갈등은 언제나 그리스도교 전통의 한 축이었습니다. 예수님은 당대 사람들과 충돌했고, 초대교회 신자들도 서로 불화했으며, 베드

로와 바오로도 의견이 갈렸고, 오늘날까지도 그리스도교의 여러 교파가 반목을 거듭하고 있습니다. "두 사람이나 세 사람이라도 내 이름으로 모인 곳에는 나도 함께 있기 때문이다"(마태 18,20)라는 말씀에 마태오는 이렇게 덧붙일 수도 있었을 것입니다. "그곳에는 갈등이 있을 것이다." '모인다'는 말이 꼭 화합한다는 뜻은 아닙니다. 모여서 서로 의견이 다를 수도 있습니다.

건강한 갈등 관계를 유지한다는 것은 우리 안의 낡은 라디오를 직시하는 일입니다. 이때 자기 자신과의 갈등이 발생합니다. 자기 스스로와의 관계야말로 모든 관계 중에 제일 중요한 관계입니다. 자기 자신을 부정적으로 보는 한, 아무리 단순한 관계일지라도 우리는 실패하고 말 것입니다. 그러므로 우리는 자신을 긍정하고 사랑하고 용서하면서, 내면에서 느껴지는 분노를 조절하여 자신을 변화시키는 데 창조적으로 사용할 줄 알아야 합니다. 누군가 우리를 괴롭히고 가치 없는 존재인 양 대하더라도 우리는 스스로를 다독여 주어야 합니다. 그들이 우리로 하여금 죄의식과 수치심을 느끼고 과잉 반응을 보이게 몰아가는 동안 가만히 두고 보기만 한 데 대해 스스로 반성해야 합니다. 자기 자신에게 집중합시다. 내 힘으로 변하게 할 수 있는 존재는 나 자신뿐이며, 나는 스스로 변화하여 나를 통제할 수 있는 존재임을 깨달아야 합니다.

뿌리 깊은 불신을 품고 있거나 증오나 편집증, 정신분열증에 시달리는 사람은 창조적이고 건강한 갈등을 감당할 능력이 없습니다.

폭력을 쓰거나 격분하는 경향이 있는 사람도 마찬가지입니다. 이런 사람들은 갈등형 접근을 피하거나 집단적 개입으로 유도해야 하고, 다른 적합한 보호책을 마련해 주어야 합니다. 이들은 현실과의 접촉이 매우 제한되어 있고 왜곡된 의식을 갖고 있으므로, 자신에 대한 통찰을 얻기가 어렵습니다. 자기 자신을 억제하기도 힘듭니다. 따라서 이런 사람들은 자상하되 단호하게 대해야 합니다. 위험한 사람과 갈등을 빚는 것이 내게 위협이 될 때는 물리적·정서적으로 떨어져 있으면서 만남 자체를 피하는 편이 낫다는 것은 두말할 필요도 없습니다. 폭력의 이력이 있는 전 남편이 아이를 만나러 온다면, 아내는 안전을 위해서 제삼자가 함께 있는 자리에서 그를 만나야 합니다.

아이들이 어릴 때부터, 갈등은 자연스럽고 필요한 것이며 불가피하다는 점을 반드시 가르쳐야 합니다. 정당한 갈등과 그렇지 않은 갈등의 차이를 가르쳐야 합니다. 잘 '싸우는' 법을 가르치되, 적절한 갈등이나 불화에 일일이 간섭할 것까지는 없습니다. 또 싸울 때 싸우더라도 폭력이나 신체적·정서적 위협을 가해서는 안 된다는 것을 강조해야 합니다. 타인의 이야기를 잘 듣고 숨김없이 정직하게 소통하는 법을 일러 주는 것이 중요합니다. 무엇보다 부모가 솔선수범하여 공정하게 잘 싸우는 법을 아이들에게 보여 줘야 합니다. 이럴 때 아이들은 부모가 간혹 불화하고 다투더라도, 늘 함께하고 서로 사랑하고 용서한다는 것을 알게 됩니다.

갈등을 통해 우리는 성장합니다.

갈등은 인생의 고통스러운 현실을 일깨워 줍니다. 그리고 현실을 제대로 직면해야 우리 정서와 정신과 영성이 강건해집니다. 친밀한 관계를 맺는다는 것은 따뜻하고 평온한 가운데 이따금 갈등과 불화도 생겨난다는 것을 의미합니다.

다시 요약하자면, 인간관계에서 갈등은 필요할 뿐 아니라 불가피하며 성장의 기회가 되기도 합니다. 갈등을 통해 우리 자신과 타인, 문제가 되는 쟁점을 파악할 수 있습니다. 그러니 갈등을 너무 부정적으로 생각하지 말고 긍정적으로 보도록 합시다. 그럴 때 우리는 관계를 지키고 성장시켜 나가면서 그토록 바라던 친밀감을 이루어 낼 수 있을 것입니다.

삶과 사랑에 열려 있다면 갈등에도 열려 있어야 합니다. 갈등을 좋아할 사람이 있겠습니까마는 갈등을 두려워하면서 우리의 관계를 지배하도록 놔둬서는 안 됩니다. 갈등을 직면하고 그것을 통해 나아가야 우리는 평안을 누리면서 다소나마 충족감을 느끼게 될 것입니다. 갈등은 우리의 자신감을 강화시켜 주는 성장 수단이라 할 수 있습니다. 건강하고 공정한 갈등은 우리로 하여금 고통스러운 상황을 헤쳐 나가면서, 그 상황을 극복하고 우리 스스로 변화하게 해 주는 영성의 고유한 영역이기도 합니다. 이렇게 갈등은 우리의 관계에서 매우 귀중한 역할을 담당하고 있습니다.

4. 친밀감
당신을 속속들이 알고 싶어요.

'친밀감.' 여기저기서 많이 사용하는 단어입니다. 그런데 친밀감이 정확히 무엇일까요? 그것은 어떻게 얻을 수 있는 것일까요?

로버트 스타인버그가 전개한 이론(1986)에 따르면 사랑에는 세 가지 특유한 차원이 있다고 합니다. 첫째, 열정. 상대를 강렬히 원하는 것입니다. 둘째, 친밀감. 모든 감정, 생각, 욕구, 행동을 상대와 공유하려는 것입니다. 셋째, 헌신. 기쁠 때나 슬플 때나 서로 함께하려는 의지입니다. 예수님의 가르침에서도 이 뜻이 드러납니다. "내 안에 머물러라. 나도 너희 안에 머무르겠다"(요한 15,4)라는 말씀에서 열정을 읽을 수 있다면, "나는 너희를 더 이상 종이라고 부르지 않는다. 종은 주인이 하는 일을 모르기 때문이다. 나는 너희를

우리는 누구나 친밀감을 간절히 원합니다.

친구라고 불렀다. 내가 내 아버지에게서 들은 것을 너희에게 모두 알려 주었기 때문이다"(요한 15,15)라고 말씀하시며 친밀감을 드러내시고, "친구들을 위하여 목숨을 내놓는 것보다 더 큰 사랑은 없다"(요한 15,13)라는 가르침을 통해 헌신의 의미를 보여 주십니다.

남녀 관계에서 친밀감이라는 말을 들으며 섹스를 떠올리는 사람도 있지만, 그것은 극히 작은 부분에 지나지 않습니다. 진정한 친밀감은 정서적·심리적 성격을 띠는 것으로, 우리가 추구해야 할 친밀감이 바로 이것입니다. 친밀감은 우리 자신을 타인과 깊이 나누는 능력입니다.

정서적·심리적 친밀감을 바탕으로 성적 친밀감이 우러나올 수 있습니다. 진정한 친밀감을 키우고 유지하는 데 성적 요소가 도움이 될 수 있지만 그것만 가지고는 친밀감을 설명하기 힘듭니다. 친밀감은 누구와 가까이 연결되고 싶은 우리 모두의 내밀한 갈망입니다. 궁극적으로 그 '누구'는 바로 하느님입니다. 성경에 이런 갈망이 자주 나옵니다. "암사슴이 시냇물을 그리워하듯 하느님, 제 영혼이 당신을 이토록 그리워합니다"(시편 42,2). 이사야서에도 아기와 어머니의 긴밀한 관계가 잘 표현되어 있습니다. "여인이 제 젖먹이를 잊을 수 있느냐? 제 몸에서 난 아기를 가엾이 여기지 않을 수 있느냐? 설령 여인들은 잊는다 하더라도 나는 너를 잊지 않는다"(이사 49,15).

이 같은 갈망은 우리 존재의 바탕에 깊이 각인되어 있으며, 하느님과의 영적 친밀감을 유지하는 뿌리가 됩니다. 많은 이가 이 갈망을 식별하지 못할뿐더러 심각한 정서적 장애 때문에 갈망을 왜곡하거나 혼동합니다. 그럼에도 우리 모두에게는 갈망이 존재하는 것이 사실이며, 이 갈망을 어떻게 채울 것인가 하는 문제는 일생을 두고 찾아야 할 과제입니다. 이 과정에서 건설적이고 창조적인 수단을 찾을 수도 있고, 파멸적인 수단을 찾을 수도 있습니다. 극심한 중독증 환자라 할지라도 궁극적으로 원하는 것은 친밀감일지 모릅니다.

남성은 정서적으로 타인과 거리감을 두는 방식으로 사회화가 이루어지는데, 이런 태도는 대개 아버지에게 배우게 됩니다. 남자들만 다니는 학교나 집단에서는 감정을 느끼거나 타인과 친밀히 지내는 법을 배우기 힘든 경우가 많습니다. 남자는 이성적으로 사고하는 존재이지 느끼는 존재가 아니라는 식입니다. 감정과 사고를 잘 통합시키거나 이를 우리의 관계에 적용하도록 배운 적이 없습니다. 공적인 상황에서나 일을 할 때는 감정과 사고를 분리시켜 적용하지만, 이것이 개인의 삶이나 관계에는 도움이 되지 않습니다.

성공과 실패로 점철된 여정이지만, 어쨌든 우리는 친밀감을 향해 길을 나서야 합니다. 그 길은 인간적이고 영적인 구도의 길입니다. 우리가 우리 자신과 정서적으로 연결되어 있으면서 타인과도 정서적 유대와 친밀감을 느낄 수 있다면, 하느님과의 정서적 유대와 친밀감도 체험하게 될 것입니다.

자기와의 친밀감

　자기와 친밀감을 얻으려면 무엇부터 시작해야 좋을까요? 자기 자신에 대해서 잘 알게 되고, 타인에 대해서도 깊이 알게 될 때 친밀감은 싹트기 시작합니다. 무엇보다 중요한 것은 자신과의 친밀감을 확보하는 일입니다. 나 자신을 알려면 나의 내면과 만나야 합니다. 나의 사고와 태도, 견해, 특히 욕구와 감정을 볼 줄 알아야 하며, 근심과 불안과 우울까지도 들여다볼 수 있어야 합니다.

　항상 깨어 있으면서 자신의 내면과 만나고 거기서 일어나는 움직임을 알고 있기란 쉬운 일이 아닙니다. 그렇다고 해서 판에 박힌 일상을 살아가면서 스스로의 내면을 살피기를 게을리 한다면, 자기 자신과의 만남은 요원한 일이 되고 맙니다.

　삶의 의미와 조화로움을 만끽하고 싶다면, 하루 한 순간만이라도 자신의 생각과 감정을 들여다보고 성찰하는 것이 중요합니다. 그날 일어난 일을 되새겨 보고, 세상의 이러저러한 사건들 속에서 느끼고 생각한 바를 성찰하기 위해 날마다 조금이라도 시간을 내도록 노력해야 합니다. 가슴 아픈 뉴스나 친구의 갑작스러운 건강 악화 소식, 누구의 막말로 마음 상한 일을 돌이켜 봐도 좋습니다. 나는 내담자들에게 하루를 정리하면서 성찰과 기도의 시간을 가지고 그날 일어난 일들을 돌이켜 보라고 권하곤 합니다.

　한 번도 걸러지지 않은 채 마음속에 담고 살아가는 감정이 얼마나 많은지 생각해 보면 놀라울 정도입니다. 가슴이 답답하고, 무슨 생각과 감정으로 사는지 갈피를 잡을 수 없는 데는 다 이유가 있습니다. 자신이 받은 상처와 충격, 실망과 상실에 대해 우리는 다들 눈을 감은 채 살아가고 있는 것입니다. 심지어 삶의 기쁨과 경이로움, 행복, 만족의 순간도 놓치고 삽니다. 이렇게 우리는 스스로를 살피지 못하고, 정리하지 못한 나날을 그냥 묻어 두고 살아가는 셈이 됩니다. 평생을 그런 식으로 성찰하지 않는 삶, 억압된 삶을 살아간다는 뜻입니다.

  자기와 만나면 통찰력이 생겨납니다. 내가 무엇을 생각하고, 어떻게 느끼고, 왜 그렇게 행동하는지 알게 됩니다. 자신에게 통찰력을 갖게 될 때 성령께서 내 안에 임하심을 체험할 수 있습니다. 하느님은 우리가 당신과 함께 노력할 때만 은총을 보여 주시고, 우리가 자신을 돌아다볼 때 우리 삶에 빛을 던져 주십니다. 바로 이런 맥락에서 우리는 자신에 대한 의문을 풀기 시작하는 것입니다.

  자신에 대해 새롭게 통찰하고 나면 좀 더 어려운 다음 단계로 나아가게 되는데, 나는 이 단계를 통합 단계라고 부릅니다. 과거에 의해 좌우되기 십상인 우리 삶의 모든 경험을 한데 모음으로써 앞으로의 삶을 변화시키는 것입니다. 이 단계에 이르면 자기 자신과 더욱 가까워질 수 있습니다. 온전함에 다가갈 수 있고, 자기를 더욱 잘 알게 되며, 자기 자신과 생각과 감정에 한결 너그러워집니다. 이로써 자신과 지난날에 대해 일종의 통찰에 도달하면서, 있는 그대로 모든 것을 받아들이게 됩니다.

누구에게나 제일 우선시되는 관계는 바로 자기 자신과의 관계입니다. 자기와 불편하고, 자기를 만나지 못하고, 자기를 잘 모르면서 어떻게 타인과 친밀감을 쌓을 수 있겠습니까? 타인과의 관계 속에서 영향을 주고받듯이 자신의 내면에서 일어나는 생각과 감정도 주시한다면 스스로에 대해 많은 것을 배울 수 있습니다.

타인과의 친밀감

누구와 친밀해진다는 것은 그의 내면세계와 만난다는 뜻입니다. 그가 생각하고 이해하고 원하는 것을, 그리고 무엇보다 그가 느끼는 바를 알게 되는 것입니다. 이때도 둘 사이에는 상호 작용이 있어야 하며, 정직한 개방이 관계에 더욱 돈독한 신뢰를 가져다줄 것입니다. 이렇게 친밀감을 쌓으려면 어느 정도 시간이 필요하고, 노력도 많이 해야 합니다. 친밀감을 얻는 데 왕도는 없습니다. 시간을 쏟고 위험도 감수하려는 태도가 반드시 필요합니다. 그 과정에서는 실패와 실망, 상처, 분노, 혼란, 갈등도 따라오는 것이 당연합니다.

정서적으로 타인과 가깝다는 것은 때로 고통을 수반합니다. 자신의 나약함을 받아들여야 합니다. 차츰 있는 그대로 솔직하게 자신을 드러낼 때 서로 간에 깊은 신뢰가 쌓입니다. 신뢰는 친밀감을 키우는 데 매우 중요한 역할을 하며, 아름다운 관계의 토대가 됩니다.

친밀한 관계를 가지려면 기쁨이나 만족감뿐 아니라 현실의 비루함, 실망, 좌절까지도 상대와 기꺼이 나눌 수 있어야 합니다. 각자의 경험과 서로 공유한 경험에 대해 생각과 느낌을 상세히 나누는 것도 친밀감을 이루는 데 도움이 됩니다. 그러기 위해서는 각자에게 무슨 일이 일어났는지, 또 일어나고 있는(또는 일어나지 않는) 일에 대해 무엇을 느끼는지, 그리고 이 모든 것에 대한 전체적인 느낌은 어떤지를 서로가 지속적으로 나누어야 합니다.

아무 생각 없이 하루하루를 보내고 계신가요? 그러다 보면 결국에는 말로도 행동으로도 풀지 못한 감정의 응어리가 쌓이게 됩니다. 많은 부부가 이런 처지에 놓여 있으며, 이럴 때 친밀감을 느끼기란 어려운 일입니다. 아내들은 직장에서 돌아온 남편에게 말을 걸면서 마음이 상합니다. "오늘 하루는 어땠어요?" 그러면 늘 똑같은 대답이 돌아옵니다. "아무 일도 없었어." 이런 반응으로는 서로의 경험을 나누기 힘듭니다. 반대로, 이렇게 소소한 상황에 어떻게 임하느냐에 따라 이 순간은 서로가 서로를 이해하고 각자의 세계로 초대하는 황금 같은 기회가 될 수도 있습니다.

귀 기울여 듣고 솔직하게 소통함으로써 상대방의 감정과 생각에 섬세하게 반응하게 됩니다. 특히나 결혼생활과 가정생활에서 부부가 서로에게 무신경하다면 가족 내 친밀감은 실현될 수 없습니다.

이따금 우리는 관계를 실패할지 모른다는 두려움이나 과거에 실패했던 기억에 사로잡힙니다. 타인에게 나를 속속들이 내보여도 괜찮을지 자신이 없고, 상대방이 나를 받아 주지 않거나 이해하지 못하면 어쩌나 걱정스럽기도 합니다. 어쩌면 상처 입을 수 있고, 사랑받지 못하고, 기대가 채워지지 않고, 내 말을 들어 주지 않거나 나를 거부할지도 모르는 형편입니다. 지금까지의 관계가 이런 식이었고, 어릴 적 가정에서도 이런 경험이 있다면, 위험을 무릅쓰고 친밀한 관계를 발전시키는 데 두려움을 느끼는 것은 당연한 일입니다.

사람들이 친밀한 관계를 아예 맺지 않으려고 하는 것도 무리가 아닙니다. 하지만 친밀감을 이루는 데 따르는 고통에 직면하려 하지 않고, 지난날의 실패를 인정하고 위험을 각오하면서 관계 맺을 용기를 내지 않고는 친밀감의 열매를 맛볼 수 없습니다. 성급하게 섹스로 시작된 관계가 아무런 결실을 맺지 못하고 끝나 버리곤 하는 것이 바로 이런 이유입니다. 아무리 친밀감을 얻으려 해도 상대의 삶에 깊이 뿌리내린 고통을 외면하는 그런 관계는 결국 깨지고 맙니다.

친밀감과 어릴 적 가정

우리는 대체로 어린 시절 가정에서의 경험에 비추어 친밀감을 이해합니다. 식구들이 정서적으로 가까웠습니까? 가정에서 서로 간에 감정을 드러내곤 했나요? 기쁨과 슬픔을 깊이 공유했습니까? 우리 부모는 말과 행동으로 감정을 표출했습니까? 서로를 신뢰하면서 자유로이 터놓고 이야기하고, 애정이나 분노 같은 감정을 표현할 수 있는 분위기였습니까? 감정을 표현하는 것이 불편하여 속내를 숨기고 지내지는 않았나요? 친밀감은 다음과 같이 명백한 양면

성을 띠고 있습니다. "나는 당신을 사랑하면서 미워합니다. 나는 당신에게 동의하면서 반대합니다. 나는 당신 때문에 기쁘면서도 언짢습니다. 하지만 나는 늘 당신과 함께 있습니다." 친밀감의 여정을 걷는 많은 이가 따뜻한 감정만 다루려 하고 어두운 감정이나 불화, 의견 차이는 피하려 합니다. 이래 가지고는 도무지 끝나지 않을 여정입니다.

친밀감을 키우는 기술을 가정에서 배우지 못했다면 지금 살아가면서 배워야 함을 인정합시다. 이제라도 배우면 되는 것입니다! 우리 가정에 부족한 점이 많았다면, 거기서 얻은 상처를 인정하고, 그에 따르는 고통을 받아들이고 직시하고 드러내고 치유하고 나서 다음 단계로 나아가야 합니다. 과거를 대면하고 헤쳐 나가는 일은 중요합니다. 존 브래드쇼가 잘 표현했습니다. "과거를 뚫고 지나오지 않고는, 과거를 그냥 과거로 놓아둘 수 없습니다."

완벽한 가정에서 자란 사람은 아무도 없습니다. 어느 가정이나 결함은 있고, 우리는 저마다 크고 작은 문제가 있는 가정에서 성장했습니다. 하지만 우리가 진정으로 변하여 다음 단계로 나아가겠노라고 결심한다면 삶은 분명 달라질 수 있습니다. 과거를 되돌아보고, 고통 어린 진실과 마주하여 소외와 상처와 아픔을 인정한 다음, 그것들을 말로 표현함으로써 떠나보낼 수 있는 용기를 지녀야 합니다. 우리에게는 이토록 미묘하고 민감한 문제를 함께 나눌 친구가 필요합니다. 지지 집단의 도움을 구하거나 상담을 받을 수도 있습

친밀감

**과거를
한탄하기보다
인정하고
받아들여야
합니다.**

니다. 우리가 과거를 돌아다보는 것은 비난이 아니라 이해하기 위해서입니다. 과거를 이해할 때 우리는 치유받고 떠나보내고 용서하면서 다음 단계로 나아갈 수 있습니다.

가까운 관계에서는 어린 시절에 경험한 일들을 서로 나누어야 합니다. 친밀하다는 것은 좋은 일과 나쁜 일을 공유하는 것이기도 합니다. 고통스러우면서도 흥미롭고, 본받을 만하고 즐겁기도 한 경험들을 주고받으면서 부부는 서로를 깊이 이해하고 자기 자신도 이해하게 됩니다.

'집안과 집안의 결혼'이라는 결혼 준비 프로그램이 있는데, 정말 딱 들어맞는 이름입니다. 결혼하는 두 사람은 각자 자기 집안의 좋은 점뿐 아니라 해결되지 않은 문제까지 결혼생활에 끌고 들어오곤 합니다. 이런 문제는 인정하고 해결하면 됩니다. 결혼하는 젊은이들은 자기가 식구들과 어떻게 관계를 맺고, 어떻게 영향을 주고받으며 소통했는지를 이해해야 합니다. 그 모습이 바로 그들 결혼생활과 가정생활의 유일한 모델이기 때문입니다. 좋든 나쁘든 출신 집안의 특징이 결혼생활에 반영되기 마련입니다.

결혼 전문 상담가들은 대부분의 경우, 부부의 출신 집안에서 해결하지 못한 문제들을 다루게 됩니다. 부모가 싸우는 것을 한 번도 보지 못한 사람은, 부모가 서로 애정을 나누고 배려하는 모습도 못

보았을지 모릅니다. 자기 아버지가 어머니를 대하던 것처럼 남존여비 관점에서 결혼을 인식하는 남편도 있을 수 있습니다. 아버지와 정서적으로 가깝지 않은 딸은 커서도 자기가 다른 남자로부터 사랑받을 수 있다는 확신을 가지지 못하기도 합니다. 친정어머니가 그랬던 것처럼 살림도 잘하고 아이도 잘 키우는 현모양처가 속으로는 자신의 꿈과 욕구를 희생하고 있다고 생각할 수도 있습니다. 부모가 서로에게 화내는 것을 한 번도 보지 못한 사람이나, 늘 화를 내고 폭력적인 부모를 보고 자란 사람이나 부모의 행위로부터 영향을 받기는 매한가지입니다.

부모가 알코올중독이거나 가정생활이 순탄치 못했던 사람들도 죄의식과 억압, 분노, 상호 의존성에 시달릴 가능성이 높습니다. 이들이 자기 집안의 문제를 직시하고 그것을 넘어서지 못하는 한, 건강하고 친밀한 관계를 맺기 힘듭니다. 자신의 성장 배경과 진정한 친밀감에 관해 충분한 정보와 이해를 얻지 못하면 문제는 끊임없이 나타나게 되며, 건강하지 못한 관계 유형은 세대 간 대물림을 하게 될 것입니다.

관계, 그중에서도 특히 결혼생활에서 '헌신'의 의미가 실제적으로 무엇인가 살펴보면, 서로의 개성과, 저마다 과거로부터 이어져 온 신념의 차이를 함께 해결하기 위해 노력한다는 것을 가리킵니다. 이 같은 헌신은 실제적이면서 창조적입니다. 고통스러운 문제를 넘어서서 협력과 갈등을 통해 새로운 관계가 탄생할 수 있습니다.

'멀쩡하던' 결혼이 실패로 끝나다

　오랫동안 함께해 왔고 겉보기에도 '멀쩡하던' 부부 관계가 깨지는 까닭은 무엇일까요? 아이를 기르고, 재산을 관리하고, 가족과 관련된 모든 일에 함께하면서도, 정작 그들 자신을 공유하지 못한 것이 하나의 이유가 되겠습니다. 정서적이고 심리적인 유대를 발전시키지 못한 것입니다. 아이들이 커서 독립해 나가면, 그제야 부부는 서로에 대해 아는 것이 별로 없다는 사실을 깨닫고 서먹함을 느끼게 됩니다. 두 사람 사이에 무언가 빠져 있는 것입니다. 어느 정도 살 만하고 안정되어 충분히 인생을 즐길 만할 때인데, 오랜 부부생활 끝에 아무런 활력이 없는 이들을 보면 가슴이 아픕니다. 요즘은 이삼십 년 결혼생활을 넘긴 부부가 상담을 받으러 오거나 이혼 법정에 서는 일이 점점 더 늘어나고 있습니다. 결혼생활 동안 많은 일에 신경 쓰느라, 막상 두 사람의 관계에는 신경을 쓰지 못한 것입니다.

　가정에서 가장 중요한 관계는 남편과 아내의 관계입니다. 부부 관계가 순탄치 않으면 가정생활 자체가 순탄치 않습니다. 모든 경우가 그러한 것은 아니지만 사실임에는 분명합니다. 아이들은 제 부모가 서로 사랑하는 것을 느낄 때 자기들도 사랑받고 있으며 안전하다고 느낍니다. 따라서 이혼은 아이들에게 재앙과 같은 것이며 심각한 영향을 끼칩니다. 아이들 마음속에 끝없이 의문이 맴돕니다. "엄마 아빠가 서로 사랑하지 않는데, 나를 사랑한다는 말은 어떻게 믿지?"

오늘날 학자들은 이혼이 아이들에게 미치는 부정적 영향을 입증하는 여러 가지 자료를 제시합니다. 아이들을 치유하는 데 이용할 수 있고, 부모들에게도 도움이 되며, 부모와 아이가 함께 심리적·영적 도움을 받을 수도 있는 자료들입니다. 아이들이 가지고 있는 결혼에 대한 모델은 제 부모가 보여 준 모습밖에 없습니다. 부모 두 사람 사이에 친밀감이 없다면 그 아이들이 자라나 결혼을 하더라도 친밀감과 소통이라는 면에서 어떤 관계를 맺을 수 있겠습니까? 잘나고 많이 배운 사람이라고 해서 제 부모보다 건강한 결혼생활을 영위하라는 법은 없습니다.

> 가정생활에서 가장 중요한 관계는 남편과 아내의 관계입니다.

요즘 젊은이들은 이전 세대보다 교육도 많이 받고 더 똑똑한데도 부모들이 하던 식으로 결혼하고, 그들이 안고 있던 문제를 자기네 결혼생활에 그대로 반영합니다. 이 젊은이들은 자기를 사랑해 주는 부모, 그 사랑을 표현할 줄 아는 부모를 원했습니다. 서로 싸우기도 하고 갈등을 빚으면서도 마음을 터놓고 지내는, 특히 감정적 차원에서 함께하는 부모를 원했습니다. 염려와 불안과 의심을 함께 돌파해 나가는 부모, 어두운 계곡을 지나 산 정상에서 춤추는 부모를 원했습니다. 서로의 차이를 극복하고 더불어 살아가면서, 필요하다면 과감히 포기할 줄도 아는, 그러면서도 함께 나아가는 부모를 원했습니다. 이것이 오늘날 젊은이들이 자기 결혼생활에서 실제로 바라는 바이기도 합니다. 깊은 친밀감으로 인도하는 헌신, 바로 그것입니다.

부모가 우리를 낳아 기르면서 당신들 나름으로 최선을 다해 우리를 키웠다는 사실도 잊지 말아야 합니다. 그때만 해도 지금과 같은 자료가 없던 시절이었습니다. 우리 부모의 한계와 그 때문에 우리가 어떻게 상처 입고 소외되어 지내 왔는가 하는 점을 인정하고 이해해야 합니다. 그렇게 함으로써 우리는 변화하고 앞으로 나아갈 수 있습니다. 누구를 원망하려는 것이 아니라 제대로 이해하기 위해 과거를 돌아보려 한다는 점을 기억합시다. 원망하느라 제자리를 맴돌다가는 결코 앞으로 나아가지 못합니다.

제자리를 맴도는 것이 편해서일 수도 있고, 전진하지 않으려고 저항하느라 그러는 것일 수도 있습니다. 다시 말하지만, 앞을 내다보지 않는다면 평화와 기쁨과 희망, 우리 안에 있는 행복의 왕국을 결코 경험할 수 없습니다. 집안에서 제일 중요한 남편과 아내의 관계는 자녀가 생기더라도 변함이 없어야 합니다. 친밀한 부부 관계에서 얻어지는 혜택은 당연히 아이들에게 돌아갑니다.

결혼 파경 현상을 연구하는 학자들은 첫아이 출산이 부부 관계에 미치는 스트레스에 주목합니다. 2004년 7월 8일 자 「USA 투데이」에서 워싱턴 대학교 존 고트만 명예 심리학 교수가 밝힌 바에 따르면, 첫아이 출산 후에 남편과 아내에게 산후 우울증, 신경과민, 다툼, 성적 친밀감 결여 같은 증상이 나타나기 쉽고, 이 때문에 외도가 발생하는 경우도 있다고 합니다. 고트만 교수는 말합니다. "아이에게 집중하는 동안 부부 관계는 무관심해지기 쉽습니다."

나의 부부 상담 경험에서 보면, 가족 수가 늘어나더라도 남편과 아내는 자기들만의 관계를 가꾸기 위해 함께 노력해야 합니다. 중년에 이른 부부가 그동안 자녀 양육에 신경 쓰느라 두 사람의 관계를 소홀히 해 온 데 대해 뒤늦게 후회하는 모습을 나는 많이 보아 왔습니다. 그래서 나는 젊은 부부들에게 아이들로부터 벗어나 두 사람만의 시간을 보내도록 계획을 세워 볼 것을 자주 권합니다. 둘만의 시간을 내는 것이 항상 쉽지는 않겠지만 결혼생활을 유지하는 데 꼭 필요한 일입니다.

성적 친밀감

앞에서 나는 성적 친밀감은 정서적·심리적 친밀감이 확실히 자리 잡은 다음에 생겨날 수 있다고 말했습니다. 성적 친밀감이 의미를 지니려면, 정서적 친밀감을 먼저 경험한 상태에서 성적 친밀감을 꽃피워야 합니다. 하지만 오늘날은 정서적 친밀감 따위는 무시하고 성 관계부터 시작하는 경우가 많습니다. 섹스, 성교, 성 관계, 뭐라 부르든 성적 친밀감과는 아무 상관이 없습니다. 결과적으로, 진실한 정서적 유대가 생기기도 전에 성 관계부터 시작하는 바람에 관계에 환멸을 느끼는 사람이 점점 더 늘어나고 있습니다.

결혼하기 전에 성적인 접촉을 많이 가지는 것이 좋지 않느냐고 말하는 사람들도 있습니다. 자기네 결혼생활의 성 문제에 빗대어 하는 말인데, 미리부터 성 관계를 많이 갖는다고 해서 이런 문제가 해결되지는 않습니다. 문제의 근본 원인은 정서적·심리적 친밀감의 결여입니다. 이 점에 대한 인식 부족이 우리 사회 전체에 팽배해 있습니다. 배움의 정도나 재산이나 나이를 떠나서 누구나 마찬가지입니다. '가벼운 마음으로' 또는 '흥미 삼아' 성을 즐기면 '아무도 상처받지 않는다'는 착각을 정당화합니다. 이 같은 태도의 문제점은 성적 측면보다도 타인과 정서적으로 깊이 관계 맺는 능력을 파괴한다는 데 있습니다. 이러한 행위로는 타인과 친밀하고 진실한 관계를 맺을 수 없게 됩니다. 섣불리 성 관계를 맺어 버리면 정서적으로 오래 지속되는 관계의 가능성은 사라지고 맙니다.

서로가 신뢰하는 가운데 생겨나는 정서적 친밀감은 성적 친밀감을 통해 더욱 풍성해질 수 있습니다. 정서적 친밀감과 성적 친밀감은 특별한 형태로 연관되어 있으며 민감한 관계를 형성합니다. 정서적 친밀감이 허물어지면 성적 친밀감에도 질적·양적으로 영향을 미치며, 아예 성적인 관계가 단절될 수도 있습니다. 정서적 갈등으로 상담을 받으러 오는 부부들을 보면, 그들이 먼저 말하지 않아도 성적 부분 역시 문제가 있음을 눈치 챌 수 있습니다. 반대로 처음에는 성적 문제로 상담을 시작한 부부라 하더라도 결국에는 진짜 문제, 즉 인간적인 친교 문제를 파고들지 않을 수 없습니다.

사람들은 대개 삶에서 느끼는 결핍을 성적 관계로 충족시키려 합니다. 남자에게 애정과 정서적 위안과 친밀감을 얻기 위해 성 관계를 갖는 여성이 많다는 얘기를 들어서 알고 있습니다. 그 반면에 남성은 성 관계를 목적으로 애정을 보여 주는 경우가 많습니다. 누구든지 원하기만 하면 성을 경험할 기회와 자유를 누릴 수 있는 세상입니다. 그러나 이런 경험이 사람들로 하여금 정서적 친밀감의 의미를 이해하거나 그것을 얻도록 가르쳐 주지는 않습니다. 심리학자 프랜 퍼더가 말하듯이, 옷이 아니라 가면을 벗어던질 때 친밀감은 생겨납니다. 가까운 관계에서 자기 자신을 드러내고 개방하고 정직하게 다가갈 때 우리는 친밀감을 얻을 수 있습니다.

젊은이들이 친밀감을 깊이 열망하도록 도와줘야 합니다. 친밀감은 본디 선한 것이고 하느님이 주신 것이므로, 잘 받아들이고 키워 나가야 합니다. 성에는 정서적 친밀감에 대한 갈망이 포함되어 있음을 젊은이들이 깨달아야 합니다. 어린 시절 가정에서 정서적 친밀감을 얻지 못한 사람들은 까닭도 모른 채 갈팡질팡합니다. 그들은 친밀감을 찾는 과정에서 아무 생각 없이 성 관계를 가집니다. 진정한 친밀감의 정신은 무너지고, 진실한 사랑의 가능성도 사라져만 갑니다.

친밀감에 대해 잘 알려지지 않은 사실이 있는데, 성적 관계가 없어도 완전한 심리적·정서적 친밀감을 누릴 수 있다는 것입니다. 섹스 없이도 두 사람이 깊은 정서적 친밀감을 나눌 수 있다는 말입니다. 혹자는 그런 관계를 플라토닉한 관계라 할지도 모르지만, 실은 그보다 한층 깊은 사랑입니다.

진정한 친밀감

무엇이 친밀감이 아닌지를 살펴보는 것이 중요합니다. 타인을 조종하거나 타인에게 예속되는 것은 친밀감이 아닙니다. 친밀감은 권력관계가 아닙니다. 일방적 의존이나 상호 의존과도 다릅니다. 홀로 선 개인이 주체적으로 서로에게 의존하는 관계에서 친밀감은 형성됩니다. 친밀감은 타인에게 강박적으로 매달리거나 그를 소유하는 것이 아니며, 그에게 중독되거나 휘둘리는 것도 아닙니다.

진정으로 친밀감을 나누는 사람들은 상대방에게 자유를 허용합니다. 어떤 관계든 한계와 경계가 존재하기 마련이며, 내 정체성을 타인이 규정하지 못한다는 사실을 잘 아는 사람들입니다. 친밀감은 낭만적일 수 있지만, 사랑에 눈먼 상태나 비현실적인 낭만주의는 아닙니다. 친밀감은 정서적으로 무력하지 않습니다. 간혹 상처와 실망을 맛볼지라도 타인에 대한 깊은 신뢰와 든든한 마음을 바탕으로 합니다. 친밀감을 추구하는 우리 모두에게는 평생의 여정이 될 것입니다. 우리 모두가 진심으로 원하는 바가 그것입니다.

오늘날 우리가 직면한 무분별한 관계나 혼전 성 관계, 이혼, 고독, 혼전 동거, 중독, 그 밖의 무수한 인간적 문제는 하나의 공통된 원인과 깊이 연관되어 있으니, 친밀감을 선택할 능력과 원의가 있느냐 없느냐가 바로 그것입니다. 여기서 진짜 문제는 자기 자신과, 타인과, 하느님과 친밀감을 누릴 수 있는가입니다. 친밀감에 대한 간절한 열망을 우리 모두 인정하고 받아들이는 날, 우리는 친밀감을 참으로 이해하게 되고, 마침내 그것을 얻게 될 것입니다.

5. 가장 중요한 관계
나를 사랑하지 못하는데 누군들 사랑할 수 있을까?

예수님의 가르침은 "하느님을 사랑하고 네 이웃을 너 자신처럼 사랑해야 한다"(루카 10,27)는 한 문장으로 요약할 수 있습니다. 본질적으로 관계에 관한, 예수님의 모든 가르침의 바탕이 되는 말씀입니다. 건전한 심리학과 예수님의 가르침이 만나는 곳이 바로 이 지점으로, 거기에는 어떤 모순도 없습니다. 하느님 사랑과 이웃 사랑에만 치중하면서 자기 자신을 사랑하라는 예수님의 가르침에는 소홀한 그리스도인도 있습니다만, 성경에는 자기 자신을 사랑하는 것도 똑같이 중요하다고 나와 있습니다. 사실 가장 중요한 관계는 자기 자신과의 관계이며, 이웃과 하느님을 사랑하려면 자기 자신부터 사랑할 수 있어야 합니다. 자신과의 관계가 잘못되면, 타인과의 관계나 하느님과의 관계도 어긋나기 마련입니다.

자신과 잘 지내지 못하고, 자신에게 만족하지 못하고, 자신을 믿지 못하고, 자신과 평화롭지 못한데 남들과는 잘 지낼 수 있을까요? 자기와의 관계가 원만하지 못하면, 타인과의 관계도 균형감과 경계를 잃고 맙니다. 건강한 자기애自己愛는 관계의 올바른 방향을 가리켜 주는 내면의 나침반과 같습니다.

자기, 그리고 결혼생활의 문제점

우리가 눈치 채지 못하는 결혼생활의 문제 대부분은, 부부 중 어느 한 사람이나 아니면 두 사람 다 자기 스스로를 사랑하지 못할 때 일어납니다. 화가 나거나 의견 차이가 있거나 상대방이 싫어지거나 할 때 평정을 유지하려면 어느 정도의 자기애가 필요합니다. 이혼 과정이 끝나고, 모든 소란이 가라앉고, 변호사 수임료도 지불하고, 원망하는 마음도 가라앉을 즈음에 이르러서야, '자신을 사랑할 줄 몰라서' 결혼이 실패로 끝났다는 사실을 깨닫게 될지도 모릅니다. 마찬가지로 한 번 결혼에 실패한 사람이 여전히 자신을 사랑하지 못한다면 재혼을 해도 어려움을 겪기는 마찬가지일 것입니다.

자신을 사랑한다는 것은, 갈등의 응어리를 안고 있고 미성숙하고 만족할 줄 모르는 자기 자신을 바로 보고 책임을 진다는 뜻입니다. 이것이 관계를 원활하게 하는 핵심 요소입니다. 내가 변화시킬 수 있는 사람은 나 한 사람뿐이며, 그러고 나서야 다른 사람이 변하도록 영향을 미칠 가능성이 생깁니다. 관계의 불건전한 패턴을 깨뜨리는 것은 타인을 바꾸려 들거나 원망하려는 것이 아닙니다. 오히려 자기 자신으로부터 나오는 용기와 에너지를 이용하여 자신의 행동을 수정하는 것입니다.

결혼생활과 가정생활에서 한 사람이 변하고자 노력한 덕분에 관계 전체가 개선되는 것을 나는 오랫동안 보아 왔습니다. 우리는 다 같이 변해야 한다고 시간과 에너지를 허비하는 경우가 많습니다. 왜 굳이 다른 사람까지 변화시키려 합니까? 자신부터 바꾸려고 노력하면 되는데 말이지요. 자기 정체성이나 자존심을 포기하라는 말이 아니라, 성숙하고 타당한 방식으로 서로에게 반응하고 서로를 대하자는 말입니다. 다른 사람에게 합리적으로 대응한다는 것은 우리가 자신을 조절하고 있다는 뜻입니다. 상대방에게 과도하게 반응한다는 것은 내가 상황을 통제하고 있지 못하다는 뜻입니다. 사실은 상대방이 상황을 통제하고 있다는 뜻이기도 합니다. '평온을 구하는 기도'에 내가 말하고자 하는 바가 잘 드러나 있습니다.

> 하느님,
> 제가 바꿀 수 없는 것을 받아들이는 평온을 주시고
> 바꿀 수 있는 것을 바꾸는 용기를 주시며
> 그 둘을 분별하는 지혜를 허락해 주시옵소서.

바로 여기에 자신에 대한 만족에서 흘러나오는 내면의 행복과 평화가 자리하고 있습니다. 주어진 상황에서 최선을 다하고 난 다음에는 우리가 성공하든 실패하든, 상대방이 내게 긍정적으로 대하든 부정적으로 대하든, 일이 잘되든 잘 안 되든 상관없이 우리는 자신의 행동에 대해 만족할 수 있고 자신과 평화로울 수 있습니다. 자신을 사랑하는 데 따라오는 결실이라 하겠습니다.

건강한 자기애의 의미를 이해하지 못하는 사람이 많습니다. 이기적이고 자기중심적이라고 남들이 손가락질할까 봐 자기 자신을 사랑한다는 말을 못합니다. 자기를 사랑한다는 생각 자체를 불편하게 받아들입니다. 자기애는 간혹 이기심, 자기중심성, 나르시시즘과 똑같은 것으로 취급되기도 합니다. 우리가 어렸을 때, 자기 자랑을 하는 것은 잘못된 일이고 부끄러운 짓이라는 말을 많이 들었습니다. 내가 어렸을 때도, 자기를 내세우는 느낌을 주지 않도록, 말할 때 "내가"라는 말을 너무 자주 쓰지 말라는 경고를 듣곤 했습니다.

자기애와 이기심을 구분할 줄 알아야 합니다. 건강한 자기애를 가진 사람은 훌륭한 자의식이 있고, 자기를 돌볼 줄 알고, 자존심이 있고, 자기 삶에 책임을 지면서도 타인에게 관심을 두고 그들과 함께할 줄 압니다. 자기애는 자기와 타자 사이에서 균형을 잡고 경계를 잘 설정하는 것을 의미하며, 그렇게 될 때 서로의 개성과 좋은 관계가 모두 제대로 성장할 수 있습니다. 자기 개성을 잘 알고 소중히 여기는 사람은 타인과 성공적으로 관계 맺을 수 있고, 그를 하나의 인격체로 대우할 수 있습니다.

    자기중심적이고 이기적인 사람은 자의식이 건강하지 못합니다. 자기에 탐닉하고 자기와 관련된 문제에만 빠져 있습니다. 다른 사람에게 관심을 기울이거나 타인과 연결되는 것을 두려워합니다. 이들은 자기에게만 생각이 고착되어 있어서 타인과의 관계에서 적절한 경계를 설정하지 못합니다. 다른 사람들을 제대로 보거나 그들의 말을 들을 수 없기에 그들과 관계 맺을 능력도 없습니다.

> 자기를 사랑하는 것이야말로 가장 소중한 사랑의 관계입니다.

    자기애를 실행하기에 앞서, 먼저 우리는 스스로를 사랑하는 일이 모든 관계 가운데 가장 중요한 관계임을 인정해야 합니다. 이것을 확신하고 나서 우리는 자기를 사랑하는 방법들을 개발할 수 있습니다. 자기애를 실천하려면 시행착오를 겪으면서 쌓인 힘과 의지와 지식과 정직과 지혜가 있어야 합니다. 이러한 미덕들이 자기애의 개념과 실재를 멋지게 연결시켜 줍니다.

    지금부터는 건강한 자기애의 특징을 상세히 다루어 보겠습니다.

    자기애는 힘들고, 까다롭고, 훈련이 필요합니다. 자기애를 실천하기 위해서는 과거를 돌아보아야 하며, 온전한 나를 찾는 헌신이 요구됩니다.

자기애

자기 자신을 사랑하기란 쉽지 않습니다. 그러기 위해서는 진실성, 개방성, 삶에 대한 정직성, 지각·사고·감정·욕구·행동·타인과의 상호 작용을 기꺼이 검토하려는 자세가 필요합니다. 자기 자신을 비하하지 않으면서도 비판적으로 볼 줄 알아야 합니다. 완벽주의자가 아니면서도 저마다 도달할 수 있는 최상의 존재가 되어야 합니다. 언제나 나와 함께하는 존재는 나 자신뿐이니 내가 나 자신의 가장 좋은 친구가 되어야 하지 않겠습니까? 살면서 힘들고 어려운 일이 있더라도 자신에게 긍정적인 감정을 잃지 않고 자신과 더불어 행복해야 하지 않겠습니까?

자신에 대해 편해진다는 것은 자기 생각과 감정을 들여다본다는 뜻이며, 어떤 죄책감이나 수치심도 없이 자기 감정을 지각한다는 뜻이기도 합니다. 감정은 우리 내면에서 어떤 일이 일어나고 있는지를 보여 주는 지표로, 자신에 대해 많은 것을 알려 줍니다. "나는 인종차별적인 농담이 너무 싫어"라는 말에는 예전에 그런 농담을 듣고 상처받았다는 의미가 담겨 있습니다. 아니면 자신의 인종적 배경을 스스로 인정하지 않고 있음을 나타내는 것일 수도 있습니다. 농담 때문에 불필요하게 상처 입는 것에 대단히 예민하다는 증거일 수도 있습니다. 감정은 자신에 대해 많은 정보를 알려 줍니다. 자기 감정을 편안히 받아들이고 인정할수록 우리는 감정을 보다 잘 다루게 되고, 필요에 따라 한결 적절히 표현할 수 있게 됩니다.

감정을 받아들이는 것뿐 아니라 자신의 욕구에도 귀를 기울이고 그것을 존중해야 합니다. 감정과 마찬가지로 욕구도 하느님이 우리에게 주신 선물입니다. 욕구는 우리의 인간다움을 보여 줍니다. 결함이 아닙니다. 욕구를 인정하는 것은 건강한 자기애의 또 다른 모습이며, 이기심과는 아무 관계가 없습니다. 불안한 현실 속에서 사람들이 자기 욕구를 인정하지 않기 때문에 많은 갈등이 빚어지곤 합니다. 그들은 욕구를 억제하거나 그릇된 방식으로 표출합니다. 자신의 욕구를 인정하고 제대로 충족시키지 않을 때, 욕구는 우리를 사로잡고 부적절한 방식으로 표현될 가능성이 높아집니다.

자신과 건강한 관계를 유지하려면 육체적·정서적·영적 측면 모두에서 자기 자신을 배려해야 합니다. 삶이라는 선물과 우리 자신에 대해 감사해야 합니다. 시편에도 나와 있지 않습니까? "제가 오묘하게 지어졌으니 당신을 찬송합니다"(시편 139,14).

그렇다면 몸을 어떻게 보살펴야 할까요? 우리 몸은 잘 씻고, 먹고, 마시고, 편한 옷을 걸치고 있습니까? 건강에 해로운 것을 피하고 있습니까? 적당한 휴식을 취합니까? 운동을 합니까? 필요하면 의사를 찾습니까? 약을 먹고 치료를 받습니까? 지적인 면으로도 자신을 돌봅니까? 배움의 중요성을 인정합니까? 힘닿는 한 배우고자 합니까? 좋은 책을 읽습니까? 정서적으로도 스스로를 돌봅니까?

자기 자신을, 자기 감정을 이해하지 못하는 사람이 수두룩합니다. 지성에만 신경 쓰고, 삶의 정서적 차원은 소홀히 하는 사람들입

> **사랑은
> 각자의 개성을
> 유지하고
> 존중해 줍니다.**

니다. 대개의 경우, 살면서 우리가 마주치는 문제들은 지적인 영역에 있지 않습니다. 삶에서 정작 중요한 문제는 감정의 영역, 자기 내면의 영역, 관계의 영역에서 발생하곤 합니다. 감정에 관한 기본 교육을 우리는 어린 시절 가정에서부터 받아 온 셈입니다. 부모는 할 수 있는 한 최선을 다해 우리를 키웠지만 감정이라는 측면에서는 그들도 한계가 있었습니다. 요즘 우리가 쉽게 이용할 수 있는 방대한 심리학 자료를 당시에는 접하기 힘들었습니다.

오늘날 대중 심리서와 자기 계발서 등을 통해 우리 자신과 우리의 감정을 더 잘 알게 되었습니다. 상담에 대해서도 과거에는 부정적 이미지가 많았지만 요즘은 그렇지 않습니다. 이제는 다들 상담을 누구나 도움 받을 수 있는 실질적이고 유용한 도구라고 생각합니다. 자기를 알아 갈수록 책임감 있게 삶을 헤쳐 나갈 수 있는 자신감이 생겨납니다. 그리고 우리가 타인을 이해하게 될수록, 우리 자녀가 스스로의 감정을 다루려 할 때 잘 이끌어 줄 수 있습니다.

이제는 그 누구도 마음의 감옥 속에서 살아야 할 이유가 없습니다. 심리적으로 스스로에게 더욱 관심을 기울이고, 스스로에 대해 더욱 책임을 다해야 합니다.

자기를 사랑하는 일의 어려움

진정한 자기애는 자신에 대한 사랑과 타인에 대한 사랑 사이에서 균형을 잡는 능력에 달려 있습니다. 그러려면 부단한 주의가 필요하고, 타인과 자신에 대해 정직해야 합니다. 이러한 사랑은 자신의 개성을 유지하고 존중하면서 타인의 개성도 존중하고 배려합니다. 자기에 대한 흔들림 없는 사랑은 그 자체로도 중요하고, 타인에게 신의를 지키는 데도 필요합니다.

원만한 관계 속에서 우리는 서로 간에 많은 것을 공유합니다. 여러모로 뜻을 같이하면서 공통의 목표와 가치를 지닙니다. 물론 서로 다른 견해가 있을 수 있으며, 이것은 매우 정상적이고 건강한 모습입니다. 차이를 존중하는 것은 개성을 유지하는 데 반드시 필요한 태도입니다. 우리는 서로에게 적응하고, 서로를 수용하고, 서로 타협하는 법을 배울 수 있습니다. 스스로에 대한 믿음이 확고할수록 타인을 있는 그대로 받아들이게 됩니다.

이따금 성격 차이로 인해 갈등과 분노와 실망과 상처가 드러나기도 하는데, 이는 원만하고 건강한 관계에서 당연히 발생하는 일이며 필요한 일이기도 합니다. 차이를 극복하고 해결책에 도달하거나 타협책을 모색하면서, 관계는 더욱 공고해집니다. 갈등과 분노를 피하는 것은 정직하지 못한 태도이며 관계에 해롭기까지 합니다. 해소되지 못한 문제는 의식 바로 밑에 잠복해 있다가 파괴적인 방식으로 분출될 수 있습니다.

관계에서 갈등과 차이가 부각될 때 자기애는 가장 심각한 위기를 맞게 됩니다. 우리는 스스로에 대한 자신감을 잃기 시작합니다. 스스로에 대한 믿음을 유지하려고 애쓰는 때야말로 위험한 상황입니다. 타인을 조종하거나 타인에게 종속될 생각 따위는 버리고, 갈등을 돌파하여 문제를 해결해야 합니다. 그럼으로써 우리는 고유성을 간직하고, 관계는 더욱 튼튼해집니다.

갈등이 부적절하거나 정서적으로 소모적인 행동으로 이어질 때 자기애는 위협받습니다. 이때 마음의 상처를 입게 되더라도, 우리는 감정적으로 소진되어서는 안 되고 타인의 파괴적 행위에 말려들어서도 안 됩니다. 파괴적 행위가 발생할 때, 우리는 스스로를 보호하기 위해 그러한 상황이나 관계로부터 벗어나야 할지도 모릅니다. 쉽지 않은 상황입니다. 하지만 어떤 관계, 어떤 상황에서든 가장 중요한 원칙은, 골치 아픈 상황에서 '내가' 어떻게 할 것인가 하는 점입니다. 상대방이 얼마나 잘못했고 부당한가를 떠나서 상황에 초점을 맞추고 책임을 지는 것은 궁극적으로 나의 몫입니다. 타인을 원망하거나 불평하는 데 사로잡혀 있지 말고 상황을 똑바로 직시하면서, 상대방이나 상황에 대해 적절한 태도로 대응해야 합니다. 스스로에 대한 믿음으로 분노와 상처를 다스립니다. 수동적인 태도를 보여서는 안 되고, 과도하게 대응해서도 안 됩니다. 이런 행동은 자기 자신에게 득이 안 되는 것은 물론이고 무엇보다 상황 해결에 좋지 않습니다.

건설적으로 대응하기 시작할 때, 나 자신을 구할 수 있는 에너지가 여기에서 나온다는 사실을 깨닫게 됩니다. 바로 이것이 튼튼한 자기애입니다. 결과가 어떻든 상관없이 내가 적절하게 처신했다는 사실만으로도 만족하고 내적 평화를 누릴 수 있습니다. 스스로 책임을 다한 것입니다. 어려운 상황에서도 자기애와 자존감을 유지할 수 있을 때라야 관계가 호전될 가능성이 열리고, 그래야 혹시 다른 사람과의 관계가 나빠지더라도 자기 자신과의 관계만큼은 유지할 수 있습니다. 요컨대 건설적으로 처신하는 사람만이 불건강한 관계를 헤치고 살아남게 됩니다.

상대방을 변화시키려고 노력하는 관계에서는 시간과 에너지가 너무 많이 소요됩니다. 관계는 인간을 조종하는 것이 아니라 어려운 문제와 상황을 헤쳐 나갈 때 생겨나는 상호 작용으로 봐야 합니다. 우리가 타인을 조종하려고 하면 할수록 그는 저항하기 마련이며, 그러한 저항은 상대방 나름대로 나를 지배하는 방식입니다. 상대방이 심하게 저항할 때 우리는 좌절하고 실망에 빠지게 되는데, 그렇게 되면 우리는 패배합니다. 멀리 내다보자면 제 힘으로 스스로를 변화시키는 것이 더욱 효과 있고 유익한 방식이 될 것입니다.

생각과 감정을 솔직히 말하고, 어렵고 까다로운 사람이나 상황을 용기를 내어 유연하게 다루면서 나의 진실은 입증됩니다. 간혹 어떤 이는 내 쪽에서 먼저 변화하면 더 심하게 저항하고 반발하기도 합니다만, 이럴 때도 장기적으로 보면 나는 내가 할 도리를 다한 셈입니다. 여기서 핵심은 상대방이 내 말을 듣고 동의하거나 스스로 변하는 것이 아닙니다. 일차로 중요한 점은, 나 스스로를 존중하는 마음으로 판단하여 필요하다고 생각되는 바를 말하고 행동하는 것입니다. 이렇게 상황에 적절히 대응하면서 희망을 유지할 수 있기에 우리의 관계는 희망적입니다. 예수님이 고집불통의 율법학자와 바리사이들을 상대하실 때 바로 이러하셨습니다. 예수님은 믿는 바를 말씀하시며 결코 물러서지 않으셨습니다. 또한 이들을 회심시키려 하지 않으면서도, 당신의 메시지를 계속해서 전하셨습니다.

애를 먹이고 반항하는 자녀에게 부모는 이런 식으로 행동할 필요가 있습니다. 상담 과정을 통해 나는 다음과 같은 지혜의 원리를 자주 경험합니다. 부모를 고치면 아이를 고칠 수 있다는 사실입니다. 부모는 자기 자신을 조절함으로써 상황을 통제할 수 있습니다. 말과 행동에서 자제력을 잃은 부모는 자녀를 통제하지 못하며, 이런 부모는 자신감뿐 아니라 자녀의 존경심도 잃게 됩니다.

아이가 왕이 되어 온 가족 위에 군림한다면 부모는 단호히 행동하여 권위를 되찾아야 합니다. 그때 엄한 사랑과 단호한 실행이 요구되기도 합니다. 부모로서의 권위를 지니고 자식에게 엄한 사랑을 표현하는 것은 부모가 자기애를 가지고 있어야 가능한 일입니다.

배우자의 무시와 무관심을 묵묵히 견디고 있는 사람이 있다면, 자기가 얼마나 상처받고 화가 났는지를 당당히 말해야 합니다. 더 이상 그런 대접을 받지 않겠다고 분명히 알리는 것이 중요합니다.

때로는 이런 행동이 결혼생활에 건강한 변화를 가져오는 실마리가 되기도 합니다. 오랫동안 배우자의 무시와 무관심을 참다가 이 지경에 이르렀다면, 무시당한 쪽 역시 침묵으로 동조한 데 대해 책임을 인정해야 관계가 개선되기 시작할 것입니다. 그래도 배우자가 계속 냉담하거나 전혀 변하지 않을 수도 있지만, 무관심을 견뎌 온 사람이 분연히 일어나 더는 부당한 취급을 당하지 않겠노라 선언한 것 자체가 큰 변화입니다. 한 사람이 이처럼 변할 때 다른 쪽도 결국 영향을 받거나 변하게 될 것입니다. 하느님은 한쪽 배우자를 통해 다른 쪽 배우자를 변화시키실 수 있습니다.

우리의 모든 관계, 특히나 가까운 관계일수록 우리 자신에 대한 사랑을 유지하는 데 영향을 주는 정상적인 스트레스와 긴장은 존재하기 마련입니다. 그러한 긴장을 이겨 내고 자신에 대한 사랑을 지켜 나갈 때 타인과의 관계도 더욱 좋아지고 건강해집니다. 두 사람은 각자 한 개인으로 있으면서도 서로를 공유할 수 있고, 서로의 내면과 만나며, 서로의 차이를 존중할 수 있습니다. 서로 다르면서도 함께할 수 있는 부부가 되는 것이며, 바로 이것이 친밀감에 이르는 길입니다. 건강한 자기애는 타인과의 친밀한 관계를 발전시킵니다.

자기애는 훈련이 필요하다

자기 수련은 삶에 대해 긍정적으로 응답하는 것입니다. "예"라는 대답은 모든 현실에 직면하겠다는 뜻입니다. 현실 속에 하느님의 뜻이 깃들어 계시기 때문입니다. 성모 마리아는 이렇게 응답하셨습니다. "말씀하신 대로 저에게 이루어지기를 바랍니다"(루카 1,38). 예수님도 말씀하십니다. "아버지의 나라가 오게 하소서"(루카 11,2). 두 경우 모두 "예"라는 응답이 좋은 결과를 낳았으니, 바로 강생과 구속입니다. 삶이 여러모로 부당하게 느껴질지라도 날마다 하느님께 "예"라고 응답하면서 우리 삶 속에 하느님께서 임하시도록 한다면 좋은 일이 일어날 것입니다.

"예"라고 응답하는 것은 자신의 삶과 관계를 감당하고 책임을 지겠다는 태도를 뜻합니다. 우리는 이렇게 말해야 합니다. "나 스스로를 위해서라도 오늘 해야 할 일은 오늘 합니다. 나는 남들이 하고 말고와는 상관없이 행동합니다. 스스로에게 진실하고 스스로를 존중하기 위해 나는 내가 할 도리를 다합니다. 일이 내 뜻대로 돌아가게 하지는 못하더라도, '예'라고 대답함으로써 어떤 결과든 받아들일 것입니다."

사랑하겠다는 결심, 용서하겠다는 결심, 친절과 애정과 동정심을 가지고 타인에게 다가가겠다는 결심이 삶과 관계에 대한 "예"라는 응답에 녹아들어야 합니다. 사도 바오로는 말합니다. "여러분은 악을 혐오하고 선을 꼭 붙드십시오"(로마 12,9). 예수님도 말씀하십니다. "너희는 원수를 사랑하여라. 그리고 너희를 박해하는 자들을 위하여 기도하여라"(마태 5,44). 다시 말하면 우리가 누구인지에 대해 책임을 지고 우리가 믿는 바에 따라 각자의 삶을 살아야 하는 것입니다.

그리스도교적 삶에서 우리가 받는 도전은 자기 삶에 대한 책임을 기꺼이 받아들여야 한다는 점입니다.

자기애를 훈련한다는 것은 해롭거나 파괴적인 것에 대해서는 "아니요"라고 말하는 것을 뜻합니다. 어떤 식으로든 나에게 해가 되거나 나의 인격을 비하하는 태도나 가치, 믿음에 대해 "아니요"라고 대답하는 것입니다. 삶을 향상시키지 않는 관계에 대해서는 거부해야 하며, 그러려면 나 스스로에게 정직해져야 합니다. 그리고 자신에 관한 환상이나 착각에서 벗어나 '나를 자유롭게 할 진리'에 투신해야 합니다.

자신의 한계를 안다는 것은 약점을 인정한다는 것이 아니라 자신을 앎으로써 얻어지는 장점을 받아들인다는 뜻입니다. 자신의 소리를 듣고 자신의 내면을 신뢰한다는 뜻입니다. 화목하지 못한 집안에서 자란 사람 중에는 간혹 상처 입은 자아로 인해 자기 내면에 접촉하지 못하는 사람이 있습니다. 그런 사람이 자기 내면의 소리를 듣고 그 소리를 신뢰하며 자신의 본능과 직관에 의지할 수 있게 된다면, 그것은 바로 그가 치유되었다는 증거라 할 수 있습니다.

"예" 또는 "아니요"라고 말할 수 있을 때 자신을 위한 울타리를 세운 셈이 됩니다. "예, 내일 아침 일찍 일어나 해야 할 일이 있고, 또 능률적으로 움직이기 위해 오늘은 일찍 자야 합니다." "아니요, 운전해서 귀가해야 하니 그 잔을 받지 않겠습니다." 자신과 타인을 위해 적절한 경계를 유지한다는 것은 균형 잡히고 건강한 관계를 발전시키는 데 도움이 됩니다. 적절한 경계를 지킨다는 것은, 가령 사람들이 내게 함부로 말하거나 행동하지 못하게 한다는 뜻입니다. 부당하게 나를 만지거나 성희롱을 못하게 한다는 뜻입니다. 가장 가까운 관계에서도 우리는 적절한 경계를 세워야 합니다.

경계를 넘어서는 때도 있습니다. 타인의 삶이나 행동에 책임을 지겠다고 나서는 경우입니다. 부모가 아이들에게, 또는 배우자 간에 이런 일이 벌어지곤 합니다. 불건전한 죄의식이나 무리하게 남을 도우려는 마음에서 이런 행동을 하기도 하는데, 이는 결국 타인을 도와주는 것이 아니라 서로 의존하게 되는 것입니다. 이 부분에서 우리는 많은 실패를 경험했습니다. 타인의 삶에 책임을 지려 하더라도 전적으로 매달리는 태도를 취해서는 안 됩니다. 자신과 타인에 대한 사랑에 근거해서 "아니요"라고 말해야 할 때가 언제인지를 배워야 합니다. 그렇지 않으면 우리 자신이 바로 타인의 문젯거리가 될 뿐입니다. 우리가 (아마도 걱정 때문에) 타인을 보호하려고 애쓰는 것 같아 보여도, 사실은 그들을 지배하거나 상황을 통제하려는 것일 수도 있습니다.

자기 수련은 삶에서 체계와 질서를 발전시키는 것입니다. 하루 계획을 세우는 것, 일하는 시간과 노는 시간을 정하는 것, 기도하고 성찰하는 시간을 내는 것, 사람들을 만나고 사귀는 시간을 마련하는 것 등이 그러합니다. 우리에게 가장 우선되는 일은 무엇일까요? 계획 없이 행동하는 사람은 성취감을 맛보기 힘들고 좌절하게 될 수도 있습니다. 계획 능력이 뛰어난 사람은 자기만족감이 클 뿐 아니라 삶을 장악하고 즐길 줄 압니다.

가족의 재발견

　가족사를 이해하기 전에는 우리 스스로를 완전히 알기 어렵습니다. 가족이 내게 준 영향, 그 안에서 관계 맺던 방식, 각자의 태도와 가치와 신념 같은 모든 것이 우리 가족사에서 중요한 역할을 합니다. 좋든 나쁘든 우리의 정체성에 큰 영향을 끼치는 요소들입니다.

　자기가 자라난 가정에서 얻은 좋은 특성은 더욱 잘 가꾸어 향상시키고, 나쁜 특성은 없애 나가야 합니다. 우리는 사회적 이력뿐 아니라 개인사 역시 정리해야 할 권리와 책임이 있습니다. 과거를 돌이켜 보면 우리의 강점과 약점이 어디에서 비롯되었는지 알 수 있습니다. 과거 속에는 오늘날 우리가 행복을 추구하고 자기를 이해하는 데 필요한 어마어마한 양의 정보가 묻혀 있습니다.

　이러한 여정에서 우리는 상처와 분노, 실망과 상실을 해소할 수 있고, 그렇게 상처를 치유함으로써 이성적·정서적으로도 성장할 수 있게 됩니다. 해소되지 못한 짐에 여전히 짓눌려 있다면, 인생이라는 산을 우리가 과연 제대로 오를 수 있을까요? 마치 재능은 있는데 정서적 장애 때문에 학교 성적이 좋지 못한 아이와도 같습니다. 과거의 일들을 해소하지 못한 채 살아가는 것은 스스로를 내팽개치는 것이나 마찬가지입니다.

> 자신을
> 용서함으로써
> 제자리를
> 찾을 수
> 있습니다.

자기에 대한 헌신

인생에서 우리가 실행해야 할 가장 중요한 약속은 자기 자신에 대한 헌신입니다. 하느님께서 내게 원하시는 바로 그 사람이 되겠다는 다짐입니다. 자기에 대한 헌신은 건강한 자기애의 밑거름이 됩니다.

이러한 헌신을 지속해 나가려면 자신에 대한 용서가 반드시 선행되어야 합니다. 삶의 여정에서 우리는 실수를 저지르고 또 죄를 짓기도 하지만, 스스로를 용서함으로써 제자리를 찾고, 교훈을 얻고, 훌훌 털어 버린 다음 다시 전진할 수 있습니다. 상담은 문제를 해결해 준다기보다는 문제에 대처하고 문제와 더불어 살아가도록 도와주는 것입니다. 이 과정에서 자기 자신을 용서하는 것은 대단히 큰 도움이 됩니다. 진정한 자기 용서는 잘못의 결과를 정직하게 직시하도록 해 줍니다.

자기애에는 스스로를 용서하고 인간적 약점을 받아들이겠다는 의지가 담겨 있습니다. 우리에게는 자아를 회복할 수단이 필요하며, 그것은 바로 스스로를 용서하는 것입니다. 그렇지 않으면 우리는 옴짝달싹 못하게 됩니다. 자기를 용서하고 나면 우리 존재가 자유로워집니다. 용서하고 나면 실수가 빚어낸 결과를 받아들일 수 있을 뿐 아니라, 필요에 따라 통회와 보속을 할 수도 있습니다. 이 과정을 충실히 거치면서 우리는 스스로를 더 잘 알게 됩니다. 실패를 통해서도 우리는 배울 수 있습니다. 스스로를 용서하지 않는 것은 문제를 회피하는 것인지도 모릅니다. 변화가 두려워서 변화를 거부하는 것입니다. 이는 곧 자기 본위가 되거나 자기 연민을 즐기거나, 자기혐오에 빠져서 헤어나지 못하는 것일 수 있습니다.

자신에 대해 헌신할 수 있다면 스스로를 용서할 것이고, 그러고 나면 삶은 한발 앞으로 나아갑니다. 이렇게 자신감이 생기면 살아가면서 어떤 일이 일어나더라도 의연히 마주하게 됩니다. 역량과 지식을 완벽히 갖춘 사람은 아무도 없습니다. 그러나 스스로에 대한 변함없는 확신이 있다면 장차 일어나게 될 모든 일에 대처할 수 있습니다. 매일 아침 용기를 내어 삶에게 "예"라고 대답해 보세요. 그날 일어나는 모든 일을 자신 있게 맞이하게 될 겁니다.

의식하든 못하든 우리 내면에는 소통 시스템이 작동하고 있습니다. 각자가 스스로에게 보내는 긍정적·부정적 메시지를 살펴보아야 합니다. 우리는 보통 날마다 3천여 통의 메시지를 스스로에게 보낸다고 합니다. "나는 해결할 수 있어." "나는 못해." "그는 나를 좋아해." "그녀는 나를 싫어해." 이런 메시지는 모두 자신에 대해 부정적이거나 긍정적인 인식에 바탕을 둔 것으로, 우리 안에서 오가는 메시지를 변화시킨다면 이러한 인식도 변화시킬 수 있고, 또 반드시 그렇게 될 것입니다. 자신에게 보내는 긍정적 메시지는 생명을 주는 것인 데 반해 부정적 메시지는 자신감과 자기상과 자존감에 더없는 해가 됩니다.

우리를 사로잡는 부정적 사고는 결국 부정적 라디오가 되어 쉴 새 없이 우리 안에서 떠들어 댑니다. 부정적 라디오에 익숙해진 나머지 그것을 틀어 놓았는지조차 모릅니다. 내가 이것을 지적해 주면, 스스로에게 그토록 많은 부정적 메시지를 틀어 대고 있는 줄 몰랐다는 사람이 많습니다. 유년기부터 반복되고 있는 부정적 라디오도 있고, 가족과 친지에게서 받아들인 부정적 메시지 때문에 생겨난 경우도 있으며, 친구의 메시지를 부정적으로 해석한 것도 있는가 하면, 자신의 실패나 실수로부터 만들어진 메시지도 있습니다.

"나는 못해", "나는 아무짝에도 쓸모가 없어", "남들은 나를 싫어해", "이 일을 결코 해내지 못할 거야" 같은 부정적 표현이 우리의 성장을 방해합니다. 자기 파괴적인 이런 메시지들이 우리의 성숙과 치유를 가로막으면서, 삶 전체가 영향을 받게 됩니다. 현실에서 도피하여 아예 이 길을 택하는 사람도 있습니다. 뒤틀린 방식에서 편안함을 느끼는 병든 사람들입니다. 사실 이들은 부정적인 삶의 방식을 벗어날 위험 부담을 감수하지 않으려는 것입니다. 부정적인 사람은 스스로 독성에 취해 있을 뿐 아니라, 주위 사람까지도 미치도록 힘들게 합니다. 그들은 함께 살기에 대단히 힘든 존재이며, 특히 부부생활, 가정생활, 공동체생활에 악영향을 끼칩니다. 우리 모두 자기 확신을 가지고 이런 부정적인 사람들의 영향에 물들지 않도록 노력합시다. 그들이 부정적 기운을 내비치더라도 자신감이 꺾이지 않도록 스스로를 보호할 책임이 우리에게는 있습니다.

부정적인 사람은 스스로를 패자라고 생각하면서 패자처럼 느끼고 행동합니다. 부정적 사고와 부정적 감정 중 어느 쪽이 먼저일까요? 어린이, 특히 유아는 생각하거나 이성적으로 판단할 능력이 없으므로 감정 덩어리 그 자체일 뿐입니다. 실제로 아이는 어머니와 아버지, 그중에서도 아버지가 화난 상태에 무척 민감하게 반응합니다. 아이 적부터 불안 속에서 지내게 되면 내면에 부정적인 감정을 품고 성장할 수밖에 없습니다. 그러다가 생각할 수 있는 나이가 되면 부정적으로 사고하게 될 가능성이 높습니다. 아이는 이렇게 말할지도 모릅니다. "나는 너무 자신이 없어. 나는 쓸모없는 사람인가 봐." 결국에는 부정적 사고와 감정이 한층 광범위하게 아이의 내면을 장악하게 되고, 이렇게 아이의 삶은 부정적인 여정이 되고 맙니다. 아이의 성격은 수치심을 토대로 형성되고, 이는 곧 그의 선택, 사고, 감정, 행동 등 삶 전체에 영향을 미치게 됩니다.

부정적 사고에서 탈피하고 싶다면 상처받은 감정, 특히 죄의식과 수치심에 압도되어 부정적 영향을 받지 않도록 주의해야 합니다. 부정적 감정에 따라 생각하고 판단하는 방식에서 탈피하려면 시간과 훈련이 필요합니다. 가끔은 실패하기도 하겠지만, 긍정적으로 사고하려면 우선 자신을 긍정하는 마음을 키워야 합니다. 긍정적으로 사고하게 되면 상처 입은 감정도 결국 치유될 것입니다.

사회적으로 대단히 유능하고 지성적이고 성공했으면서도 자신을 대하는 데 있어서는 부정적이고 결코 행복하지 않은 사람들을 나는 오랫동안 상담해 왔습니다. 이들이 타인과 관계 맺고자 노력하면서도 대체로 잘못된 선택을 내리는 것은 그리 놀라운 일이 아닙니다. 자기 자신과의 관계가 온전하지 못하니 타인과의 관계도 피상적일 수밖에 없고 심지어 불건전하기까지 합니다. 그들은 부정적이거나 파괴적인 성향의 소유자, 자기와 비슷하게 내적으로 불안한 사람과 관계를 맺곤 합니다. 또 타인에게 잘 보이려 하고, 굴종적인 태도를 보이기까지 하며, 남들의 마음을 얻기 위해 그들 뜻을 맹목적으로 따르기도 합니다. 우리는 부정적 라디오를 스스로 바꿀 수 있으며, 그렇게 하지 않으면 타인과의 관계는 위험에 빠질 수밖에 없습니다. 스스로에 대한 사고를 긍정적으로 바꾸기 위해 우리는 쉼 없이 노력해야 합니다.

내적 소통은 우리의 자신감은 물론이고 자존감, 자기상, 자기 가치감에도 큰 영향을 미칩니다. 바로 이러한 사고와 감정의 영역에서 우리가 치유되고 성장하는 데 상담이 도움이 될 수 있습니다.

자신감은 기술이다

자신감은 타고나는 것이 아닙니다. 살면서 키워 나가야 합니다. 두려움, 불건전한 죄의식이나 수치심이 우리를 지배하게 하거나, 맞닥뜨려야 할 현실을 회피하게 내버려 두면 안 됩니다. 실패와 두려움을 적절히 다룬다면 자신감을 기르는 데 도움이 될 것입니다. 우리는 실패와 두려움으로부터 교훈을 얻고 스스로 성장할 수 있습니다. 또 스스로에 대해 긍정적인 태도를 발전시켜 나가야 하며, 우리 내면이나 타인이나 부정적 세계로부터 흘러나온 부정적 사고에 감염되지 말아야 합니다. 사람이나 상황이 우리에게 상처를 주고 자신감을 흔들어 놓을 수는 있지만, 그것 때문에 자신감이 무너지게 놔둬서는 안 됩니다. 스스로에 대해 긍정적으로 말하고, 우리가 될 수 있고 또 할 수 있는 어떤 것을 상상하는 것은 자신감을 계발하는 데 핵심적인 기술입니다.

스스로를 긍정하는 마음을 지녀야 합니다.

　자신에 대해 통찰력을 갖게 되면 그 힘을 삶에 접목시켜야 합니다. 그럼으로써 우리의 사고와 감정, 태도, 행동이 변화할 것입니다. 예를 들어, 권위 있는 인물에 대해 무의식적인 두려움을 가지고 있는 사람이 있다고 합시다. 그런데 그 두려움이 냉정하고 무뚝뚝하고 가혹했던 자기 아버지에게 해소되지 않은 감정에 뿌리를 두고 있다는 사실을 깨달았다면, 그는 자신의 두려움을 받아들이도록 노력해야 합니다. 먼저 권위 있는 인물들에 대해 이유 없이 분노를 느끼지 않도록 노력하면서, 아직도 자신의 삶을 지배하고 있는 아버지에 대한 상처와 분노의 감정을 해소해야 할 필요가 있습니다. 권위 있는 인물들에 대한 인식을 바꿔 나가고, 다소 위험 부담이 있더라도 그들을 신뢰하도록 노력하면서 좀 더 자신감을 가지고 그 사람들과 만남을 이어 가야 합니다.

자신의 사고와 감정에 접촉하는 것, 그로부터 통찰을 얻는 것, 새로운 정보를 삶에 접목시키는 것, 이 모든 능력이 우리를 자기 자신과 더욱 가깝고 친밀하게 만들어 줍니다. 우리는 스스로에 대해 더 많은 것을 알게 될 것입니다. 타인에게 더욱 연민을 가지고 그들을 이해하고 용서하게 되며, 스스로를 긍정할 수 있는 위치에 서게 됩니다. 이제 우리는 자신에 대해 비판적이되 단죄하지 않을 수 있게 되었으며, 자신과 정직하고 꾸밈없이 소통함으로써 자기 자신과 최고의 친구가 되었습니다. 이처럼 자기 자신과 좋은 관계를 가지게 되면, 타인과 친밀한 관계를 맺는 어려운 일도 잘해 내게 됩니다.

누구나 바라 마지않는 내적 행복은 바로 자신의 내면에서만 찾아내고 키워 나갈 수 있습니다. 누구도 그것을 우리에게 주지 못합니다. 아무리 물질적으로 풍요로워도, 외부에서 아무리 많은 것을 제공받아도 행복을 만들어 낼 수는 없습니다. 행복이란 내가 사랑스러운 인간임을 확신하는 것입니다. 행복은 대학을 졸업한다고 해서, 좋은 사람을 만난다고 해서, 멋진 휴가를 떠난다고 해서, 복권에 당첨된다고 해서 생겨나는 것이 아닙니다. 있는 그대로의 나 자신과 내가 처해 있는 상황을 받아들이고, 내 인생에서 일어나고 있는 일들을 마음껏 즐기는 것이 행복입니다. 결국 행복은 자신에 대한 내적 충족감이며, 그 누구도 이것을 빼앗아 갈 수는 없습니다. 어떤 사람이나 사물이 행복을 방해한다면 어쩌다 자신이 이런 상황을 만들었는지 자문해 보아야 합니다.

나는 독자 여러분이 지금까지의 내용을 통해 자기애가 왜 그토록 소중한지 깨달았기를 바랍니다. 뿐만 아니라, 자기애가 얼마나 복잡한 것인지, 친밀한 인간관계와 자기애가 얼마나 밀접하게 연관되어 있는지, 타인에 대한 사랑과 자기애 사이에 미묘한 균형을 잡는 일이 얼마나 중요한지를 알게 되었기를 바랍니다.

6. 용서와 화해
당신을 용서하지만 여전히 마음은 아파요.

정서적·심리적·정신적·영적 관계에 나타나는 모든 문제를 치유하려면 용서하고 용서받는 일이 필수적입니다. 복음서의 중풍 병자 이야기를 보면 예수님이 정서적·영적·신체적 치유를 연관 지어 다루셨음을 알 수 있습니다. "애야, 용기를 내어라. 너는 죄를 용서받았다. 일어나 네 평상을 가지고 집으로 돌아가거라"(마태 9,2.6).

용서가 쉬울 거라고 낙관해서는 안 됩니다. 용서가 우리에게 도움이 되고 치유의 원천이 되려면, 용서가 어떻게 작용할 수 있는지, 우리 내면에서 그리고 사람들 사이에서 용서가 어떻게 이루어지는지를 이해해야 합니다. 용서의 감정은 자동적으로, 쉽게, 그저 피상적으로 일어나는 것이 아닙니다. 용서에는 실천과 노력과 시간이 필요합니다. 용서는 일종의 '과정'이며, 이 '과정'이라는 말은 앞으로 용서를 설명하면서 자주 다루게 될 심리학적 표현입니다.

용서의 과정에는 세 가지가 있습니다. 이성적(의지적) 과정과 감정적 과정, 영적 과정입니다. 의지적 과정은 용서하거나 용서받을 것을 (결정하거나 의지로 행하는) 선택을 뜻합니다. 감정적 과정은 용서하고 용서받는 행위에 따라오는 고통스러운 감정에 직면하고, 그 감정을 통해 노력하는 것을 말합니다. 영적 과정은 상처와 분노를 떨쳐 내고 삶을 다시 시작하게 해 주는 과정을 가리킵니다.

자기 용서

용서에서 가장 어렵고도 중요한 측면은 자기 자신을 용서하는 것입니다. 우리가 남들과 화해하는 데 그토록 시간이 걸리는 가장 큰 이유는 자기 자신을 용서하지 못하기 때문입니다. 자기 용서는 그동안 진지하게 다루어지지 않았고, 이에 대해 가르치거나 글로 쓰인 경우도 드물었습니다. 그러나 실제로 자기 용서는 건강한 자기애의 본질적인 부분입니다.

자기를 용서해야 자기가 처한 삶의 현실을 직시할 수 있으며, 그런 다음에야 타인에게 다가가 용서하거나 용서받고, 서로 화해하려는 노력을 시작할 수 있습니다.

스스로를 용서하겠다는 선택을 내려야 합니다. 자기혐오와 스스로에 대한 분노와 실망의 와중에도 용서의 과정을 향한 첫발을 내

디뎌야 합니다. 설사 내가 부정적 감정에 휩싸여 있다 하더라도 그 선택은 순수하게 자신의 의지에 따른 행위가 됩니다. 내가 원해서 하는 일인 것입니다.

감동적인 이야기, '되찾은 아들'에서 아들은 아버지에게 돌아가기 전에 먼저 자기 자신을 용서합니다(루카 15,11-32). 자기를 사랑하고 돌보려면 스스로를 위해 무엇인가를 해야 한다는 사실을 아들은 깨닫습니다. 그러한 자기애에는 자기 용서가 포함되어 있습니다. 거기에서 힘을 얻은 아들은 아버지에게 돌아가 아버지의 사랑과 용서를 얻을 수 있게 된 것입니다. 자신을 용서하겠다는 결심이야말로 그의 회심에서 결정적인 전환점이었습니다.

용서와 치유에서 자기 용서가 그토록 중요한 역할을 하는데, 왜 우리에게는 자기를 용서하는 일이 이다지도 어려운 걸까요? 이유를 살펴봅시다. 첫째, 자신의 잘못에 대한 증오, 분노, 실망이 사라지지 않습니다. 이 같은 부정적 태도는 그 방향을 바꿔야 합니다. 자기 파괴적인 태도를 건설적인 태도로 전환시켜야 한다는 말이며, 이것이 부정적 에너지를 긍정적 힘으로 바꿀 수 있는 비결입니다. 둘째, 완벽주의입니다. 완벽주의는 자기는 절대로 실패하면 안 된다는 비현실적인 기대로 스스로를 괴롭히는 병입니다. 자기 용서는 완벽주의자로 하여금 비현실적인 기대로부터 현실적인 기대로 나아가도록 도와줍니다. 이런 태도를 키우면 자기 삶에서 실패할 가능성과 개연성을 깨닫게 되는 것은 물론이고, 더 나아가 실패의 경

> **자기 용서만이 고통스러운 죄의식에서 빠져나오는 길입니다.**

힘을 바탕으로 성장하고 더 나은 사람이 될 수 있는 능력을 갖추게 됩니다.

셋째, 허위 의식과 자만심, 과도한 자의식입니다. 이럴 때 우리는 스스로를 실패나 죄를 초월하는 존재로 여기게 됩니다. 자기 용서는 자신의 인간적 약점과 한계와 허물을 진심으로 인정하게 해 주고, 자기 자신을 흠결 있는 모습 그대로 받아들일 수 있도록 도와줍니다. 하느님께서 언제나 우리를 용서해 주시는데도 정작 스스로를 용서하지 못하는 우리는 도대체 무엇이란 말입니까?

넷째, 너무 쉽게 자기를 용서하면 제가 저지른 잘못의 결과를 직시하지 않고 무조건 용인하는 것이라고 잘못 생각하는 것입니다. 오히려 자기 용서는 자신과 타인에게 상처를 준 잘못을 있는 그대로 직면하게 해 주고, 보상해 주도록 스스로를 재촉합니다. 자기 용서는 우리가 잘못에 대해 더욱 책임 의식을 가지게 해 줍니다.

다섯째, 타인의 용서나 자기 용서를 받아들이기 어려워하는 것입니다. 어린 시절 가정에서 용서를 경험해 보지 못한 사람일수록 어려워합니다. 용서는커녕 가혹하게 잘잘못을 따지는 분위기였거나, 용서는 꿈도 못 꾸는 분위기였을 수도 있습니다. 자기 용서는, 이러한 과거를 넘어서서 용서하지 못하는 불건전한 유산의 악순환을 끊도록 도와줍니다.

여섯째, 죄의식과 수치심에 사로잡히는 것입니다. 이때 자신을 용서하는 것만이 고통스러운 죄의식과 수치심에서 빠져나오는 길입니다. 자기 용서를 통해서 우리는 죄의식과 수치심을 떨쳐 버리고 나아갈 수 있으며, 스스로에게 너그러워질 것입니다.

스스로를 책망하기 시작하면 우리는 자기 죄에 사로잡혀 옴짝달싹 못하게 됩니다. 죄의식에 사로잡힌 수인이 됩니다. 자책 속에 갇혀 있는 것은 스스로에 대한 책임을 거부하고 있는 것입니다. 용서하고, 치유하고, 앞으로 나아가고, 변화해야 할 책임을 저버리는 것입니다. 오히려 이런 상태를 즐기면서 치유를 거부하는 사람도 있습니다. 자기 자신을 괴롭힐수록 더욱더 자기중심적인 사람이 되어 가고, 내 고통, 내 실패, 나 자신에만 초점을 맞추게 됩니다. 이렇게 되면 신경증적인 생활 방식이 그를 지배하기 시작합니다.

자책이 무용한 짓인 데 반해, 스스로를 정직하게 비판하는 것은 건강한 행위입니다. 바라건대, 우리 삶에 변화를 가져오고 삶을 조화롭게 만들기 위해서 우리는 자기 죄와 실패로부터 배울 수 있어야 하고 스스로에 관한 소중한 정보도 얻을 수 있어야 합니다. 자기를 용서하겠다는 결심은 우리를 자유롭게 해 주며, 우울하고 희망 없는 자기중심적 피해자가 아닌 새로운 존재로 탈바꿈하도록 도와줍니다.

자신을 용서한다고 해서 사실 자체를 잊는 것은 아닙니다. 우리의 행위는 기억 속에 남기 마련입니다. 여러 가지 힘든 감정이 묻어 있겠지만, 기억을 묻어 버리고 부정하고 회피하기보다는 맞닥뜨려 처리해야 합니다. 자신을 용서하겠다는 결심은 고통스러운 감정이 우리를 통해 흘러 나갈 수 있도록 문을 열어 주는 것이므로, 그 어떤 감정이라도 느끼고 직면해야 합니다. 그럴 때 자기 용서 과정에서 정서적 치유가 일어나기 시작합니다. 그것은 길고 힘겨운 여정입니다. 하느님, 그리고 타인들과 함께 우리의 고통스러운 감정을 확인하고 정리하고 헤쳐 나가고 이야기하는 과정이며, 이런 감정을 완전히 이해하고 치유하고 씻어 낼 때까지 과정은 계속됩니다.

대체로 우리는 자신을 용서하겠다고 거듭 결심하면서 이러한 고통스러운 감정을 받아들이게 됩니다. 대단히 긍정적이고 자비롭고 친절하게 스스로를 대해야 합니다. 이렇게 되면 자신의 죄와 실패에 대해서는 여전히 마음이 편치 않더라도, 이성적으로는 자기 죄를 이미 용서한 것을 스스로 알 수 있습니다.

결국 이성적으로 자기를 용서하고 나면 감정적으로도 용서할 수 있게 됩니다. 나쁜 감정은 물러나고 사라질 것입니다. 우리 마음을 괴롭히고 발목을 붙드는 고통스러운 감정은 더 이상 남아 있지 않을 것입니다.

다른 사람을 용서하기

자기를 용서했으면 그다음은 타인을 용서할 차례입니다. 때때로 우리는 타인을 용서하는 것을 진지하게 여기지 않고 피상적으로 다루는 경향이 있습니다. 신중한 의지와 성찰과 진정성으로 임해야 할 용서가, 성찰 없고 형식적인 행동이 될 위험이 있습니다. 진정으로 용서하려면 용서의 행위가 무엇을 의미하는지, 우리가 그것을 어떻게 느끼고 생각하는지 온전히 의식해야 합니다. 대수롭지 않은 일이든 극심한 마음의 상처를 입었든 용서에는 필요한 과정이 있고, 이 과정을 잘 알아야 합니다. 한번은 어느 소녀가 이러더군요. "왜 엄마는 항상 아빠한테 신경질만 내는지 모르겠어요. 그런데 아빠가 엄마 생일을 잊었다고 짜증을 내다가도 금세 용서해 버려요. 엄마는 뭐든지 쉽게 용서해요." 이것이 바로 제대로 된 과정을 거치지 않은 용서입니다. 생각 없이 무턱대고 용서해 버리는 것입니다.

되찾은 아들 이야기에 나오는 큰아들은 우리가 이해하기 쉬운 인물입니다. 그는 상처받았고 화가 나 있습니다. 형은 동생을 도저히 용서할 수 없습니다. 큰아들은 문학 작품이나 강론에서 타인을 용서하지 못하는 나쁜 사례로 자주 언급되지만, 이는 오히려 타인을 용서하는 일이 얼마나 어려운지를 보여 주는 좋은 예라 할 수 있습니다. 큰아들은 괜찮은 사람입니다. 용서라는 문제 앞에서 고뇌하는 우리는 그를 충분히 이해할 수 있습니다.

용서는 의지적인 행위입니다. 선택이고 결심입니다. 용서하고 싶지 않을 때조차도 용서를 선택해야 합니다. 용서에 저항하는 강력한 반감이 있더라도 이미 용서하기로 한 우리의 결심을 무효로 만들 수는 없습니다.

용서는 의지에서 비롯되며 우리의 감정을 거쳐서 마지막에는 우리의 영성으로 완성됩니다. 아주 오랜 시간이 걸리는 과정입니다. 용서에 이르는 동안 우리 자신(과 타인)에게 충분한 시간을 허락해야 합니다. 우리가 타인을 용서하는 것은 먼저 우리 자신에게 도움이 되며 타인은 그다음입니다. 나 자신이 안정을 찾기 위해서, 또 나를 소진시키며 내게 정서적·신체적 해를 입히고 타인과의 관계에 악영향을 끼치는 부정적이고 힘든 감정을 표출하고 해소하기 위해서 타인을 용서해야 하는 것입니다. 내게 고통을 준 사람을 용서하는 것은, 그러므로 자기애를 실천하는 행위입니다.

"당신을 용서하지만, 내 상처와 아픔은 여전합니다." 모순적으로 들리는 말이지만 사실은 모순이 아닙니다. 당신을 용서하지만 내 마음은 여전히 악감정으로 가득 차 있습니다. 하지만 결국 나 스스로 이런 부정적인 감정을 이겨 내야 합니다. 자신에게 상처를 준 사람을 용서하는 이들의 감정이 대부분 이와 같습니다. 용서는 자연스럽고 인간적이며 심리적인 과정으로 진행됩니다. 용서하는 마음과 여전한 악감정 사이에 존재하는 이중성을 이해하지 못하면, 우리는 자신이 좋은 사람인지에 대해 혼란을 느끼게 됩니다. 용서한 후에도 악감정이 남아 있는 것을 보고 우리가 상대방을 진정으로 용서했는지 의심하게 됩니다. 한동안 불편한 느낌이 남아 있겠지만 어쨌든 상대방을 용서했고, 이러한 용서의 과정을 계속 진행하면서 완성시키려 한다는 사실은 바람직한 일입니다.

다음 원칙을 기억하는 것이 중요합니다. 용서는 망각을 의미하지 않습니다. 지금 용서하더라도 완전히 잊는 데는 시간이 걸릴 것입니다. 어쩌면 평생이 걸릴지도 모릅니다. 그것은 자연스러운 일입니다. 용서의 여정을 계속 따라가면서 우리 스스로를 위해서라도 이런 고통스러운 문제를 개선하도록 노력해야 합니다. 용서한다는 말을 되풀이하고 그 사람을 위해 기도하는 것은 용서하기로 한 결심을 유지하는 데 큰 도움이 됩니다. 용서의 과정에 긴 시간이 소요된다 하더라도 받아들여야 합니다. 용서에 지름길은 없습니다.

감정적 용서

의지적으로 용서하고 나면, 다음 단계로 감정적 용서 과정이 이어집니다. 감정적 용서는 용서 과정에서 대단히 중요한 단계입니다. 우리는 이 단계에서 더 나아가지 못하거나, 이 단계를 과소평가하거나, 아예 무시하려 합니다. 이 단계에서는 감정을 느끼도록 스스로 허용해야 합니다. 감정을 느낀다는 것은 감정을 처리하도록 문을 열어 놓는다는 뜻입니다. 타당한 감정이든 그렇지 못하든 우리는 죄책감이나 수치심 없이 모든 감정을 느낄 수 있어야 합니다.

용서의 과정을 끝맺지 못하는 가장 큰 이유는 분노 때문입니다. 분노에 사로잡히면 우리는 그 이면에 숨어 있는 상처와 좌절과 두려움을 직면하고 처리하지 못하게 됩니다. 화를 낸다고 해서 우리가 나쁜 사람이라는 뜻은 아닙니다. 자신이 상처받았음을 인정하는

감정적 용서를 통해 서로를 더 잘 이해하게 됩니다.

것이고 그럼으로써 우리는 그 상처 속으로 들어갈 수 있게 됩니다. 누구에게 화를 낸다고 해서 그를 무조건 싫어한다기보다는 아마도 모순감정을 갖고 있을 가능성이 높습니다. 상처와 분노는 친밀한 관계에서도 중요한 역할을 합니다. 분노가 해소되고 사라지면 사랑도 되살아나는 법인데, 사랑의 감정이 살아나지 않는다면 관계를 더욱 철저히 점검해야 합니다. 그렇게 된 상처의 본질을 면밀히 들여다보아야 합니다.

해소되지 않고 묻혀 있는 감정 가운데, 특히 분노는 관계를 파괴할 수 있습니다. 스스로 인식하지 못하는 분노가 여러 가지 파괴적인 형태로 나타나 관계를 허물어뜨립니다. 건강한 관계에서 우리는 자신의 여러 감정과 더불어 상처와 분노도 털어놓게 됩니다. 이렇게 말하는 사람도 있을 것입니다. "그래요, 당신을 용서해요. 하지만 아직도 속이 상하고 분이 덜 풀렸어요." 감정을 상대에게 털어놓으면서 고통스러운 감정도 서서히 풀어 나가게 됩니다. 서로를 더 잘 이해하게 되면서 관계는 치유되고 성장합니다. 감정적 용서를 통해 실제로 서로를 더 잘 이해하게 됩니다.

누구에게 상처를 받아 분노와 증오를 느낀다면, 먼저 격정을 누그러뜨리려고 노력해야 합니다. 격분과 증오가 어느 정도 누그러지고 나면 감정을 상대방에게 표현할 수 있습니다. 분노의 감정이 너무 크다면, 본인이 직접 표현하는 것보다 친한 친구나 상담 전문가를 통해서 적절한 방식으로 뜻을 전달하는 편이 나을 수도 있습니다. 이것이 에너지를 건설적으로 이용하는 방식입니다.

현재 드러난 분노와 상처 아래에, 해소되지 않은 또 다른 상처와 분노가 도사리고 있는 경우도 간혹 있습니다. 지금 상대가 나를 화나게 한 덕분에, 이전에 해결되지 못한 분노까지도 떠오릅니다. 상황이 이렇게 되면 정리해야 할 감정과 문제가 꼬리를 물고 이어집니다. 인생의 상처는 외면한다고 해서 사라지지 않습니다. 언젠가는 되돌아와서 일을 더 꼬이게 합니다. 자기를 상처 입힌 사람에게 어마어마한 분노를 느끼면서 스스로 놀라는 사람이 많은데, 지금의 상처 이면에는 이전부터 응어리진 상처가 많다는 사실을 자각하면 됩니다. 과도한 분노를 피하려면 현재의 상처와 해묵은 상처를 구분해야 하며, 그래야 해묵은 상처를 해결할 수 있습니다.

감정적 용서는 이성적 용서(용서하려는 결심)와 영적 용서(자유롭게 놓아 주는 것)를 이어 주는 접점입니다. 이성적 용서에서 바로 영적 용서의 단계로 나아가는 경우도 있는데, 이때는 중요한 감정들이 해소되지 않은 상태이므로 진정한 용서의 과정으로 보기 어렵습니다. 그 자리에서는 용서한다고, 상처받지 않았다고 해 놓고는 이튿날 눈길 한번 주지 않는 사람이 있습니다. 상처와 분노를 적절히 다루지 못했기 때문에 진심으로 용서하지 못했고, 그래서 분노를 느끼는 것입니다. 차라리 이렇게 말하는 편이 더 낫습니다. "당신을 용서합니다. 하지만 아직 감정이 착잡하고 상처가 남아 있으니 시간을 좀 주세요."

대수롭지 않은 문제든 진짜 상처를 줄 수 있는 심각한 문제든 내가 말하는 '과정'은 꼭 필요합니다. 우리가 마주해야 할 크고 작은 감정은 언제나 존재합니다. 어떤 상황에서라도, 몇 분이 걸리든, 몇 주가 걸리든, 몇 년이 걸리든 간에 감정을 인정하고 수용하고 해결해야 합니다. 필요에 따라 감정을 적절히 표현하기도 해야 합니다.

이렇게 설명하고 나면, 어째서 용서가 기술인지를 이해할 수 있습니다. 정서적으로 또 영적으로 치유받고 성장하고 싶은 사람이라면 누구나 이러한 용서를 실천해야 합니다.

영적 용서와 놓아 버리기

감정적 용서의 여정이 끝날 무렵, 우리는 모든 것을 놓아 버리고 하느님을 맞이하고 앞으로 나아가는 영적 용서 단계로 인도됩니다.

용서의 전 과정을 통틀어 가장 큰 목표는 영적 용서의 경지에 도달하는 것입니다. 이곳에 쉬이 도달하는 사람이 있는가 하면, 시간이 걸리는 사람이 있고, 영영 도달하지 못하는 사람도 있습니다. 도달하지 못하더라도 괜찮습니다. 우리가 감정적으로 계속 노력하고 있다면 어쨌든 올바른 방향으로 가고 있는 것입니다. 성적 학대 피해자들은 가해자에 대한 감정을 해소하는 데 평생이 걸리기도 합니다. 이렇게 감정이라는 것은 평생을 갈 수도 있는 것입니다.

정서적·신체적으로 고통스러운 감정의 부담에서 벗어남으로써 우리 자신을 구하는 것이 놓아 버리기의 일차 목표입니다. 마음의 부담을 처리하지 않으면 그것이 우리 삶을 지배하게 됩니다. 응어리진 마음의 상처와 부정적인 생각에 사로잡혀 있는 한, 우리는 결코 자유로워질 수 없습니다. 끊임없이 영향을 받고 괴로워할 것입니다.

용서함으로써 정서적·영적 치유가 이루어진다는 심리학적 증거는 아주 많습니다. 최근 들어 용서를 통해 신체적 치유까지 가능하다는 의학적 증거도 쏟아지고 있습니다. 마이클 토로시언과 베루슈카 비들이 함께 저술한 『치유하는 영 — 암의 영적 치유 여정』 *Spirit to Heal: A Journey to Spiritual Healing with Cancer*은 용서를 통해 우리 몸까지도 치유될 수 있음을 보여 주는 고무적인 작품입니다.

용서는 우리의 막힌 감정을 즉각적으로 뚫어 줍니다. 어떤 감정이 사라졌다고 느껴지는 때도 있지만, 일단 생겨난 극도의 감정은 억제하고 부정한다고 해서 해소되거나 사라지지 않습니다. 용서는 부정적 감정, 또 그와 연관된 경험 전부를 풀어 줄 수 있는 강력한 방법입니다. 용서를 통해 고통에서 풀려날 때, 세상 그 어떤 방법으로도 얻을 수 없는 평화와 자유가 우리를 찾아옵니다.

놓아 버리는 것은 상대방이 저지른 일을 묵인하거나, 그의 잘못을 무조건 용서해 주거나, 그 일로 우리가 입은 상처를 잊는 것이 아닙니다. 그의 행동이 낳은 결과를 무시하자는 것이 아닙니다. 놓

> 용서는
> 막힌 감정을
> 풀어 주는 데
> 대단히
> 효과적입니다.

아 버리고 나면 우리에게 잘못을 저지른 사람을 다시 믿게 될 수도 있지만, 영원히 믿지 못할 수도 있습니다. 관계가 전과 같아지거나 개선될 수도 있고, 반대로 악화되거나 파탄 날 수도 있습니다. 하지만 일단 놓아 버리면 과거의 감정으로부터 발산되던 모든 부정적 에너지에서 놓여나게 됩니다. 이제 자유인으로서 스스로 선택할 수 있게 되는 것입니다. 마치 풍선을 놓아 버리는 것과 같습니다. 풍선은 하늘 높이 떠올라, 마침내 영영 사라져 버립니다.

놓아 버리기는 자비와 온정, 이해를 뜻하기도 하지만, 결코 상처 입은 사실 자체를 부정하지는 않습니다. 간혹 우리에게 상처 입힌 사람을 용서해 줄 때, 그것은 정의가 아닌 자비심에 따른 것입니다. 이렇게 놓아 버리는 일은 용서라는 고통스러운 여정을 통과해야 가능한 것임을 기억합시다. 가해자는 피해자의 용서를 받는 데 어느 정도 시간이 필요하다는 사실을 존중해야 합니다. 상처를 입힌 측이 상처받은 사람에게 빨리 용서해 달라고 압박을 가해서는 안 됩니다. 흔히 남편들이 이런 우를 범하기 쉽습니다. 걱정스럽고 초조한 마음에 아내가 아직 마음의 준비가 되지 않았는데도 빨리 자기를 믿어 달라고 안달하곤 합니다. 아내는 감정적으로 준비가 채 안 된 상태인데 성 관계를 시도하기도 합니다. 이런 사람일수록 아내의 말을 경청하지 않으며, 이런 남편들 때문에 부부 관계 전반에 문제가 발생하는 것입니다. 남편이 태도를 바꾸고, 정직하고 열린 자세로 아내의 말에 귀 기울일 때 잃었던 신뢰를 되찾을 것입니다.

예전 같은 신뢰 관계를 되찾을 수도 있고 그렇지 못할 수도 있지만, 우선 부부가 함께 노력해 보아야 합니다. 문제 해결과 화해를 위해 서로가 최선을 다한 것만으로도 만족감을 얻을 수 있습니다.

마지막으로, 놓아 버리기는 과거에 연연하지 않고 앞으로 나아가는 것, 관계를 진전시키는 것을 뜻합니다. 일단 용서하면 우리 목에서 거대한 연자방아가 벗겨지고 자유로이 전진할 수 있게 됩니다. 상대를 벌주기 위해 용서하지 않는 것은 무망한 짓입니다. 결국은 스스로를 망치는 것이며, 정서적·영적으로 자신을 옴짝달싹 못하게 묶어 놓는 것입니다. 무엇보다도 자기 자신의 치유를 위하여 우리는 타인을 용서해야 합니다.

놓아 버림의 영성은 우리의 관계에서 더 나은 소통, 더 효과적인 경청, 더 분명한 차이 인식을 가능하게 해 줍니다. 이로써 우리는 더욱 친밀하고 성숙한 관계를 향해 함께 나아갈 수 있습니다.

앞으로 나아가는 것은 또 하나의 부활입니다. 우리는 용서함으로써 악감정이라는 무덤을 부서뜨릴 수 있습니다. 용서를 통해 우리는 삶의 더 높은 경지로 나아감을 깨닫게 될 것입니다. 우리는 고통스러운 존재가 아닌 더 나은 존재가 됩니다. 용서의 과정을 헤치고 나아갈 때 우리에게는 좋은 일이 일어날 것입니다.

화해

용서와 화해를 혼동하거나 동의어로 취급해 버리는 때가 많지만, 사실 둘은 전혀 다른 개념입니다. 용서가 놓아 버리는 과정이라면, 화해는 부서진 관계를 회복시키는 치유의 과정입니다. 먼저 용서하지 않으면, 진정한 화해는 절대 불가능합니다.

한쪽이 먼저 용서해 주고 나면, 관계에는 세 가지 결과가 얻어집니다. 첫째, 두 사람이 서로 화해할 뿐 아니라 더욱 친밀해질 수 있습니다. 용서하는 과정 속에서 정서적으로 깊은 공감을 나누었기 때문입니다. 서로를 더 잘 알고 이해하게 되었습니다. 이때 용서는 결속과 유대의 힘이 됩니다. 상처를 준 사람과 상처를 받은 사람이 서로의 입장을 솔직히 드러냈습니다. 문제를 회피하거나 타인을 조종하거나 타인에게 예속되거나 해서는 불화를 해소할 수 없습니다. 불화를 해소하려면 양보와 협력, 관용을 통해 양자가 결합해야 합니다. 이런 과정을 우리는 흔히 '다름의 화해'라고 부릅니다.

신뢰는 서로 가깝고 사랑하는 관계의 토대이면서, 관계에서 빚어진 상처와 갈등을 용서하는 과정을 통해 강화되기도 합니다. 고난을 함께하면서 서로를 잘 알게 되고, 서로 간에 자신을 드러내 보이면서 문제가 해결되기도 합니다. 긴밀한 관계에 있는 사람들은 현실적이 되어야 하며, 간혹 서로 상처를 주고 실망시킬 수도 있다는 사실을 깨달아야 합니다. 하지만 이때도 서로가 용서할 수 있다는 희망이 있습니다. 그렇게 적극적인 상호 작용을 통해 관계는 성장하는 것이며, 그렇지 않으면 교착 상태에 빠지고 맙니다.

> 남을
> 용서하는 것은
> 나 자신을
> 위한 일입니다.

화해가 이루어지려면 용서를 구체적인 말로 표현해야 합니다. 확실히 말로 전달하지 않은 채 한쪽에서는 용서를 해 줬다고 생각해 버리면 아주 모호한 상황이 벌어지기 쉽습니다. 내가 진짜 용서를 받았는지 확실치 않은 상태가 되어 버리는 것입니다.

용서의 두 번째 결과는, 두 사람 중 한쪽이 용서를 해 줬어도 관계가 예전만 못할 수도 있다는 것입니다. 상처를 입은 사람이 용서를 해 주긴 했지만 상대방에게 서먹한 감정이 남아서 거리를 두고 대할 수도 있습니다. 용서는 진심이었어도 신뢰 관계가 회복되지는 못한 것입니다. 외도나 상습적인 거짓말, 정서적 인격 침해 같은 상처를 받았을 경우에는 그 행위의 특성상 용서를 하더라도 상실감이나 상처가 크기 마련입니다. 그래도 신뢰가 회복된다면, 관계는 옛날로 돌아가거나 오히려 나아질 수도 있겠고, 아니면 이도 저도 아니게 되어 버릴 수도 있습니다.

세 번째 가능성은, 한쪽이 용서를 하고 상대편이 용서를 받아들였어도 화해에는 실패한 경우입니다. 용서가 언제나 화해로 이어지는 것은 아닙니다. 슬픈 일이기는 하나, 용서한다고 해서 모든 관계가 예전으로 돌아가지는 않습니다. 심각한 신체적·정서적·성적

침해가 발생했을 경우, 관계는 복구되기 힘들며, 피해자의 안전을 위해서라도 화해는 꿈도 꿀 수 없는 상황이 있을 수 있습니다.

상처를 입은 측은 왜 자기가 애초에 그런 상대를 골랐으며 어째서 해로운 관계를 질질 끌어 왔는지 생각해 보아야 합니다. 이럴 때 건강한 관계를 찾아 앞으로 나아가기 위해서는 심리적이고 영적인 내적 변화가 상대방을 떠나는 외적 변화보다 훨씬 더 중요합니다.

타인과의 관계를 끊을 때 모순감정이 발생하는 것이 정상임을 인정해야 합니다. 오랜 시간 함께하면서 좋은 일, 나쁜 일을 함께 나눈 사람들이 관계를 청산하려 할 때는 시간이 걸리는 것이 당연합니다. 두 번 다시 상대방을 신뢰할 수 없음을 머리와 가슴으로 알아차릴지도 모릅니다. 슬프고 실망스러운 깨달음이지만 적어도 더 이상의 현실 부정은 없습니다. 감정이 얼마나 복잡한지를 떠나 관계는 이미 끝난 것입니다. 이렇듯 끝장이 나는 관계도 있고, 처음부터 시작하지 말았어야 했던 관계도 있습니다.

관계가 끝나는 것에 안도하고 그것이 최선임을 안다 하더라도, 심각한 상실감을 느낄 수 있습니다. 관계를 상실했을 때는 충분히 슬퍼하는 것이 좋습니다. 우리가 그 관계에서 추구하던 희망과 꿈이 영영 사라져 버릴 수도 있습니다. 어떤 관계를 상실한다는 것은 그 관계에 포함되어 있던 모든 것을 잃는다는 의미입니다. 관계 상실의 원인을 철저히 탐구하여 해결하지 못하는 한, 우리는 앞으로 나아가기 어렵고 다른 관계를 새롭게 시작하기도 힘듭니다.

한쪽이 관계를 청산하겠다고 결심했는데도 다른 쪽이 여전히 관계를 유지하려 하거나, 떠나려는 상대방의 결정에 반대하는 경우도 있습니다. 손상된 관계를 어떻게든 회복시켜 보려고 노력하는 쪽에게는 큰 타격이 되겠지만, 화해를 위해 여러 차례 시도해 봐도 별 효과가 없다면 현실을 인정하고 관계가 끝났음을 받아들여야 합니다. 어떤 관계든 제대로 기능하려면 양쪽이 서로 동의하고 관계 유지에 노력해야 합니다. 한쪽이 떠날 작정을 한 이상, 그 관계는 결코 제대로 유지될 수 없습니다.

　화해할 수 없는 관계에서 한쪽이 다른 쪽을 용서하겠다고 말로써 표현해야 할지를 놓고 고심하는 경우가 있습니다. 머리와 가슴으로, 또 믿을 만한 친구를 통해서 용서를 풀어낼 수는 있습니다. 하지만 상처를 준 사람에게 굳이 말로 표현할 필요는 없습니다. 성적 학대나 신체적 학대의 경우, 말로써 용서를 표현하게 되면 상대방이 그것을 악용하여 오히려 약점으로 삼을 가능성도 있고, 그 말을 자신의 나쁜 행동을 묵인하는 것으로 잘못 받아들일 위험도 있습니다. 또 앞으로 화해할 가능성이 있다는 뜻으로 착각하거나, 피해자 쪽에서 잘못했다는 식으로 오해할 우려도 있습니다.

　용서를 말로 표현하는 것이 두 사람 사이의 관계나 상처를 입힌 쪽에 도움이 될지, 오히려 해가 될지를 잘 따져 생각해 보아야 합니다. 명백한 해답은 없지만 신중히 하는 편이 좋을 것입니다. 예를 들어, 상처를 준 사람이 죽어 가면서 용서를 구하는 경우라면 직접 말로써 용서하는 일이 필요할 수도 있습니다. 그러나 말로써 용서를 표현하려면 적절한 시점에, 타당한 이유가 있을 때, 그리고 죄책감이나 수치심, 강압, 충동이 배제된 건전한 감정 상태여야 합니다.

그렇다면 다음과 같은 질문이 나올 수 있습니다. "누가 먼저 용서와 화해를 시작할 것인가?" 해답은 간단합니다. 상처를 준 쪽에서 용서와 화해를 청해야 합니다. 예수님도 다음과 같이 가르치셨습니다. "그러므로 네가 제단에 예물을 바치려고 하다가, 거기에서 형제가 너에게 원망을 품고 있는 것이 생각나거든, 예물을 거기 제단 앞에 놓아두고 물러가 먼저 그 형제와 화해하여라. 그런 다음에 돌아와서 예물을 바쳐라"(마태 5,23-24).

예수님은 더 나아가, 내가 상처를 입었다 하더라도 먼저 용서와 화해를 시도하도록 격려하시는 가르침을 남기셨습니다. "네 형제가 너에게 죄를 짓거든, 가서 단 둘이 만나 그를 타일러라. 그가 네 말을 들으면 네가 그 형제를 얻은 것이다"(마태 18,15). 예수님은 또 상처를 입힌 쪽이 우리의 용서와 화해의 손길을 거부한다면 그를 그냥 보내 주라고 이르십니다. 우리는 할 바를 다했으므로 마음의 평화를 얻을 수 있습니다. 그분은 십자가 위에서도 놀라운 용서의 말씀을 남기셨습니다. "아버지, 저들을 용서해 주십시오. 저들은 자기들이 무슨 일을 하는지 모릅니다"(루카 23,34). 또 우리의 원수와 우리를 박해하고 증오하는 사람들, 우리가 좋아하지 않거나 우리를 좋아하지 않는 모든 사람을 위해 기도하라고 예수님은 말씀하십니다.

그리고 우리 모두에게 물으십니다. "건강해지고 싶으냐?"(요한 5,6). 이 질문에 "예"라고 답하려면 우리는 치유를 향해 필요한 준비를 해야 합니다. 여기서 핵심은 기꺼이 용서해 주고 용서받을 마음의 준비입니다. 용서는 망각을 뜻하지 않습니다. 우선 우리 자신을 위해, 그다음 상대방을 위해 용서해야 합니다.

용서해 준다고 해서 언제나 화해가 이루어지는 것은 아닙니다. 하지만 용서에 관한 이 같은 기본 믿음은 우리를 자유로이 용서할 줄 아는 사람, 하느님께서 정해 주신 길을 따르는 사람으로 만들어 줍니다.

7. 상실
맘 놓고 울어도 좋습니다.

인생은 상실로 가득 차 있습니다. 요람에서 무덤까지 줄곧 상실이 우리를 따라다닙니다. 상실은 삶과 성장에서 자연스럽고 빈번히 일어나는 사건이면서도 다루기 어려운 부분입니다. 상실 중에도 특히 더 충격적이고 고통스럽고 우리를 더욱 좌절하게 만드는 것이 있습니다. 인생에서 만나는 크고 작은 상실을 생각해 보면 얼마나 다양한 모습과 뉘앙스를 지니는지 그저 놀라울 뿐입니다.

　상실에 맞닥뜨렸을 때 즉각 인정하고 대면하여 거기에 딸린 정서적 문제를 해결할 수 있는 사람이 건강한 사람이며 온전하게 자기 삶을 꾸려 가고 있는 사람입니다. 그는 상실을 헤쳐 나가고, 상실에 적응하고, 상실을 수용하고, 상실을 떠나보내고, 앞으로 나아갑니다. 친구와 점심을 같이할 수 있는 기회를 놓친 것 같은 작은 상실이든, 직장에서 승진 기회를 놓친 것 같은 큰 상실이든, 그 누구도 상실로부터 자유로운 사람은 없습니다.

인생에서 상실은 여섯 가지 범주로 나눌 수 있습니다. 첫째, 부모, 배우자, 자녀의 죽음처럼 사랑하는 사람을 잃는 것, 그리고 그와 관련된 다른 모든 상실입니다. 애완동물을 잃는 것도 이 범주에 들어갈 것입니다.

둘째, 이혼이나 가까운 친구와 우정이 깨져 버리는 것 같은 상처와 상실입니다. 이때 친지들도 함께 잃는다든지, 휴가를 함께 즐길 수 없게 된다든지, 성적 관계가 끝난다든지 하는 온갖 종류의 연관된 상실도 함께 일어납니다.

셋째, 가정에서 경험하는 상실입니다. 정서적으로 가족들에게서 멀어진 알코올중독 아버지나 가족을 버리고 떠난 아버지를 예로 들 수 있습니다. 또 자녀들에게 결코 사랑이나 칭찬을 표현하지 않은 부모, 오랫동안 병석에 있는 부모, 심신이 피폐하여 부모 역할을 제대로 하지 못하는 부모도 있습니다.

넷째, 교통사고로 몸이 마비되거나, 갑자기 해고당하거나, 사업 실패로 하루아침에 빈털터리가 되거나, 아이를 유산하거나, 주식 폭락으로 쫄딱 망한 경우처럼 예고 없이 찾아온 비극입니다.

다섯째, 날마다 맞닥뜨리는 생활 속의 상실입니다. 자녀에게 크게 실망하고, 기대가 무너지고, 꿈이 좌절되고, 믿었던 친구에게 배신당하고, 선행을 할 기회를 놓치고, 회의에서 절호의 발표 기회를 놓치고, 자존감·존경·명예·평판을 잃는 일이 생기는 경우들입니다. 오랜만에 야외에 나갔는데 비가 온다거나, 축구 경기에서 우리 팀이 지거나, 시각이나 청각에 문제가 생기거나, 건강을 잃거나, 성생활의 활력이 사라지거나 하는 경우도 포함됩니다.

여섯째, 삶에 필요한 상실입니다. 목숨을 구하기 위해 암에 걸린 부위를 절제하거나, 신체적·심리적으로 학대를 가하는 사람과의 관계를 끊는다거나, 더 나은 곳으로 옮기기 위해 정든 직장과 동료를 떠나야 하는 경우가 그러합니다.

여기서 내가 말하고자 하는 요점은, 우리가 경험하는 상실이 간혹 대단히 미묘한 것이어서 상실로 인정하지 못하는 경우도 있다는 점입니다. 자신에게 닥친 상실이 어떠한 것인지를 잘 분별할수록 후유증을 제대로 처리할 수 있게 되며, 정서적·영적으로 우리 스스로를 더욱 건강하고 활력 있게 지켜 나갈 수 있습니다. 과연 상실이란 대단히 고통스러운 것이지만 적절히 해결하기만 하면, 우리를 인간적·영적으로 성장시킬 수 있는 좋은 기회가 됩니다.

우리가 경험하는 상실 대부분은 우리 모두에게 일어날 수 있는 공통적인 경험입니다. 상실의 경험은 우리 모두를 인간사로 묶어 줍니다. 사랑하던 이의 무덤 앞에서 가족과 친구들과 함께 애도할 때 각자가 느끼는 슬픔과 고통의 정도는 서로 다릅니다. 이때 느끼는 상실의 감정이 어릴 적 기억을 되살려 주기도 합니다. 엄마 젖을

떨 때, 혹은 아끼던 곰 인형을 잃고 울던 때의 상실감이 되살아나는 것입니다. 정도의 차이는 있지만 인생에는 힘겨운 이별의 순간이 아주 많습니다. 젖니가 빠지거나, 탈모가 시작되거나, 아끼던 물건을 잃는 것도 그러한 순간들입니다. 나뭇잎이 떨어지면 계절이 바뀝니다. 인생 길을 가다 보면 수많은 상실을 만나게 되고, 우리는 끊임없이 그 상실에 적응해야 하는 도전에 직면해 있습니다.

너무 하찮아 보여서 상실이라고 말하기조차 쑥스러운 것도 있을 수 있지만 그런 것도 분명 상실은 상실이기에, 적어도 우리 스스로는 그것을 인식해야 합니다. 상실을 인정하지 않고 그냥 덮어 둬서는 안 됩니다. 아무도 우리의 상실을 몰라주고 인정해 주지 않더라도, 마음 한구석에 고요히 남아 있는 것은 사실입니다.

상실은 인간과 본디부터 함께해 왔습니다. 좋건 싫건, 공평하건 부당하건 인생의 한 부분인 것만은 분명합니다. 인간이 성장하는데 꼭 필요한 상실도 있습니다. 아이는 따뜻한 엄마 품을 떠나 유치원에 다녀야 하고, 고등학교를 졸업하면 집을 떠나 대학에 진학해야 합니다. 어린아이는 공놀이에서 지는 것을 경험하면서, 지는 것이 이기는 것만큼이나 중요하다는 사실도 배워 갑니다. 아이들은 청소년기를 지나 성인이 되고, 그렇게 누구나 나이를 먹다가 노년에 이르면 신체적·정신적 능력이 감퇴하게 됩니다.

게일 쉬이는 『역정』*Passage*이라는 책에서, 성인이 되어 맞닥뜨리는 위기와 변화를 창조적 변화의 기회로 받아들이면 우리는 더욱

강한 인간으로 성장한다고 말합니다. 하나를 얻기 위해 다른 하나를 포기하는 것입니다. 예컨대 대학의 학구적인 분위기를 떠나 비즈니스 세계의 경쟁 속으로 뛰어들어야 한다면, 이때 기존의 태도를 버리고 좀 더 성숙한 행동 양식을 몸에 익혀야 하는 상황이 생깁니다. 또는 자신에 대해 만족하지 않고 더 나은 인간이 되기 위해 변신하는 경우도 있습니다. 서른 살이 다 된 젊은이들 중에는 여전히 특정 행동 습관이나 의존성을 버리지 못해, 정서적으로 십 대와 같은 상태에 머물러 있는 사람도 있습니다.

> 변화에는
> 성장을 위한
> 상실과
> 떠나보냄의
> 과정이
> 함께합니다.

삶에서 일어나는 변화에는 성장을 위해 무언가를 잃고 떠나보내는 과정이 언제나 함께합니다. 주디스 바이올스트는 『상처 입은 나를 위로하라』*Necessary Losses*에서 이렇게 말합니다. "인생에서 피할 수 없는 상실의 과정을 거치면서 우리는 어떻게 성장하고 변화할 수 있을까요? 성장하기 위해서는 사랑과 환상, 의존성, 불가능한 기대를 버려야 합니다."

상실을 통과하는 여정에는 세 단계가 있습니다. 첫째, 현실을 인정하는 것입니다. 이로써 우리는 충격과 경악, 부정하는 마음을 극복하게 되고, 상실을 되도록 가벼이 여길 수 있게 됩니다. 둘째, 상실로 초래된 모든 슬픔과 고통스러운 감정을 통과하는 과정입니다.

셋째, 상실을 인정하고 떠나보내고 앞으로 나아가는 것입니다. 상실의 성격에 따라 이런 과정은 몇 초나 몇 시간, 며칠, 몇 주, 몇 달, 심지어 몇 년이 걸릴 수 있습니다.

상실을 인정하기

상실을 현실로 받아들이고 적절히 다룰 줄 아는 사람은 더욱 현실에 기반을 두고 살아갈 수 있습니다. 현실을 직시함으로써 우리는 정직하고 정신적으로 건강한 인간이 되고, 그럼으로써 남들이 겪는 상실에 대해서도 세심히 공감할 수 있게 됩니다. 상실의 고통과 슬픔과 좌절을 경험한 사람은 더욱 인간적이고 따뜻한 사람이 됩니다.

우리가 경험한 상실이 중요하든 하찮든, 어쨌든 상실은 상실이므로 잘 다뤄야 합니다. 모든 상실이 삶의 여정에서 징검다리 역할을 하기 때문입니다. 상실을 제대로 인정하면 현실 부정의 벽을 넘을 수 있고 상황을 합리화하거나 외면하지 않게 됩니다. 또 충격과 경악을 달래기가 수월해지고 고통스러운 현실을 견디기도 쉬워집니다. 이것이야말로 우리가 정서적·영적으로 성숙해지는 길입니다.

부모는 자녀가 날마다 겪는 크고 작은 상실에 잘 대처하도록 가르치고 도와주는 것이 아이를 제대로 키우는 것입니다. 자녀가 겪는 상실과 그로 인한 고통과 좌절을 부모가 정면으로 다루지 않고 회피한다면, 아이의 정서적·영적 발육을 지체시키는 결과를 낳고 맙니다. 물론 부모 스스로 상실에 어떻게 대처하는지 자녀에게 보여 주는 것도 중요한 일입니다.

  우리가 상실에 대해 더 잘 알고, 더 민감하게 느끼고, 더 존중할수록 상실을 우리 것으로 만들 수 있고 책임을 다할 수 있습니다. 또 이렇게 할 때 비로소 타인에게도 진심을 담아 말할 수 있게 됩니다. "지금 얼마나 힘드실지 저도 알아요." 남들이 겪는 상실의 고통에 우리가 그토록 무감한 것은 우리 자신의 상실도 잘 인정하지 못하기 때문입니다.

상실에 따른 슬픔

  상실에 따른 슬픔은, 상실의 경중에 따라 크고 작은 고통으로 슬퍼할 수 있는 시간 속으로 우리를 인도하는 감정의 단계입니다. 상실의 고통을 되도록 피하고 싶어 하거나 그 무게를 줄이고 싶어 하는 것은 자연스러운 현상입니다. 시험에 떨어진 학생이, 기분이 어떠냐고 묻는 친구에게 "시험이 뭐 별거냐? 아무렇지도 않아"라고 대답합니다. 이런 식으로 상실을 대하는 경우가 많지 않습니까? 상실에 따른 감정을 대수롭지 않게 넘겨 버리는 것 같지만, 스스로 인식하든 못하든 실제로는 속으로 끙끙 앓고 있습니다. 이런 식으로 상실을 처리하는 사람은 인간적이지 못하고, 자기 내면의 감정 세계와 만나기 힘듭니다. 응어리진 감정은 쌓여만 가고, 삶은 무감각해져만 갑니다.

삶의 크고 작은 상실을 모조리 정서적 재앙으로 만들어 버리는 사람도 있습니다. 이들은 균형 감각이 없고 상황에 과도하게 대응합니다. 상실에 또 다른 상실을 보태면서, 어떤 감정 하나 제대로 처리하지 못합니다. 이런 사람들은 음울하고 부정적이고 끊임없이 슬픔에 빠져 지냅니다. 극도로 불안해하고 자신감이 결여되어 있습니다. 언제나 마음속에 원망이 그득한 상습적 피해자들입니다. 하지만 우리가 상실을 정확히 파악하고 차근차근 헤쳐 나가면 정서적으로 교착 상태에 빠지는 일은 없게 되며, 우울해하거나 불행해하거나 원망에 빠져 살지 않을 수 있습니다. 상실감 속에서 허우적거리는 사람은 자신이 정서적으로 마비되어 꼼짝 못하는 상태임을 자각하기 힘듭니다.

다루기는 힘들지만 슬픔이라는 감정이 꼭 나쁜 것만은 아닙니다. 고통스럽긴 해도 우리가 소중한 무엇을 잃어버렸음을 일깨워 주는 감정입니다. 그와 달리 우울은 마음이 전반적으로 침체된 상태입니다. 우울은 아픈 마음에 수반되는 모든 감정과 함께 묻혀 있는 슬픔입니다. 슬픔 속에서도 우리는 여전히 살아갈 수 있고 삶을 이어 갈 수 있지만, 우울에 빠지면 삶을 제대로 꾸려 갈 수 없게 됩니다. 일상생활조차 힘들어집니다.

우울증의 이면을 들여다보면 상실감으로 인한 슬픔이 제때 해소되지 못하고 깔려 있는 경우가 대부분입니다. 슬픔을 느낀다는 사실 자체를 수치스러워하거나, 자신이 너무 이기적인 것은 아닐까

하고 부끄러워합니다. 이들은 그러한 감정이 인간으로서 자연스러운 것임을 인정하고, 자기 감정을 표출할 수 있어야 합니다. 상실을 충분히 슬퍼하면서 우리의 성격이 형성됩니다. 사람의 성격은 상실을 어떻게 다루느냐에 달려 있다고 해도 과언이 아닙니다. 제대로 슬퍼할 줄 모르는 사람이 많은 이유는 그들이 감정을 어떻게 느껴야 할지 몰라서이거나 감정을 아예 느끼려 하지 않기 때문입니다.

안도와 슬픔은 동시에 일어날 수 있는 감정입니다.

　상실 앞에서 모순된 감정을 느끼는 것은 흔한 현상입니다. 가슴에서 종양이 발견된 여인이 다행히 암이 아니라는 말에 안도감과 기쁨을 느끼면서도 유방 절제 수술을 받아야 한다는 사실에 낙담합니다. 애지중지하던 애완견이 병을 앓다가 죽으면, 우리는 슬퍼하면서도 한편으로 안도감을 느낍니다. 이처럼 안도와 슬픔은 동시에 일어날 수 있는 감정입니다. 이때 안도하는 마음은 결코 나쁜 것이 아닙니다. 애완견의 고통을 지켜보아 온 가족들의 고통을 덜게 되었고 개에게도 차라리 잘된 일입니다.

　우리는 감정에 무덤덤하고 슬픔을 드러내지 않는 것이 강인한 인간의 모습이라고 착각하곤 하지만, 사실 그런 억압은 자신의 나약함을 드러내는 것이며, 인간적인 면모를 부정하는 것일 뿐입니다. 이들은 감정을 외면하고, 고통을 두려워하며, 자기가 어떤 것을 느낀다는 사실 자체를 불편하게 여깁니다. 슬픔이라는 감정이 상실을 다루는 데 꼭 필요하다는 것을 이해하지 못하며, 이런 감정을 어떻게 다루어야 할지 몰라 회피하거나 마음 깊숙이 묻어 버립니다. 그렇게 함으로써 감정을 통제할 수 있다고 믿지만, 실제로는 감정의 통제를 받게 됩니다. 이들은 감정을 드러내지 않으려고, 또 나약하게 보이지 않으려고 상실의 감정을 대수롭지 않게 여기거나 농담으로 일관해 버립니다. 이렇게 되면 결국 상실의 감정을 제대로 처리할 기회를 잃게 되고 치유의 가능성도 멀어지고 맙니다.

 우리는 타인의 슬픔에 대해 무감하거나 무신경할 때가 많습니다. 슬픔에 빠져 있는 사람을 마주하기가 꺼려지는 것은, 그를 보는 것 자체가 불편하기도 하거니와 무슨 말을 하고 어떻게 행동해야 할지 모르기 때문입니다. 그러다 보니 별일 아니라는 듯 농담으로 얼버무리며 말을 돌려 버립니다. 물론 의도야 좋겠지만 안 그래도 마음 한구석이 허전한 사람을 더 아프게 하는 행동입니다. 무신경한 말로 그의 마음을 더 헛헛하게 만드는 것입니다. "그까짓 차 팔아 버린 것 가지고 뭘 그렇게 섭섭해하는가? 세상에 차가 넘쳐나는데 말이야. 다른 차를 한 대 사게나. 내일이면 아무렇지 않을걸세." 그 사람의 감정을 함께 느끼려 노력하고, 그의 말을 들어 주고, 그가 자기 감정을 표현할 수 있도록 배려하는 편이 차라리 낫습니다. 물론 다른 차를 살 수도 있지만, 지금으로서는 '오래된 친구 같은' 자동차를 떠나보낸 아쉬움을 적절히 처리하는 것이 우선입니다.

아이를 유산한 뒤 슬픔에서 헤어나지 못하고 우울증에 빠지기까지 하는 여성이 많은 이유가 무엇일까요? 크나큰 상실을 겪고 슬퍼할 시간이 필요한 그들에게 무심한 말들이 쏟아집니다. "너무 슬퍼하지 마. 아이는 또 가지면 돼." 아무짝에도 쓸모없는 위로입니다! 그들이 진정 바라는 것은 슬퍼하게 놔두고 감싸 주는 것뿐입니다.

　유산뿐 아니라 낙태 후에도 슬퍼할 시간이 필요합니다. 낙태는 시술 후 곧바로 일상생활로 복귀할 수 있는 단순한 의료 행위가 아닙니다. 여자 스스로 선택한 일이지만 많은 경우 남자의 동의가 있었거나 남자의 압력으로 내려진 선택이기도 합니다. 이 경우 두 사람의 영혼을 꿰뚫는 신체적 · 정서적 · 정신적 · 영적 고통은 대단히 깊이 남게 됩니다. 낙태 직후에는 안도감이 들 수도 있으나 결국에는 상실에 직면해야 합니다. 마음 깊숙이 자리 잡은 고통은 쉽게 사라지지 않으며, 부정할 수도 억제할 수도 없습니다.

　나는 낙태의 고통을 겪은 수많은 남녀를 오랫동안 상담해 왔습니다. 이들은 아이에게 용서를 구하고, 스스로를 용서하고, 아이에게 이름을 붙여 줌으로써 자신들이 저지른 낙태라는 행위를 직시할 수 있게 되었습니다. 이것이 바로 정서적 · 영적 성장과 치유가 이루어지는 과정입니다. 아이를 잃고 나서 여자 혼자만 슬픔에 빠져 있게 할 수 없다며 함께 그 과정에 참여하는 남자가 있는가 하면, 무슨 일이 벌어졌는지 애써 무시하려는 남자도 있습니다. 이런 남자들도 충분히 슬퍼하고, 치유를 구하고, 용서를 청하고, 자신을 용서해야 합니다. '프로젝트 레이첼'이라는 단체가 있는데, 낙태로 인해 해소되지 않은 문제를 안고 있는 사람들이 안식과 치유와 희망을 찾을 수 있는 곳입니다. 하느님의 사랑과 자비는 끝이 없음을 기억하시기 바랍니다.

상실을 받아들이고 해소하기

우리는 상실을 현실로 받아들이고, 슬픔과 그 밖의 수반된 감정들을 헤치고 나왔습니다. 슬픔의 단계를 끝낸 우리는 이제 상실을 받아들이고, 해소하고, 떠나보낸 후 앞으로 나아가야 할 단계에 이르렀습니다. 이러한 회복의 과정이 우리를 치유로 인도해 줍니다. 우리가 완전히 치유되지는 않았을지라도, 적어도 치유의 과정이 시작되었고 이제 앞으로 나아갈 수 있습니다.

상실을 받아들인다고 해서 그것을 좋아하거나 찬성한다는 뜻은 아닙니다. 현실로 받아들이고 살아가겠다는 뜻일 뿐입니다. 예를 들어 볼까요. 직장 상사가 정년퇴직을 합니다. 업무 능력도 뛰어나고 참 좋은 사람이었습니다. 그가 그리울 것 같습니다. 그러다가 점차 서운한 감정은 옅어지고, 이따금 그를 떠올리는 데 그치고 말 것입니다. 누구를, 무엇을 잃은 기억이 간혹 마음속에 떠오르고, 그 상실의 결과가 남아 있을 수도 있지만, 우리가 그 상실감을 똑바로 보고 처리한다면 반드시 치유가 일어날 것입니다. 우리는 이미 변화와 적응을 시도했고, 마음의 평화를 찾았습니다. 상실의 감정을 떠나보냈고 믿음과 희망 속에서 하느님께 의탁했습니다. 이제 우리 삶을 진전시킬 수 있습니다.

상실 덕분에 우리 인생은 여러모로 달라질 것입니다. 남들을 대할 때도 훨씬 더 지혜로워집니다. 더 이상 응어리진 고통의 연자방아가 목을 짓누르지 않습니다. 우리는 고통스러운 감정을 통해 상실의 현실을 헤쳐 나가, 마침내 그것을 받아들이고 해소함으로써 상실의 아픔이 완성된다는 것을 깨닫게 됩니다. 그래야 앞으로 나아갈 수 있습니다. 지름길은 없습니다. 고통 없이는 상실의 완성에 이르지 못합니다. 정서적 고통을 직시해야 하는 힘겨운 단계를 거쳐야 하며, 직시하면 고통은 결국 사라지고 맙니다.

너무나 힘겨운 어떤 상실은 슬픔과 치유의 과정이 평생을 가기도 합니다. 사고로 팔을 잃어 장애인이 되면, 상실의 슬픔과 치유는 살아가는 동안 계속됩니다. 불치병으로 고통을 겪는 사람도 있습니다. 조금씩 조금씩 죽어 가는 것입니다. 이때 슬픔은 일상이 됩니다. 이들은 병이 진행되는 현실과 그에 따른 고통스러운 감정과 마침내 병을 수용하는 단계를 거치면서 삶을 이어 가게 됩니다.

어마어마한 상실 앞에서 우리는 어떻게 슬픔을 견뎌 낼 수 있을까요? 다른 어떤 것보다도, 오늘 하루만 산다는 마음이 중요합니다. 그날 가장 중요한 주제에 집중하고, 일 처리에 우선순위를 정해야 합니다. 어떤 문제는 일단 제쳐 두었다가 나중에 다뤄야 하는 것도 있습니다. 모든 상실에 따르는 감정을 한꺼번에 다 처리할 수 있을 것으로 기대해서는 안 됩니다. 어떤 감정은 억누르지 말고 우선 추슬렀다가 적당한 때 처리하면 됩니다.

기대치를 현실적으로 조절해야 합니다. 그리고 어떤 문제든 제대로 처리하는 데는 시간이 걸린다는 사실을 스스로에게 인식시켜야 합니다. 당장에 문제를 해결할 길은 없습니다. 너그럽고 참을성 있게, 그리고 이해하는 마음으로 자기 자신을 기다려 주어야 합니다.

도움 받을 만한 사람을 찾아가 자신의 감정을 털어놓고 상의하면서, 문제를 수용하고 적절한 해결책을 찾는 방법도 있습니다. 이때 상담이 큰 도움이 될 수 있으며, 사람에 따라서는 상담이 반드시 필요한 경우도 있습니다. 상실을 헤치고 나아가려면 신체적·정서적·정신적·영적으로 스스로를 보살필 줄 알아야 합니다. 숱한 상실을 겪고 나서, 더한층 성장하고 행복해지고 자신감 넘치는 사람이 되는 모습을 나는 수없이 목격했습니다.

자기 확신만 있다면 어떠한 상실이 닥치더라도 이런저런 방도를 모색하여 고난을 헤쳐 나갑니다. 상실을 겪은 사람들 가운데는 자신도 미처 몰랐던 능력을 발견하는 경우가 허다합니다. 창창한 대기업의 사장으로 있다가 밀려난 사람이 부동산 중개인으로 새 출발하여 전보다 훨씬 크게 성공하는 경우도 있습니다.

도움을 구하다 보면, 자신에게 필요한 내적 능력이 드러나는 것을 발견하게 될 것입니다. 어떤 곤경 앞에서도 굴하지 않는 태도야말로 삶과 치유에서 가장 중요한 모습입니다.

8. 이혼
내게도 책임이 있어요.

가까운 관계의 상실, 특히 배우자와의 관계를 상실하는 것은 사별만큼이나 고통스럽고 가슴 아픈 경험입니다. 실제로 배우자의 죽음과 배우자와의 단절을 모두 경험해 본 사람의 말에 따르면, 배우자와 관계가 단절되는 것이 그의 죽음보다 더 고통스럽다고 합니다. 둘 중 어느 쪽이든 정말이지 견뎌 내기 힘든 사건이라 하겠습니다.

 배우자의 죽음을 접할 때, 우리는 상대방이 영원히 사라졌음을 깨닫습니다. 그런데 관계가 단절된 상황은 다릅니다. 상대방은 여전히 존재하며, 특히 이혼한 경우에는 그 사람이 여전히 '근처에' 있습니다. 자녀가 있으면 어쩔 수 없이 다소간 접촉이 있기 마련이며, 자녀가 없다 하더라도 친지들 모임이나 장례식이나 예기치 않은 자리에서 옛 배우자와 마주치게 되는 상황을 완전히 피할 수는 없습니다. 그럴 때마다 해묵은 상처, 기쁨과 슬픔의 기억이 뇌리를 스쳐 갑니다. 즉, 이혼을 하고도 물리적으로 완전히 단절되는 것은 아닌 셈입니다. 이혼한 상태라도 일단 마주치게 되면 두 사람 모두 심리적 타격을 받습니다. 부부 관계뿐 아니라 단절된 모든 관계에서 이런 일이 일어납니다.

이 장에서는 주로 이혼을 예로 들겠지만, 긴밀하던 관계가 단절되면 누구에게나 같은 현상이 일어날 수 있습니다. 어린이, 청소년, 성인, 노인 할 것 없이 관계에 단절이 오면 똑같은 정서적 고통을 경험하게 됩니다. 가까운 관계는 연령이나 계층을 막론하고 존재하는 것이며, 가족이나 동성 친구 간에도 형성될 수 있습니다.

정서적으로 친밀하던 관계가 회복하기 힘들 만큼 무너지면, 정도의 차이만 있을 뿐 누구나 고통과 슬픔의 단계를 거치게 됩니다. 정서적 · 영적으로 치유되기를 참으로 원한다면, 얼마나 긴밀하고 오래된 관계였는가에 상관없이 상실감을 부정하거나 감추지 말아야 합니다.

충분히 슬퍼하기

설령 짧고 피상적인 관계였다 하더라도 가깝던 관계가 끝났을 때는 슬퍼하는 과정이 필요합니다. 우리는 결혼생활 같은 장기적 관계나 그보다 좀 더 짧은 관계라도 파국에 이르면 슬퍼하는 것을 당연시하면서, 일시적 관계 혹은 어린아이나 청소년들의 관계는 잠시 지나가는 것으로 여겨 고통이나 실망도 적을 것이라고 생각하는 경향이 있습니다. 대수롭지 않은 관계이니 금세 상처가 나을 거라고 여깁니다.

　자녀의 교우 관계가 깨진 것을 부모가 잘 알고 있어야 아이들이 상처와 고통을 인정하도록 가르칠 수 있습니다. 아이와 대화하면서 상처와 고통을 해소하도록 돕고, 아이가 감정을 표현하는 법을 일러 주어야 합니다. 인생에서 겪는 상실이 얼마나 중요한지를 배우지 못한 아이는 고통스러운 경험을 대수롭지 않게 여기게 될 것입니다. 살아가면서 상처는 잊혀지겠지만, 언제든 자연스레 생겨날 수 있는 관계 단절에 대처하는 법을 아이는 배우지 못하게 됩니다. 아이가 경험한 관계 단절을 부모가 신중히 다루지 않으면, 아이가 스스로를 제대로 알 기회를 잃는 것은 물론이고, 실패로 끝난 우정에서 교훈을 얻을 기회도 잃고 맙니다. 이 같은 경험들은 나중에 아이가 자라 더욱 건강하고 튼튼한 관계를 형성하는 데 긴요한 역할을 합니다.

　젊은이들은 격정적이며 단편적인 관계를 맺는 일이 잦습니다. 피상적인 관계가 깨졌을 때, 그들은 대부분 상실을 적절히 처리하지 않고 충분히 되돌아보지도 않습니다. 자기 감정은 묻어 둔 채 이내 새로운 정서적 관계에 빠져듭니다. 이렇게 되면 상처 입은 감정은 치유받지 못하고, 경험에서 배울 기회를 놓치고 맙니다. 젊은이들

> **단절된
> 모든 관계에는
> 충분히 슬퍼할
> 시간이
> 필요합니다.**

의 혼란과 우울 이면에는 잃어버린 관계에서 비롯된 상처와 분노, 실망, 불안이 잠복해 있는 경우가 많습니다. 이런 감정들이 해소되지 못하면 문제가 생깁니다.

어린아이들이나 청소년들도 친구와 우정이 깨지면 어른과 마찬가지로 정서적 고통을 느낀다는 점을 기억해야 하며, 그들도 똑같은 감정을 지닌 존재임을 인정해야 합니다. 청소년들의 관계가 피상적이고 유치할 수도 있지만, 이들의 감정이 상처 입은 것도 틀림없는 사실입니다. 어른들은 제 스스로의 상처에도 무감각한 경우가 많기 때문에 자녀의 상처와 고통은 존재하지도 않는 양 무심하기 쉽습니다. 여기서 기본 원칙은 다음과 같습니다. 즉, 어떤 관계가 바람직하지 않은 것일지라도 단절된 모든 관계에 대해서 그것을 인정하고 적절하게 슬픔을 느끼도록 해주어야 합니다. 그렇지 않으면 앞으로의 관계도 실패로 끝나기 쉽습니다. 부모는 자녀가 단절된 관계에 대해 말을 꺼내도록 유도하고, 자녀의 상실을 대수롭지 않게 취급하는 말, 예컨대 "친구는 또 사귀면 돼" 같은 말을 피해야 합니다.

실패한 모든 관계에서 우리는 타인과 관계 맺는 방식을 따져 보고 의문을 제기해야 합니다. 실패한 모든 관계에는 관계가 어떻게 실패했으며, 관계 속에서 나는 어떤 실패를 맛보았는가 하는 두 가지 측면이 존재합니다. 실패를 통해 우리는 더 깊은 정서적·영적 성숙의 차원으로 나아가게 됩니다. 관계 단절이 결국에는 더욱 원만하고 건전한 관계를 도모하고 발전시키도록 용기를 북돋아 주는 것입니다.

건강하고 성숙한 관계의 특징에 관한 연구는 많습니다. 하지만 실패한 관계를 극복함으로써 배울 줄도 알아야 합니다. 우리는 그러한 경험을 통해 상처 입고 냉소적이 되는 것이 아니라, 더 나은 인간으로 변모할 수 있습니다. 따라서 우리 모두는 실패한 관계에 대해 성찰할 필요가 있으며, 그래야 치유가 이루어질 뿐 아니라 고통스러운 경험으로부터 깨우침을 얻고 변화할 수 있습니다. 관계의 실패가 삶의 일부임을 깨달으면서도, 우리는 무너지지 않고 전진할 수 있는 것입니다. 한편으로는, 관계가 단절되기까지 내 쪽의 과실은 무엇이었는지를 숙고해 보고 책임을 질 줄 알아야 합니다.

단절된 관계를 처리한다는 것은 현실에 직면한다는 뜻입니다. 현실과 거기에서 발생하는 감정에 대해 이야기하고 철저히 경험해야 하며, 그런 다음 감정을 떠나보내고 앞으로 나아가야 합니다. 우리는 모든 사람과 좋은 관계를 가질 수는 없습니다. 그저 몇몇 사람과 긴밀한 관계를 유지할 수 있을 뿐입니다. 모든 사람에게 잘해 주어야 한다는 비현실적인 생각 때문에, 인생에서 우리는 불필요한 고통을 자초하기도 합니다.

잔인한 이혼의 현실

관계 단절이라는 측면에서 가장 대표적이고 고통스러운 사건이 이혼입니다. 결혼이 파경을 맞은 이야기를 우리는 많이 알고 있습니다. 이혼은 사회적·종교적으로 큰 문젯거리로 대두되었습니다. 사회 전반에 끼치는 폐해는 말할 것도 없고, 이혼 당사자와 자녀와 친지들에게까지 큰 피해를 주는 결과를 낳습니다. 이혼은 금전적으로나 정서적으로 재앙에 가까운 일입니다.

이혼이 가져오는 부정적 영향에서 자유로운 가정은 없다고 해도 과언이 아닙니다. 요즘이야 이혼이 워낙 흔하고, 전보다 이혼하기도 수월해지고 인식도 많이 달라진 터라 별 고민 없이 쉽게 이혼을 해 버린다고 생각하는 사람도 많습니다만, 삼십 년 넘게 상담해 오면서 고통스러운 이혼의 사연들을 접해 온 사람으로서 나는 그러한 생각이 전혀 사실이 아니라고 감히 말할 수 있습니다. 내가 만나 본 이혼자 대다수가 고통스러운 과정을 겪어야 했으며, 그것은 가히 예수님의 고통과 비견할 만합니다. "아버지, 하실 수만 있으시면 이 잔이 저를 비켜 가게 해 주십시오"(마태 26,39).

이혼은 누구에게도 가벼운 문제가 아닙니다. 이혼하겠다고 으름장을 놓거나 이혼 이야기를 많이 하기는 해도, 실제로 별 갈등 없이 즉각 이혼에 착수하는 사람은 많지 않습니다. 사실 결혼생활이 실패했다는 사실을 인정하기 싫고 힘겨운 이혼 과정을 밟을 엄두가 나지 않아서, 이미 파탄에 이른 관계를 오래도록 붙잡고 있는 사람들도 있습니다. 알 수 없는 미래, 특히 혼자 살아야 한다는 사실에 대한 두려움과 불안이 그들을 사로잡습니다.

화가 머리끝까지 치밀어 "이혼하자구!"라고 소리칠 때, 이 말을 달리 해석하면 비참한 결혼생활을 더는 하고 싶지 않다는 뜻이 됩니다. 다른 대안은 생각지도 않은 채 무턱대고 이혼을 택하는 사람들도 있는데, 이럴 때는 이혼을 결정하기에 앞서, 부부 상담을 받는다거나, 화를 가라앉힌 상태에서 서로의 차이점을 의논하고, 필요하다면 외부의 도움을 받을 수도 있습니다. 결혼생활 자체가 온갖 차이점과 문제점을 내포한 지난한 과정이며, 그러한 과정을 통해서 더 나은 결혼 관계로 나아갈 수 있음을 많은 부부가 이해하지 못하고 있습니다. 데이비드 슈나크는 말합니다. "결혼은 어렵습니다. 하지만 결혼생활에서 일어나는 문제와 긴장은 우리를 더욱 성장시켜 줍니다." 우리가 성장할 때 관계도 성장합니다.

이혼 법정에 앉은 부부들은 어쩌다가 일이 이렇게까지 됐는지 자문하곤 합니다. 일단 양쪽이 변호사를 부르면 법적 '다툼'의 논리가 시작되고, 처음에는 부부의 의견 차이에서 시작되어 충분히 중재가 가능했던 일도 결국 법적 분쟁의 관점으로만 다뤄집니다. 일단 이혼이 법적 절차의 내리막길을 가기 시작하면 굴러 내려오는 돌을 막을 방도가 없어집니다. 이혼 전에 미리 상담을 받지 않았던 것을 후회하는 사람이 많습니다. 실제로 상담을 받지 않고 이혼부터 하는 것은, 모퉁이만 돌면 안전하게 건널 수 있는 신호등이 있는데도 눈을 감고 무단 횡단을 하는 것과 같습니다. 과연 상담 전문가는 변호사만큼이나 중요합니다.

상담은 사람들이 어려움을 직접 해결할 수 있도록 도와줍니다. 특히 이혼 위기에 처한 사람들이 감정의 미로를 헤쳐 나가는 데 도움이 됩니다. 상담을 통해, 더는 관계를 회복할 수 없으며, 애초에 하지 말았어야 했던 결혼이라는 느낌이 더욱 확연해질 수도 있습니다. 상담을 마치면 두 사람은 이 결혼에서 자신들이 할 수 있는 노력을 다해 보았다는 느낌, 그리고 더 이상의 화해는 불가능하다는 느낌이 분명해집니다. 이런 과정을 거치면서 이혼이 이루어진다면, 나중에라도 "그때 더욱 노력했더라면 …" 하는 회한을 느끼지 않을 수 있습니다.

앞으로 나아가기

일단 이혼을 했으면, 결혼이 끝난 것을 충분히 슬퍼하고 현실을 직시하면서 삶을 꾸려 가야 합니다. 이런 과정을 통해 "어쩌면 결혼을 지킬 수 있었을지도 몰라 …" 하는 후회 따위는 완전히 털어 내고, 결혼이 파경에 이른 데 대해 진심으로 슬퍼하게 됩니다.

결혼생활에 문제가 있는 부부에게 흔히 생기는 오해 가운데 하나가, 배우자가 상담을 받으려 하지 않기 때문에 상담 자체가 불가능하다는 생각입니다. "남편이 절대로 안 하겠다는데 나 혼자서 무슨 상담을 받아요?" 부부가 함께 상담을 받는 것이 물론 이상적이긴

하지만, 실제로는 아내 쪽에서 먼저 고통스러운 문제점과 감정을 직시하고자 애쓰면서 혼자라도 상담을 받으려 하는 경우가 많습니다. 부부 중 한쪽이라도 자기 자신을 직시하고자 노력하면서, 자기부터 변해 보려고 노력한 덕분에 결혼생활을 지키게 되는 일도 많습니다.

결혼생활에서 발생하는 모든 문제는 두 사람 모두에게 책임이 있습니다.

문제 있는 결혼생활은 으레 양측 모두에 책임이 있습니다. 한쪽만 잘못해서는 문제가 성립되지 않습니다. 한쪽이 상대방을 지배하려고 한 것이 문제라면, 그에 복종을 해 준 것도 문제이기는 마찬가지입니다. 이렇게 두 가지 문제가 발생하는 것입니다. 최악의 상황이라 하더라도, 피해자인 아내 쪽에서 그동안 남편의 행동을 묵인하고 방조한 데도 책임이 있음을 간과해서는 안 됩니다. 아내는 남편의 부당한 말과 행위에 더욱 당당히 맞서야 합니다. 남편이 아무리 잘못했다 하더라도 아내 역시 잘못된 결혼생활 패턴을 변화시키고자 노력하면서, 자신이 할 수 있는 한 변화를 이뤄 내야 합니다. 자기 자신을 변화시켜야 하고 동시에 결혼생활에서의 자기 역할에 대해 책임을 져야 합니다.

결혼생활에서 발생한 문제에 대해 아내 쪽에서도 종종 책임을 인정하곤 합니다. 그런데 이 경우 자칫 아내가 자신감을 잃고 자의식까지도 잃게 될 수 있습니다. 이때 상담을 통해서, 잃었던 자신감을 되찾고 더욱 의연한 자세로 스스로의 삶을 책임지는 사람으로 변모할 수 있습니다. 그리고 때로는 놀라운 결과를 낳습니다. 아내가 변할 때 결혼생활도 변하는 것입니다. 한쪽에서 먼저 변하고자 하는 뜻을 가지고 용기를 내었기에 상대방의 태도에도 변화가 올 수 있었습니다.

문제가 많은 결혼생활이라 하더라도 두 사람 모두 스스로를 직시하려 노력하고, 자기 행동에 책임을 지며, 서로 힐난하지 않고, 자기 안에서부터 먼저 가능한 변화를 시도한다면 결혼생활을 지켜 낼 수 있습니다. 하지만 어느 한쪽이 절대 바뀌려 하지 않거나 관계 개선을 위해 아무 노력도 하지 않는다면, 그 결혼은 이미 끝난 것인지도 모릅니다. 한 사람이 끝까지 협조하지 않는 한, 결혼은 지속될 수 없습니다. 행동은 그대로이면서 말로는 결혼을 유지하고 싶다고 할지도 모르지만, 행동 자체가 부정적이고 또 상대방을 조종하려 든다면 결혼은 유지되지 못합니다. 진실은 말이 아니라 행동에서 드러나기 때문입니다. 이럴 때 상담은 다른 한 사람이라도 결혼이 파경에 접어들었음을 인정하고, 혼인 관계를 해소하기 위한 법적·정서적 조치를 취해야 한다는 사실을 받아들이도록 도와줄 수 있습니다.

문제가 없는 결혼생활이라 하더라도 부부는 자기 자신을 직시하면서 더 나은 결혼생활을 위해 노력해야 합니다. 자녀나 재정 문제 때문에, 또는 양가 부모의 눈치를 보느라 형식상 결혼을 유지하는 경우도 있습니다. 이런 상황은 많은 문제를 낳고, 가정 안에 엄청난 긴장을 유발하며, 정서적으로도 매우 해로운 결과를 낳게 됩니다. 두려움, 죄책감, 수치심, 그 밖의 감정적 요인들과 사고방식 때문에 부부가 한 지붕 아래 살고 있다 한들 그곳은 이미 '가정'이라 할 수 없습니다.

이혼은 삶을 극단적으로 바꾸는 고통스러운 현실입니다. 특히 자녀의 삶은 엄청난 영향을 받습니다. 결혼이 끝났습니다. 충격적인 현실이 여러 예기치 못한 상황을 몰고 옵니다. 부부는 결혼이 끝난 것을 이성적으로는 알지만 정서적으로는 여전히 충격에서 헤어나지 못합니다. 이제라도 관계를 회복할 수는 없을까 하는 실낱같은 희망에 잠시 매달려 보기도 합니다. 하지만 결국 현실을 직면해야 할 때가 옵니다. 정말 끝난 것입니다. 이혼을 하게 되면 부정, 원망, 가식 같은 정서적 반응이 반드시 따라오지만, 그래도 현실은 현실입니다. 결혼이 파국을 맞은 것입니다.

이혼에 임해서는 그 과정을 잘 처리하도록 주의해야 합니다. 우리는 이들 부부에게 역경을 딛고 나면 치유의 시간이 오는 법이며, 이혼 후에도 인생은 펼쳐진다는 희망을 주어야 합니다. 또 종착역에 도달하고 해결책을 찾기까지 외로이 황야를 가로질러 가야 한다는 사실도 일러 주어야 합니다. 그러려면 시간이 필요합니다. 이혼과 치유에는 지름길이 없습니다.

몇 해 전 나는 이혼했거나 별거 중인 사람들 앞에서 '엑소더스 체험'이라는 제목으로 강연을 했습니다. 이 강연에서 나는 이혼을 이집트 땅에서 약속의 땅으로 탈출한 이스라엘 민족 이야기에 비유했습니다. 이혼한 사람들은 더 이상 결혼생활이라고 부를 수 없는 파괴적 관계에서 탈출하도록 하느님의 부르심을 받은 사람들입니다. 그 결혼은 더 이상 생명을 주는 관계가 아니기 때문입니다. 새로운 삶으로 부름 받았지만, 이들이 약속의 땅으로 들어가는 데는 다소 시간이 걸립니다.

결혼생활의 종언에 관한 현실감이 자리를 잡고 나면 슬픔의 감정, 나아가 미칠 것만 같은 심정이 시작됩니다. 화해의 희망이 완전히 사라집니다. 상대방에게 매달려 봐야 아무 소용이 없습니다. 격정의 시기입니다. 이 모든 상황이 도저히 믿어지지 않을 뿐입니다.

분노와 이혼

대다수 이혼에서 슬픔과 함께 따라오는 것은 주체하기 힘든 분노와 증오 같은 감정들입니다. 이혼으로 인한 깊은 상처와 두려움, 좌절감 때문에 자연히 엄청난 분노가 생겨납니다. 격분이 일어나는 것은 당연한 일이며, 이를 적극적으로 표현해야 합니다. 친지와 친구들은 이혼 당사자의 분노를 이해해 주어야 하며, 터놓고 이야기하도록 도와주어야 합니다. 분노를 밖으로 끌어내 안정된 상태에서 해소하려 할 때, 친구나 상담 전문가가 도움이 됩니다. 이때 몹시

격앙된 상태에서 배우자에 대해 쏟아 내는 분노의 말을 자녀가 듣지 않도록 조심해야 합니다.

어쩌면 분노는 이혼 과정에서 해결해야 할 가장 강렬한 감정일 것입니다. 분노에 사로잡혀 이혼 과정을 제대로 진행하지 못하는 상황도 생기는데, 그렇다고 분노를 억누르면 우울증에 빠질 수 있습니다. 반대로 분노의 감정에서 빠져나오지 못한 채 매몰되어 있는 사람도 있습니다. 이따금 엉뚱한 데다 분노를 표출하기도 하는데, 이것은 당사자에게도 해가 될 뿐입니다. 사람들이 멀어지고 그를 피하게 됩니다. 이제 분노가 그 사람을 조종하고 있는 것입니다. 이렇게 되면 상대 배우자가 의도하지 않았다 하더라도 상황을 장악할 가능성이 높아집니다.

이혼에는 정서적·영적 슬픔이 따릅니다. 이혼한 사람들은 스스로 치유받기 원한다는 것을 인정해야 합니다. 감정을 해소하면 할수록 자기 삶의 통제권을 되찾게 되고, 무엇보다 생각을 통제할 수 있게 됩니다. 이혼한 사람들이 잘못된 결정을 되풀이하기 쉬운 이유는, 건전한 이성 대신 감정에 따라 판단하기 때문입니다. 감정적 문제를 해소하지 않은 상태에서는 분노와 두려움 때문에 충동적으로 행동하는 경우가 많습니다. 이혼한 사람들이 상담을 통해 스스로의 감정을 정리·해소하고, 더욱 긍정적으로 사고하며, 자신의 삶 안에서 건강한 결정을 내리는 모습을 보면서 나는 보람을 느낍니다. 감정적 어려움들은 중요한 고려 사항이고 해결되어야 할 문

두 사람 다 잘못해서 결혼이 실패한 것입니다.

제이나, 그 때문에 이성을 잃거나 판단이 흐려져서는 안 됩니다.

헤어진 배우자가 아닌 제삼자에게 화살을 돌리는 사람도 있습니다. 시댁이나 처가 식구들, 파경에 책임이 있다고 생각되는 이러저러한 사람들에게 분노를 표출합니다. 외도를 했다면 외도 상대에게 원망을 퍼붓기도 합니다. 실제로 주위 사람들이 이혼에 일조했을 수도 있지만, 이렇게 남 탓으로 돌리다가는 이혼의 진짜 이유를 찾지 못합니다. 두 사람이 다 잘못해서 결혼이 실패한 겁니다. 이것이 이혼의 진짜 이유입니다. 이혼에 대한 분노는 자신과 배우자에게 초점을 맞춰야 합니다. 부부 당사자가 아닌 다른 사람에게 분노를 돌리는 일은 이혼의 진짜 원인을 직시하는 것을 방해하고, 결혼이 파경에 이르렀으며 화해의 가망이 사라졌다는 사실을 받아들이지 못하게 합니다.

특히 어느 한쪽이 다른 사람을 찾아 떠나면서 결혼이 깨진 경우, 남겨진 쪽은 엄청난 상처와 배신감에 사로잡히게 됩니다. 버려졌다는 감정이 무력감, 열등감과 결부되기도 합니다. 한쪽에서는 서로 화해하고 결혼생활을 지속하기를 원하는데, 상대는 그럴 의향이 전혀 없을 때 찾아오는 좌절감과 낙담은 엄청난 타격입니다. 어쩌면 한쪽이 오랫동안 이혼을 고려하고 있었으면서도, 상대에게 이런 눈치를 전혀 내비치지 않았을 수도 있습니다. 다른 상대를 찾아 결혼생활을 박차고 나간 사람 중에는, 그동안 결혼생활에 대한 불만을 숨기고, 분노를 억누르고, 배우자에 대한 부정적인 생각과 감정을 감추고 산 경우가 아주 많습니다. 아무것도 모르는 상대방은 자기 배우자가 결혼생활에 만족하고 행복해하는 줄로 오해하고 살았을 것입니다. 결혼한 이들은 자기 배우자가 갈등을 피하려고 진실한 감정과 생각을 숨기고 사는 것은 아닌지 늘 살펴야 합니다. 한 번도 화를 내지 않거나, 절대 싸우려 들지 않거나, 언제나 행복해 보이는 사람은 진짜일 수 없습니다. 이런 사람은 정직하고 허심탄회한 결혼생활을 하기 힘듭니다.

결혼생활에서 소통이 잘된다는 말은 적절한 갈등과 불화와 분노가 어느 정도 존재한다는 뜻입니다. 솔직하게 소통하지 않는다면 서로의 생각이나 감정을 어떻게 알 수 있겠습니까? 결혼생활에서 정직하게 소통하지 못하는 것은 부부 모두에게 책임이 있습니다. 진짜 생각과 감정을 감추고 사는 사람도 잘못이거니와 아무 문제 없다는 듯 허위 의식 속에 살아가는 쪽에도 잘못은 있습니다.

갈등을 되풀이하면서도 헤어지지 않고 가학적·피학적 관계를 이어 가는 부부도 있습니다. 이혼이나 별거를 권해도 그들은 듣지 않습니다. 싸우면서 사는 것을 즐기는 것처럼 보입니다. 갈등이 생활이 되어 버린 것입니다. 하지만 이것은 건설적인 갈등이 아니라 파괴적인 갈등입니다(간혹 물리적 폭력이 수반되기도 합니다). 죽기 전에는 헤어나지 못할 파멸의 수렁에 두 사람은 갇혀 버린 것입니다.

결혼 기간, 파경 원인, 비통한 감정의 정도에 따라 이혼에 따르는 감정의 폭과 깊이가 정해지곤 합니다. 감정의 미로를 헤치고 나아가야 합니다. 건강한 죄책감과 수치심은 불건전한 죄책감이나 수치심과는 구별되면서 그 나름대로 해소되어야 합니다.

상담을 통해, 그리고 하느님 안에서

이혼하는 부부에게는 법의 도움만큼이나 상담의 도움이 절실합니다. 그들은 결혼생활이 파탄 난 데 대해 이야기할 자리가 필요합니다. 가족과 친지도 든든한 지원부대이지만, 이들로서는 감정을 피상적으로 다독여 주는 것이 고작입니다. 돕고 싶어 하는 따뜻한 마음은 있지만, 파경의 원인을 받아들이도록 도울 만한 전문 지식은 없습니다. 좋은 의도로 간섭하는 친구들이 이혼 후의 상황을 더 악화시킬 수도 있고, 그들 자체가 또 다른 문제가 되기도 합니다!

바로 이 같은 이유로, 이혼한 사람들이나 별거 중인 사람들로 이루어진 지원 그룹이 필요합니다. 서로 비슷한 경험을 갖고 있으면서, 치유를 향해 같은 여정을 걸을 수 있는 사람들입니다. 참여자들은 서로 이해하고 공감하면서, 필요하다면 따끔한 충고를 할 수도 있습니다.

이러한 지원 그룹은 새로운 동반자를 찾는 기회를 제공하는 자리가 아닙니다. 이곳은 상호 지원과 치유, 이해, 재기의 기회를 발견할 수 있는 일종의 오아시스와 같은 곳입니다. 이혼자 사목은 착한 사마리아 사람의 현대판 실천이라 할 수 있습니다. 이혼한 사람들의 상처에 기름을 부어 주고 치유를 돕는 것입니다.

> 이혼한 사람은 결혼생활이 실패한 원인을 찾아내야 합니다.

이혼한 사람들의 태도에서는 두 가지 경향이 두드러집니다. 상대방에 대해 모든 원망을 쏟아 붓거나, 아니면 스스로에게 지나치게 부정적인 태도가 되어 결혼 파탄의 책임을 자신에게 돌리는 것입니다. 이혼한 사람에게 현실적으로 적합한 치유법은, 왜, 어찌하여 결혼이 실패했는지를 발견하도록 하는 것입니다. 따라서 이렇게 자문해 보아야 합니다. "내가 어쩌다가 실패하게 된 걸까?" 두 사람 다 실패했기에 결혼이 끝난 것입니다. 분쟁을 다루는 법적 소송에서는 파경에 대한 자기 쪽 책임을 스스로 보기가 어렵지만, 상담에서는 부부가 이러한 문제를 직시하도록 도와줍니다.

아무리 극단적인 경우라 하더라도, 가령 학대가 심한 결혼생활이었을지라도, 상처를 입은 쪽에도 관계 파탄의 책임이 있음을 인정해야 합니다. 인정한다고 해서 학대를 가한 쪽의 잘못을 용서하거나 묵인한다는 의미는 아닙니다. 상처받은 쪽에서는 왜 그런 상대를 애초에 배우자로 선택했는지, 학대를 방조하고 조장한 측면은 없었는지 자문해 보아야 합니다. 학대를 받으면서도 관계를 지속한 이유는 무엇일까요? 과거에도 학대받은 경험이 있나요? 이런 질문들로부터 통찰을 얻게 되면 앞으로는 비슷한 실수를 반복하지 않을 수 있습니다.

　실패에서 교훈을 얻어 자신에 대한 통찰력을 얻고 나면, 이혼의 상처를 치유하는 데도 큰 도움이 되고 앞날에 대한 희망도 가질 수 있게 됩니다. 미래에 대한 전망이 풍요로워지고 과거에 대해서도 한층 깊이 이해하게 됩니다. 이혼한 사람들은 자신이 무능력하고 아무짝에도 쓸모없고 정말 보잘것없는 존재라고 자책하기 쉽습니다. 하지만 결혼생활에 실패했다고 해서 인생에서 실패한 것은 아닙니다. 결혼에 실패했더라도 거기에서 교훈을 얻고 더욱 성장하고 앞으로 나아갈 수 있습니다.

　과거의 삶에 이미 개인적 약점이나 해소되지 않은 문제가 있었을 경우, 이혼 과정을 헤쳐 나가는 동안 그 문제들이 다시 드러나고 더 크게 부각될지도 모릅니다. 이혼을 계기로 해서 과거의 결함과 문제들을 재확인하고 그것에 직면하면서, 문제들을 부정하는 태도를 버리게 될 수도 있습니다. 이혼한 사람들이 과거의 문제에 직면하고 해결할 수 있는지 여부는 결국 자기 자신의 선택에 달린 일이며, 그 선택은 앞으로 맺게 될 관계에 큰 영향을 끼칠 것입니다. 이 모두가 이혼한 사람이 결혼의 파국에서 자기의 잘못이 무엇이었는가를 제대로 파악하고 인정하느냐에 달려 있습니다. 자기 비하나 자기혐오에만 사로잡혀 있으면 앞으로 성장할 수 있는 가능성도, 실패한 결혼의 진짜 원인을 파악할 능력도 키울 수 없습니다. 자기 연민이나 자기혐오에 사로잡힌 사람은 대단히 자기중심적인 사람이 되기 쉽고, 인생에서 꼭 필요한 변화를 이루는 것도 어려워집니다.

어떤 사람들은 이혼 후에 피상적이고 감정적인 관계에 빠지거나 서둘러 재혼해 버립니다. 이런 행동은 자기 파괴적인 감정 상태에서 의존성이 깊어진 나머지, 자기가 누구이며 무슨 일이 일어난 것인지를 이해하지 못한 채 막무가내로 매달리는 것입니다. 비통한 심정을 제대로 처리하지 못해 더욱 깊은 원한을 품고 복수심을 불태우는 경우도 있습니다. 그들은 자신의 불만을 주변의 책임으로 돌리면서, 자기가 불행한 것이 남들 탓이라며 원망합니다. 자기 자신 그리고 실패한 결혼의 현실을 직시하려 들지 않고 남들만 원망하다가는, 건강한 관계를 맺지 못하는 무능력자로 전락하고 맙니다. 이혼한 사람은 운동을 하거나 새로운 흥밋거리를 찾거나 사회적 접촉을 다양하게 넓혀서 스스로 치유를 도모할 수 있습니다. 누구나 저마다 자기에게 맞는 방식을 선택해야 합니다.

이혼이라는 엑소더스 체험을 통해 약속의 땅에 도착하여 건강한 자아를 되찾게 된 사람도 많습니다. 자기 개성을 인정하는 사람, 자기가 가진 재능이 무엇인지 아는 사람이 된 것입니다. 독립성과 주체성을 갖게 되어, 그 어느 때보다 더 주체적으로 자기 삶에 책임을 지는 사람으로 변모하기도 합니다. 생명을 주지 못하는 관계에서 빠져나왔기에 가능해진 일입니다. 이혼이 아니었더라면 그렇게까지 변할 수 있었을까 싶은 사람도 있습니다.

완전한 치유는 용서에 달려 있습니다. 이혼한 사람은 분노와 상처, 온갖 감정의 찌꺼기를 떠나보내기 위해 과거의 배우자를 용서해야 합니다. 용서는 망각이 아닙니다. 옛 배우자의 행동을 그저 묵인하거나 건성으로 덮어 두는 것이 아닙니다. 화해하거나 그 사람을 다시 데려오는 것도 아닙니다. 일단 신뢰가 깨진 상태에서 그렇게 될 수는 없습니다. 그렇다고 해서 옛 배우자를 용서할 수 없는 것은 아닙니다. 해소하고 정리한 감정을 모두 떠나보내고, 하느님의 품에 의탁하고, 앞으로 나아가는 것입니다. 상처와 분노에 사로잡혀 있는 한, 피해자 역할을 자처하는 셈입니다. 그런 사람은 평생 자기 연민에 빠져 허우적거릴 수밖에 없습니다.

자녀의 상처

이혼으로 무수한 사람과 사회 전체가 영향을 받는다는 점을 기억해야 합니다. 결혼이 깨지면 가족도 깨지는 것이기에 이혼으로 제일 심각한 영향을 받는 것은 역시 아이들입니다. 그래서 마지못해 힘겨운 결혼생활을 이어 가는 사람이 많습니다. 한편으로는 이런 식의 억지 관계가 결국 자녀들에게 더 나쁜 영향을 주지나 않을까 염려스럽기도 합니다. 이쯤 되면 가정이 원만하게 돌아갈 리가 없습니다. 이혼을 고려하는 이들 누구에게나 고통스러운 주제이기에, 결단을 내리지 못하고 마냥 끄는 경우도 생깁니다. "아이들에게 최선의 선택이 무엇일까?" 하고 자문해 봅니다. 최종 선택을 내리기

전에 상담을 받는 것이 도움이 되지만 쉬운 해답은 없습니다. 오랜 심사숙고와 기도, 식별, 주위의 현명한 도움이 필요한 문제입니다.

부모는 아이들에게 적합한 수준에서 부모의 상황을 설명하고 대화함으로써 자녀의 불안이나 두려움을 덜어 줄 수 있고, 혹여 부모의 불화에 자기들이 책임이 있다는 죄책감이나 수치심을 가지지 않도록 도와줄 수 있습니다. 이 같은 소통을 통해 아이들은 부모가 이혼한 후에도 자신이 사랑과 보살핌을 받으며 양쪽 부모 모두를 만날 수 있음을 이해하고 안심하게 될 것입니다.

장차 일어날 일에 관해 아이들이 부모나 그 밖의 믿을 만한 사람과 대화하는 일은 중요합니다. 그들의 두려움과 슬픔과 분노 같은 감정들을 표출할 수 있어야 합니다. 아이들이 잠자코 있다고 해서 부모의 이혼을 순순히 받아들인다는 의미는 결코 아닙니다. 오히려 반대일 수 있습니다. 아이들은 고통스러운 상황을 회피하는 방식으로 침묵을 택하기도 합니다. 이혼에 대해 아이들이 별 상관하지 않을 거라고 여기는 부모도 있지만, 자녀들은 분명 부모의 이혼에 대해 두려움, 상처, 불안, 분노를 느끼기 마련입니다. 그들은 그런 감정을 표출하는 것 자체를 두려워하거나, 반대로 가정이나 학교에서 반항하는 모습을 보임으로써 감정을 표출하기도 합니다.

기혼이든 미혼이든 성인이 된 자녀들도 제 부모가 수십 년의 결혼생활을 청산하고 이혼을 선택하는 상황에서 어려움을 느낄 수밖에 없습니다.

성인이 되었으니 부모에게 어떤 일이 일어나도 별 영향을 받지 않을 거라고 믿는 부모들도 있지만, 다 자란 자녀들도 영향을 크게 받기는 마찬가지입니다. 황혼 이혼이라 할지라도 장성한 자녀의 삶과 그 가정에 정서적 혼란을 불러옵니다. 이혼 상황과 원인에 대해 이해하기는 쉽겠지만, 그렇다고 혼란한 감정이 덜하지는 않습니다. 부모에게 애증을 느끼고 고통스러워하게 됩니다. 명절이나 경조사 때도 골치 아픈 문제가 생길 수 있습니다.

장성한 자녀에게도 부모의 이혼은 잇달아 영향을 끼칩니다. 가족사 전체를 새롭게 보기 시작하는 것은 물론이고, 자신의 삶과 관계들도 다시 살펴보게 될 것입니다. 문제가 어찌 되었든 간에 자신들에게 닥친 이 상황과 부모의 지난 결혼생활에 관해 허심탄회하게 대화하는 것이 좋습니다. 아울러 자녀들 자신이 묻어 둔 감정을 드러내는 데 도움이 될 수도 있습니다.

부모가 이혼의 상처에서 치유될 때 결국 자녀의 상처도 치유되고 새로운 삶에 적응하게 됩니다. 다행한 일입니다. 부모가 치유되면 자녀들의 문제에 더욱 관심을 기울이고 도와줄 수 있습니다. 자녀들을 걱정하는 이혼 부모들을 상담하면서 부모들 자신이 치유되어야 아이들에게도 도움이 된다는 말을 해 주면, 다들 희망을 얻고 힘을 내어 상담 과정에 더욱 열심히 참여하는 모습을 보게 됩니다.

이혼 부모의 자녀를 내가 직접 만나는 경우도 있습니다. 아이들 자신의 문제 때문이거나 부모의 요청이 있거나 할 때입니다. 아주 심각한 정서적 문제를 가지고 있지 않는 한, 아이들은 대부분 부모의 상태에서 영향을 받습니다. 부모가 회복의 길을 걸으면 자녀도 회복의 길을 걷습니다. 아주 능동적이 되거나 반대로 수동적이 됩니다. 부모가 도움을 받지 못하고 이혼 후에도 삶이 순탄치 못하면 자녀들의 생활 역시 눈에 띄게 불안해집니다.

이런 문제가 발생하면 대개 양육권을 가지고 아이들과 생활을 함께하는 쪽에서 책임을 크게 느낍니다. 통상 어머니가 자녀를 맡아 키우는 경우가 많고 상담에도 더 적극적입니다. 아버지가 양육을 맡는다고 해서 특별히 못하다는 뜻은 아닙니다. 많은 아버지가 자녀를 훌륭하게 키워 내지만 어머니들이 상담에 더 적극적인 것은 사실입니다. 아버지는 가끔 아이들과 함께 식사를 하고 주말에 놀아 주기도 하지만, 이것만으로는 진정한 부모의 역할을 한다고 보기 어렵습니다. 이혼한 뒤 금세 다른 여성을 만나 재혼하는 아버지가 많은데, 이렇게 되면 아이들의 문제가 가중되기 마련입니다.

이때 어머니는 자신과 아이들에게 영향을 미치는 새로운 문제에 대처해야 합니다. 어머니가 자기 감정을 추스르는 방식, 그리고 아이들 아버지에 대해 어떻게 말하느냐에 따라 아버지를 대하는 아이들의 마음도 정리될 것입니다. 경우에 따라 상황이 꼬일 수도 있지만, 거듭 말하건대 어머니가 스스로의 감정을 잘 처리하면 할수록 주변 상황에 더욱 의연하게 대처할 수 있고 아이들에게도 긍정적 영향을 줄 수 있습니다. 아이에게나 어머니에게나 쉬운 일은 아니

이혼한 사람이라도 교회에서 이방인 취급을 받아서는 안 됩니다.

겠지만 진실을 직면하는 것만이 어려운 상황에서 우리가 자유와 치유를 얻을 수 있는 길입니다.

이혼한 아버지 역시 자기 나름대로 고통을 겪습니다. 특히 화를 풀지 못하고 원한에 사무친 아내가 남편에 대한 보복 수단으로 아이들을 이용하는 경우가 그러합니다. 싸우는 부모 사이에 낀 아이들도 고통받기는 마찬가지이며 정서적 혼란도 극심해집니다. 아이들은 어머니가 아버지를 조종하고 통제하고 벌주는 도구로 이용될 뿐이며, 이는 전 남편이나 아이들 모두에게 정서적 학대가 됩니다.

부모 중 한쪽이 다른 쪽을 욕할 때마다 아이들이 느끼는 고통은 엄청납니다. 아이들은 당연히 반발하게 되고, 욕하는 쪽은 아이들의 존경을 잃을 수밖에 없습니다. 무책임하고 유치하게 행동하는 부모 앞에서 자녀들은 공공연하게 반항하거나 수동 공격적으로 대응하기도 합니다.

아이들이 먼저 불만을 털어놓을 때는 부모의 결함이나 약점을 정직하게 인정할 수도 있습니다. 상대편을 악의적으로 비난하는 것이 아니라 엄마 아빠의 있는 그대로의 모습을 보여 주는 것입니다. 부모의 행동을 어떻게 생각하는지 아이들에게 물어볼 수도 있습니다.

아버지의 무책임한 행동에 대해 자신의 감정과 생각을 아버지에게 직접 말해 보라고 아이들을 격려하는 것도 중요합니다.

  이혼한 부모는 자녀가 최선을 다해 다른 쪽 부모와 좋은 관계를 유지하도록 언제나 자녀의 힘을 북돋워 주어야 합니다. 저쪽 부모가 제아무리 대하기 힘든 사람일지라도 말입니다. 그래야 아이들이 잘 해내든 못 해내든 부모 입장에서는 최선을 다했다는 마음을 가질 수 있습니다. 이것은 아이들과 저쪽 부모와의 관계에 장애가 되기는커녕 불편한 부모를 만나는 상황에서 아이들이 적절히 대처하도록 돕는 역할을 합니다. 아이들 역시 어머니나 아버지를 있는 그대로 이해할 수 있게 되면서, 그들을 만날 때 솔직하고 원만한 방식으로 최선을 다할 수 있습니다.

그리스도인의 이혼

  과거 가톨릭교회가 이혼을 단죄한 사실 때문에 아직도 신자들은 이혼이 필요한 상황에 대해서 인정하기를 꺼려합니다. 신자들은 성경에서도 이혼을 금했다는 사실을 기억합니다. 실제로 성경과 예수님은 이혼을 반대했고 이 때문에 사람들은 더욱 죄책감과 수치심에 빠집니다. 하지만 결혼에 실패하여 그 실패 원인을 찾는 그리스도인이 있다 할지라도 그는 악인이 아닙니다. 이들은 착한 사마리아인의 비유에 나오는 상처 입은 주인공처럼 도움을 받아야 하는 가련한 사람들입니다.

이혼한 사람들은 그리스도교 공동체에서 추방당한 이들이 아닙니다. 교회에서 쫓겨나지 않았고 파문당하지도 않았습니다. 이들도 성체를 영할 수 있고 또 그렇게 해야 합니다. 상처받아 고통 중에 있는 이 사람들이야말로 누구보다 성체가 필요한 사람들입니다. 영적 자양분이 필요한 사람은 누구나 그것을 얻을 수 있어야 합니다! 성체성사는 삶의 문제로 고뇌하고 있거나 회복 중에 있는 사람들을 위한 것입니다. 성체성사를 허용한 것은 교회로서는 큰 변화이지만 실은 이것이 그리스도의 정신과도 더 잘 부합합니다. 그리스도는 온유하고 자비로우시며 우리 모두를 용서하시고 사랑하시는 분입니다.

9. 사별과 애도
죽음이 죽음이 아니요, 새로운 삶으로 옮아감이오니 ….

인생에서 가장 중요한 두 가지 사건으로 탄생과 죽음을 꼽을 수 있습니다. 아이가 태어나면 기쁨에 겨워 축하를 나누고, 해마다 그날을 기념하면서 경축합니다. 반대로 사랑하는 사람의 죽음 앞에서 우리는 슬픔을 느끼는 동시에 그의 일생을 떠올리면서 감회에 젖기도 합니다. 그를 기억하며 하느님께 기도를 올리고, 기일이 되면 무덤을 찾아가거나 종교 예식을 치르면서 그를 추억하기도 합니다. 추억 속에서, 사랑했던 그와의 관계를 이어 가는 것입니다.

위령미사 감사송에서 "죽음이 죽음이 아니요, 새로운 삶으로 옮아감이오니 …"라고 기도하고 있듯이, 누가 죽더라도 우리가 그와 맺었던 관계는 끝나는 것이 아니고 변화하는 것입니다. 사랑하던 사람을 슬픔 속에서 기억한다는 것은 관계가 지속된다는 것을 의미합니다. 그런데 슬퍼하는 일이 괴로운 나머지 우리는 애도의 행위를 회피하거나 빨리 끝내고 싶어 합니다. 하지만 애도의 과정 없이는 죽은 사람과의 관계가 완성되거나 치유될 수 없습니다. 그를 사랑했다면 애도해야 합니다. 애도는 삶의 일부이며 진정으로 사람을 사랑하는 행위입니다. 인생의 기쁨 뒤에는 슬픔도 따라오는 법이니, 삶과 죽음은 기쁨과 슬픔이 뒤섞여 있는 바구니와도 같습니다.

  사랑하는 사람의 죽음은 우리가 견뎌 내야 할 가장 힘겨운 사건 가운데 하나입니다. 모든 스트레스와 마찬가지로 사랑하는 사람의 죽음도 당당히 맞서 헤쳐 나가야 해결될 수 있습니다. 사랑하는 사람의 죽음은 가혹하고 돌이킬 수 없는 현실이며, 우리 삶을 조정하고 재편하고 바꾸어 버리는 것입니다. 사람이 죽고 나면 예전과 같을 수 없습니다. 그는 영원히 사라져 버리고 없습니다.

  애도는 인간의 여정이면서 영적 여정이기도 하지만, 믿음이 눈물을 그치게 하지는 못하며, 애도에 지름길은 없습니다. 죽음을 합리화하거나 부정할 수 없고, 사랑하는 사람이 죽지 않은 것처럼 가장할 수도 없습니다. 인간의 고통을 외면하고 하늘에만 초점을 맞춘 경건한 말로는 인간의 죽음이라는 상실을 축소할 수 없듯이, 신앙을 이용하여 상실의 현실이나 고통을 은폐할 수는 없습니다.

  존이라는 남자가 아내를 잃었습니다. 아내는 틀림없이 하느님 품에 안겼을 테고, 훗날 다시 만날 것임을 믿어 의심치 않습니다. 그런 그는 왜 슬퍼하며 우는 것일까요? 어째서 이다지도 외로워하고 원통해하는 걸까요? 존은 지금 생각과 감정을 통해 애도의 과정을 자연스레 겪어 내고 있는 중입니다.

유사 이래로 우리는 인간 본성에 대해 많은 것을 알게 되었지만, 사랑하는 사람의 죽음을 받아들이는 일만은 여전히 어렵습니다. 사실상 서구 사회에서는 애도에 관한 한, 과거보다 오히려 퇴보한 상태입니다. 애도의 과정을 축소하거나 지름길로 가려고 하기 때문입니다.

장례 의식

서구 사회에서 의식의 비중이 점점 줄어들고, 전통과 관습이 사라져 가고, 장례 의식이 간소해져 가는 풍토가 개탄스럽습니다. 의식을 전혀 행하지 않는 경우도 있습니다. 말하자면 이런 겁니다. "빨리 해치우고 일상으로 돌아가자." 장례식과 하관을 마친 장의차들이 쏜살같이 공동묘지를 빠져나오는 장면에서도 이 같은 현실이 여실히 드러납니다. 함께 모여 음식과 술과 차를 나누면서, 상실에 따른 가슴 아픈 현실과 슬픔, 고통을 서로 위로하려고조차 하지 않습니다. 죽음의 냉엄한 현실에서 고개를 돌리고 그 의미를 축소하려 하지만, 아무리 고통스럽더라도 죽음은 직면해야 할 현실입니다. 죽은 이가 우리의 추모를 받을 만한 가치가 없다는 말입니까? 유가족으로서 애도의 기회조차 가질 수 없다는 말인가요?

묘지를 찾는 일이 더욱더 줄어드는 세태만 보아도 이러한 경향을 감지할 수 있습니다. 무덤 돌보는 일을 묘지 관리인에게 맡겨 버리거나 아예 방치하기도 합니다. 몇 해 전 이탈리아를 방문했을 때, 일요일 오후에 사람들이 공동묘지에 소풍을 나와 죽은 친지를 애도하면서 함께 즐기는 모습을 보고 깊은 인상을 받은 적이 있습니다. 죽은 사람을 여전히 삶의 일부로 여기면서 기억한다는 사실이 감명 깊었습니다. 그 소풍은 가족 모임이자 재회의 자리였습니다. 죽음을 추억할수록 우리는 삶을 사랑하고 기리게 됩니다. 망자를 존중하지 못하면, 우리 자신의 인생도 존중하기 힘들어지는 법입니다.

물론 묘지에 묻힌 사람들 가운데는 살아생전의 행동 때문에 친지들의 존중을 받지 못하는 이들도 있다는 점을 염두에 두어야 합니다. 그래도 고인 때문에 상처 입었던 사람이나 친지들이 가끔 무덤을 찾는다면 그것 자체가 일종의 치유 경험이 되어, 남아 있는 이들의 상처도 아물게 됩니다. 죽은 사람과 함께 그의 생전의 행동에 대해 상상으로 대화를 나누고, 좋았거나 나빴던 추억을 더듬어 보면서 저마다 상처를 치유하게 되는 것입니다.

경야

죽은 사람의 명복을 빌며 밤샘을 하는 '경야'經夜는 유가족에게 심리적으로 무척 큰 도움이 됩니다. 길게 할 필요는 없지만, 고인을 애도하는 사람들이 그를 마지막으로 한 번 더 볼 수 있는 중요한 자리입니다. 경야에 함께하면서 그가 정말로 세상을 떠났음을 실감하게 되고, 남은 이들이 느낄 수 있는 현실 부정의 감정을 없앨 수도 있습니다. 그리고 이로써 애도의 문이 활짝 열립니다. 눈물을 흘리고 추억을 더듬으면서 고인에 대한 이야기를 나누는 것입니다. 울다가 웃다가 서로를 끌어안고 위로의 말을 나눕니다.

너무 거창할 필요는 없습니다. 경야가 야단스러운 행사로 변질되거나 유흥 행사처럼 변하고 있다고 비판하는 사람들도 있습니다. 늘 합당하고 점잖게 처신하면서 고인뿐 아니라 애도하는 친지들에게도 예를 갖춰야 합니다. 적절하고 엄숙하게 장례를 치르려면 의식을 거행하기에 앞서 유가족이 한자리에 모여 미리 마음의 준비를 하는 것이 좋습니다.

어떤 사람의 죽음을 기릴 때 우리는 그의 삶과 그가 우리 삶에 (좋았든 나빴든 간에) 어떤 영향을 끼쳤는지 이야기합니다. 고인의 삶의 의미를 예찬하면 할수록 그의 상실을 더욱 애도하게 됩니다. 죽은 사람을 기린다고 해서 우리 앞에 놓인 쓰라린 애도의 감정을 지우거나 무시하는 것이 아닙니다. 고인을 기림으로써 우리는 애도라는 어두운 골짜기를 통과할 수 있는 힘과 용기를 얻게 됩니다.

배우자 혹은 자녀의 죽음

사랑하는 배우자와의 사별은 우리가 인생에서 경험할 수 있는 가장 힘든 사건 가운데 하나입니다. 이 같은 상실에 적응하려면 남아 있는 이의 삶에는 여러 변화가 불가피합니다. 날마다 무수한 방식으로 우리는 사랑하는 사람과의 관계, 그에게 의존했던 우리 자신을 상기하게 됩니다. 나날의 문제나 사건들 속에서, 슬픔에 잠긴 유가족은 떠난 이의 부재를 떠올립니다. 삶은 이제 완전히 딴판이 되었습니다. 사랑하는 가족을 잃고 슬퍼하는 이들은 그 애도가 아주 오랫동안 이어질 것임을 생각해야 합니다. 사랑하는 사람의 죽음을 받아들이고 그 상실감에서 회복되는 데는 다른 사람이 죽은 경우보다 시간이 훨씬 더 걸립니다. 다른 사람이 죽었을 때도 그립기야 하겠지만 여하튼 받아들이고 살아가게 되는 법입니다.

   자식을 잃었다면, 아이가 어리든 청소년이든 성인이든 부모는 그 상실의 아픔을 결코 잊지 못합니다. 회복되려면 평생을 두고 시간이 필요합니다. 가슴 한구석이 언제나 비어 있습니다. 현실을 받아들인다 하더라도 평생토록 아픈 기억을 간직한 채 살아가게 될 것입니다. 여기서 고려해야 할 사항이 한 가지 있습니다. 사랑하는 사람이 죽고 나서 줄곧 슬픈 생각과 감정에 빠져 있는 자신이 혹시 비정상이 아닐까 하고 생각하는 사람들이 있는데, 그들을 다독여 주는 일이 중요합니다. 죽고 없다고 해서, 그토록 사랑했던 소중한 사람을 완전히 잊어버릴 수는 없는 노릇입니다.

   심각한 상실감을 감당하지 못한 사람들 중에는 우울증에 빠져 약물 치료와 상담이 필요한 경우도 있습니다. 그런 사람은 우울증에서 벗어나더라도 슬픔이 삶의 일부가 될 것입니다. 그런데 슬픔은 건강한 감정이며, 우리의 상실감을 반영하는 자연스러운 감정입니다. 상담을 통해, 슬픔에 잠긴 사람들이 원래 자리로 돌아가 자기 삶을 살아가도록 도움을 받을 수 있지만, 사랑하는 사람을 잃어버린 기억이 간혹 되살아나는 것까지 막을 수는 없습니다.

상실감을 겪어 내는 동안 가까운 친지들이 든든한 위로가 됩니다. 여럿이 함께 찾아와 격려하고, 애도의 뜻을 표하고, 함께 있어 주고, 이야기를 들어 주고, 같이 울어 주고, 고인에 대한 추억을 나누기도 합니다. 하지만 이런 벗들도 조만간 자기 생활로 돌아가야 합니다. 몇몇은 여전히 우리를 위로하고 이야기를 들어 주기도 하겠지만, 지인들 대부분은 우리가 직장에 복귀하고 일상으로 돌아가는 모습을 보면서 우리가 드디어 슬픔에서 벗어나 기운을 차렸다고 생각할 것입니다. 어떻게 보면 그 말이 맞습니다. 남편은 다시 출근하고 아이들도 다시 학교에 나갑니다. 하지만 아내와 어머니의 부재에 점차 적응하면서도 여전히 이들은 정서적 고통에서 벗어나지 못하고 있습니다.

처음에는 유가족의 슬픔에 대해 대단히 우호적이다가도 그들이 슬픔에서 헤어나지 못하고 죽은 사람 이야기만 계속하게 되면 불편해하고 멀어져 가는 사람들도 생겨납니다. 이렇게 말하는 친구도 있습니다. "제발 정신 차려라. 이제 정상으로 돌아와야지. 슬퍼할 만큼 슬퍼하지 않았니? 애들 보는 앞에서 좀 더 강한 모습을 보여야지. 나가서 좋은 사람도 만나 보고." 좋은 의도에서 한 말이더라도 슬픔에 잠긴 사람의 심정을 너무나 몰라주는 말입니다. 이들은 애도가 무엇인지 모를 뿐 아니라 슬픔에 빠진 사람을 대하는 법조차 모르는 사람들입니다.

사랑하는 사람이 죽고 한 달이 넘도록 슬퍼하고 있는 스스로를 보면서 뭔가 잘못된 것이 아닌가 하고 염려하는 사람도 있습니다만, 슬픔에 빠진 사람이 충분히 애도할 수 있도록 배려하지 않는다면 그것이 오히려 잘못입니다. 의도는 좋을지라도 애도를 이해하지 못하는 사람이 많습니다. 이들은 자기 감정을 다루는 데 미숙하고 타인의 고통을 이해하거나 공감할 줄도 모릅니다. 사랑하는 사람과의 사별은 누구에게나 일어날 수 있는 사건입니다. 필연적이고 고통스러운 삶의 한 측면인 것입니다. 일상생활을 잘 처리하지 못하고, 감정을 제대로 다루지 못해 우울증에 빠지고, 감정을 대수롭지 않게 여기거나 직시하지 못하는 사람에게는 상담이 필요합니다.

내가 아주 가까운 친구를 잃었을 때 그 깊은 슬픔과 상처를 다른 친구에게 털어놓았던 적이 있습니다. 그런데 이야기를 들은 친구는 아무 말이 없었고 나는 조금도 위로받지 못했습니다. 이처럼 감정을 나누려고 해도 상대방이 정서적으로 무미건조하고 아무 반응도 보이지 않는 경우가 있습니다. 그들 역시 충격에 빠져 있기 때문입니다. 겉으로는 무신경해 보이지만 사실은 그들도 어찌할 바를 몰라 침묵 속에 가라앉아 있는 것입니다. 설사 그렇다 해도 어쨌든 나는 친구의 무신경한 태도에 상처받았고 화가 났고 실망했습니다.

그 뒤로는 상실감을 타인과 나누고 싶을 때 좀 더 신중하게 상대를 고릅니다. 애도할 줄 모르는 사람은 애도하는 사람과 원만히 관계 맺지 못합니다.

사랑하는 사람을 잃은 슬픔에서 빠져나오는 데는 대단히 오랜 시간이 걸린다는 사실을 잘 모르는 사람이 많습니다. 슬픔에 빠진 당사자는 주변 친지들이 더 이상 자기를 신경 쓰지 않는다는 것을 눈치 채면 고통 속에서 스스로 움츠러들고 맙니다. 드러내 놓고 애도할 수 있는 기간이 지났으니 이제는 슬픔을 마음속 깊이 숨겨 두고, 믿을 만한 사람에게만 열어 보입니다. 사별 가족 모임이나 상담의 도움을 청할 수도 있습니다. 교회 내 사별 가족 모임은 지역사회에서도 중요한 역할을 담당합니다. 이곳에서는 누구나 마음 놓고 슬퍼할 수 있습니다. 슬픔에 잠긴 사람은 언제라도 마음껏 슬퍼할 수 있도록 배려해 주어야 합니다.

사랑하는 사람의 죽음, 특히 예기치 못한 급작스러운 죽음을 현실로 받아들인다는 것은 그 사람이 정녕 떠나고 없음을 매 순간 인정하는 것이기도 합니다. 아침에 눈을 뜨는 순간에, 그리고 하룻동안에도 수차례에 걸쳐 그가 떠나고 없다는 현실이 '한밤의 도둑처럼' 엄습해 옵니다. 가혹한 현실을 인정하기란 쉽지 않은 일이지만 이런 과정을 통해 우리는 정신적·영적으로 스스로를 지탱하고 건강한 애도의 길로 나아갑니다. 이런 과정만이 우리가 애도 과정에서 혹시 빠져들 수도 있는 현실 부정과 가식을 미연에 방지해 줍니다. 하느님이 우리에게 상실을 직시하라고 명하실 때 그분은 우리와 함께 걷고 계십니다. 이때 우리는 애도가 영적 여정임을 더욱더 실감하게 되고, 자기 자신과 고인과 하느님을 더욱 잘 알게 됩니다. 그렇습니다. 애도를 통해 우리는 주변의 친지들과 하나가 되지만, 시간이 흐르고 언젠가는 결국 혼자가 되어 하느님을 직접 마주합니다. 이때가 바로 영적 친밀감을 느끼는 순간입니다.

건강한 애도

건강한 애도는 적극적으로 감정을 표현하는 것으로, 상실에 따르는 슬픔과 여러 감정을 헤쳐 나가는 데 도움이 됩니다. 슬픔은 아름다운 감정입니다. 죽은 사람에 대한 사랑과 정을 나타내는 감정이기도 합니다. 슬픔에는 여러 단계가 있으며, 거기서 빠져나오는 데 꽤 긴 시간이 걸릴 수도 있습니다. 그러나 슬픔에 빠져 있다고 해서 사회생활이나 일상생활에 지장을 초래하지는 않습니다. 슬픔에 잠겨 있다고 해서 희망을 잃고 망연자실해 있다는 뜻은 아닙니다.

슬픔에 빠져 앞으로 나아가지 못한다면 그 사람은 아직 분노에 사로잡혀 있는 것이라고 볼 수 있습니다. 분노가 숨어 있어 인식하지 못할 수도 있는데, 이러한 분노를 해소하려면 시간과 노력이 필요합니다. 그러기 위해서는 남들에게 털어놓거나 전문적인 도움을 요청하는 것이 좋습니다. 또한 자신의 사고 패턴이나 신념 체계가 부정적이거나 신경증적이지는 않은지 점검해 보아야 합니다. "아내

없이는 못 살아." "그 사람 없으면 나는 아무것도 아니야." "혼자서는 도저히 살아갈 수 없어." "천벌을 받는 거야." 이런 식의 부정적 사고는 피하는 것이 좋습니다. 그렇지 않으면 더 많은 상처와 분노를 키우게 되고, 고통스럽고 힘든 감정을 계속 부채질하는 셈이 됩니다. 부정적이고 그릇된 사고는 도전하고 바꿀 수 있습니다. 하지만 감정을 치유하는 데 더 오랜 시간이 걸립니다. 생각을 바로잡는다면 상처 입은 감정이 악화되는 것을 막고 치유할 수 있게 됩니다.

적극적으로 감정을 표현하는 것이 건강한 애도입니다.

사랑하는 사람이 죽고 애도에 잠겨 있는 동안, 그 사람에 대해 잊고 있던 기억과 해소되지 않은 문제들이 한꺼번에 밀려오는 바람에 놀라는 사람도 많습니다. 일부는 죽은 사람과 직접 관련이 있는 것이고, 나머지는 그 사람과 상관없는 기억들입니다. 애도 과정을 통해 우리 삶 전반에 걸쳐 있던 고통스럽고 불편한 기억들이 죄다 의식에 떠오르는 것입니다. 이미 말끔히 정리되었다고 생각한 일들까지 다시 등장하곤 합니다. 애도는 슬픈 감정뿐 아니라, 죽은 사람과 관련된 여러 가지 행복하고 기뻤던 기억도 다시 불러일으키면서 우리에게 감사와 만족감을 가져다주기도 합니다.

애도는 감정을 느끼는 과정이기에 우리 스스로에게 어떤 감정이든 허락해 주어야 합니다. 불건강한 죄책감이나 수치심 때문에 충분히 감정을 발산하지 못하는 일이 있어서는 안 됩니다. 감정을 다루는 일이 때로는 고통스럽고 힘들겠지만, 감정을 직시하면 할수록 우리는 치유의 길을 걷게 됩니다. 이는 존 그레이의 명저 『감정을 알면 치유가 일어난다』*If We Can Feel It, We Can Heal It*에 소개된 내용이기도 합니다. 사랑하는 사람이 죽었을 때 우리는 그의 몸만 묻는 것이 아니라 그 사람과 관련된 감정까지도 묻어 버립니다. 감정이 모두 묻혀 버렸으니 슬픔이 해소될 리 없습니다. 해소되지 않은 감정은 (육체적·정서적·영적으로) 파괴적인 방식으로 표출될 가능성이 높습니다. 인간관계도 악영향을 받습니다. 장례를 치렀다고 애도가 끝나는 것이 아닙니다. 그때부터 시작입니다.

슬픔과 우울 사이에는 차이점이 있습니다. 슬픔은 상실의 고통을 느끼는 것입니다. 사랑하던 사람이 사라졌습니다. 그래도 우리는 일상을 살고 사회생활을 영위합니다. 그런데 우울은 다릅니다. 우울 상태에 빠진 사람은 상실감에 망연자실하여 일상생활도 사회생활도 제대로 하지 못합니다. 아무 희망이 없어 보입니다. 모든 감정, 특히 분노의 감정이 저 아래에 묻혀 있습니다. 아예 말문을 닫아 버리거나 앓아눕기도 합니다. 그들의 우울증은 죽은 사람과 해소하지 못한 갈등 때문만은 아닙니다. 현재 자기 삶에서 풀지 못한 문제들 때문에 더욱 악화되기도 합니다. 당장 해결이 시급합니다.

사람들은 종종 묻습니다. "저 부부는 어린 딸을 잃고 어떻게 견뎌 낸 걸까요?" 그러면 이렇게 대답합니다. "그 사람들 정말 대단해요.

눈물 한 방울 흘리지 않아요. 다른 아이들을 위해서라도 흔들리면 안 되죠." 달리 말하면 이렇습니다. "눈물도 감정도 보여서는 안 된다!" 한편으로 이렇게 위로하는 사람도 있습니다. "슬퍼하지 마세요. 이제 하느님과 같이 있을 텐데요." 이런 말들은 애도를 방해하는 거짓 영의 소리입니다. 진정한 애도의 의미뿐 아니라 인간사에도 역행하는 말입니다.

빈소에서 이런 식의 무신경한 말이 오가는 장면은 쉽게 볼 수 있습니다. 인간적 연민이나 진심이 담긴 위로 한마디 없이 온갖 거룩한 말씀과 판에 박힌 훈계만 늘어놓는 사제도 있습니다. 유가족은 사제의 조문에 고마워하면서도, 자리에 어울리지 않고 진솔하지도 못한 설교에서는 아무 위로도 얻지 못했을 것입니다.

슬픔을 숨기지 말 것

슬픔을 숨긴다고 해서 남들은 그 사람을 강하게 보지 않습니다. 오히려 약한 속마음이나 고통에 대한 두려움이 드러나 보일 뿐입니다. 이들은 어렵고 불편한 감정에 직면하기를 두려워하고 있습니다. 무너져 내리는 모습을 보이거나 부끄러운 행동을 하게 될까 봐 겁을 내는 것입니다. 하지만 불편한 감정도 애도의 일부입니다. 간혹 애도의 시기에 현실을 부정하고 회피하는 사람이 있습니다. "아빠는 우리가 슬퍼하는 모습을 원치 않으실 거예요. 행복하고 좋았던 시절을 기억하라고 하실 거예요." 또 조사를 읽으면서 농담을 하

**정서적으로
강인한 사람은
감정을 솔직히
표현합니다.**

거나 우스운 일화를 이야기하는 사람들도 있습니다. 청중과 자기 자신이 상실의 고통을 느끼지 못하도록 주의를 다른 데로 돌리려는 것입니다.

예수님은 인간적이면서도 영적인 것의 의미에 관해 아름답고 힘찬 예를 들어 보이십니다. 요한은 라자로의 죽음을 대하는 예수님을 다음과 같이 그립니다. "예수님께서는 눈물을 흘리셨다"(요한 11,35). 윌리엄 바클리는 주해서에서 이 대목을 다음과 같이 해석합니다. "우리는 예수님이 인간의 가슴에서 느끼는 비애를 함께 나누시면서 비통해하시는 모습을 여기서 볼 수 있습니다."

정서적으로 강인한 사람은 자기 감정을 느낀 대로 솔직히 표출합니다. 죄책감과 분노, 회한의 감정은 논리적이지 않을 때도 있지만, 그래도 우리 감정입니다. 감정은 나쁜 것이 아닙니다. 감정을 인정하고 느끼고 이해해야 합니다. 이러한 감정은 과거의 경험에 뿌리를 두고 있거나, 아니면 우리의 부정적 사고에서 기인합니다. 이런 감정들을 바로잡아야 합니다. 오진으로 아이를 죽게 만든 의사에게 부모가 느끼는 분노의 감정을 상상해 보십시오. 이런 상황에서 자기들이 예전에 낙태한 적이 있기 때문에 하느님이 벌을 내리신 것이라고 생각하는 이들이 있을지 모릅니다. 피치 못할 사정으로 어머니의 임종을 지키지 못했는데도 모든 것이 제 탓인 양 자책하는 딸도 있을 수 있습니다. 어머니가 살아 계실 때 더 잘해 드리지 못한 것(사실일 수도, 아닐 수도 있지만)에 대해 죄책감을 느끼는지도 모릅니다. 애도하는 사람들은 이런 여러 가지 생각과 감정을 경험하고 탐색하면서, 자신에게 그리고 남들에게 설명해야 합니다. 감정을 솔직히 느낀다는 것은 하느님이나 죽은 사람, 그 누구에게든 원망을 드러낼 수도 있음을 뜻합니다.

사랑하는 사람이 죽으면 처리해야 할 일들이 남는 법입니다. 밀린 고지서, 채무 관계, 벌려 놓은 사업, 이루지 못한 계획과 목표 같은 것들이 우리의 애도를 더 어렵고 아프게 만듭니다. 이 같은 현실적 문제보다 더 힘든 일은 죽은 사람과의 관계에서 해소되지 못한 문제와 갈등입니다. 이렇게 되면 애도의 과정이 훨씬 더 복잡해집니다. 죽은 사람과의 관계에서 경험한 상처와 분노, 실망이 여전히 그대로 남아 있고, 우리는 관심을 가지고 이를 해결해야 합니다. 그런데 역설적으로, 죽은 사람은 우리가 다루거나 관계하기에 가장 쉬운 상대입니다. 더 이상 문제될 것이 없으니까요. 죽은 사람은 오해할 일이 없고 우리를 원망하지도 않을 테니 살아 있을 때보다 훨씬 대하기가 쉬워졌습니다. 이제는 어떤 문제라도 다 해결할 수 있습니다. 하고 싶은 말을 다 할 수 있고, 우리가 그에게 느꼈던 모든 감정, 특히 분노의 감정을 몽땅 발산할 수 있습니다.

나는 슬픔에 빠진 사람들에게 고인의 무덤가에 가서 실컷 이야기하고 말다툼도 하라고 권합니다. 죄다 털어놓아 보세요! 죽은 사람은 이제 방어하거나 변명하지 못합니다. 고인 살아생전에는 제대로 소통하기 어려웠거나 하고 싶지도 않았을 겁니다. 하지만 그가 죽고 나니 오히려 소통이 가능해졌습니다. 특히 대하기 어려웠던 부모나 의견 차이를 좁히기 힘들었던 사람들과도 소통할 수 있습니다. 우리 자신을 위해서라도 소통은 중요합니다. 이 모든 것이 애도 과정에 포함됩니다. 고인에게 편지를 쓰는 일도 도움이 되고, 서로에게 뜻 깊은 장소에 가서 그에게 말을 걸어 보는 것도 좋은 방법입니다. 누가 죽고 나서야 이런 식으로 그동안 묻혀 있던 분노와 상처를 수월하게 풀어 버리는 모습을 나는 많이 보았습니다.

사랑하는 사람의 죽음은 우리의 관계를 단절시키는 것이 아니라 변화시킵니다. 우리는 죽은 이들의 도움과 기도를 청할 수 있습니다. 우리가 세상을 떠나는 순간에도 그들은 든든한 지원군이 되어 줄 것입니다. 살아 있을 때보다 죽고 나서 더 큰 도움이 되기도 하는 법입니다.

파급 효과

파급 효과 때문에 애도가 더 어려워질 수 있습니다. 이때 파급 효과란 사랑하는 사람이 죽고 나서 이차적으로 발생하는 일들이나 그 사람과 관련된 일들이 야기하는 현상을 가리킵니다. 배우자의 죽음에는 여러 가지 상실이 함께 따라옵니다. 동반자를 잃고 경제적 어려움에 빠진 것도 모자라, 성적·정서적 친밀감이나 여러 기회와 가능성, 희망과 꿈이 물거품이 되어 버렸습니다. 은퇴 후의 갖가지 구상, 여행이나 휴가 계획도 이제 아무 의미가 없습니다. 슬픔에 빠져 있는 유족들은 이런 파급 효과 때문에 더욱 힘겨워합니다. 더구나 이런 생각 자체를 부정하려 하고 부끄러워해서 본인은 더욱 괴롭고, 고인에게 원망을 터뜨릴까 봐 두려워합니다. 하지만 이런 모습도 전부 애도의 과정입니다. 따라오는 상실들을 하나하나 모두 인정해야 하고 그와 연관된 감정과 회한도 모두 겪어 내야 합니다.

삼십 년 동안 같이 산 남편이 죽었는데, 친정어머니까지 암으로 투병 중이라면 애도의 감정은 특히 더 복잡해집니다. 사랑하는 사람의 죽음과 동시에 실직이 찾아올 수도 있습니다. 자동차 배터리가 말썽을 일으키고, 아들이 대학 졸업 시험에서 떨어질지도 모릅니다. 상실이 연이어 일어나면 처음의 상실이 더 크게 느껴지기 마련입니다. 남편이 왜 진작 건강을 잘 챙기지 않았는지 원망이 커집니다. 이제 자기 혼자 남겨 놓고 떠나 버렸으니 남편에게 더더욱 화가 날 수밖에 없습니다. "나 혼자서 어떻게 감당하라고!" 아내는 탄식합니다. 하지만 진정으로 치유를 원한다면 그녀는 역경을 헤쳐 나갈 수 있습니다. 시간을 두고 충분히 애도해야 하겠지만 어쨌든 다시 일어설 수 있습니다.

하루에 일을 한 가지씩만 처리하면 됩니다. 상실감도 한 번에 하나씩만 처리합니다. 그날 가장 중요한 일에만 집중해야 합니다. 어떤 상실을 가장 깊이 애도해야 할지 정합니다. 여러 가지 상실이 한꺼번에 덮쳐 오는 경우, 남편의 죽음이라는 제일 중요한 상실을 옆으로 제쳐 두게 될 수도 있습니다. 즉시 처리해야 할 문제들이 한꺼번에 발생할 때 그러합니다. 이제는 남편이 옆에서 도와줄 수도 없으니 문제는 더욱 심각해지기도 합니다. 애도는 깔끔하게 정리되는 과정이 아니므로 그때그때 떠오를 때마다 처리해야 합니다.

평소에 건강하던 가장이 급사한 경우, 가족들은 충격과 혼란에 휩싸입니다. 서둘러 장례 절차를 준비해야 합니다. 가족들은 믿기지 않는 마음과 정서적 충격 사이에서, 눈물과 허탈한 웃음 사이에서, 초조한 기분과 멍한 감정 사이에서 오락가락합니다. 장례가 끝나고 어수선한 분위기가 계속되면서 차분히 애도할 시간을 갖기가 힘들어질 수도 있습니다. 며칠, 몇 주, 심지어 몇 달 뒤에 비로소 고인이 영영 우리 곁을 떠났다는 실감이 들면 그제서야 애도의 시간이 시작됩니다. 감정을 억지로 묻어 버리고 일상생활로 도망치지만 않는다면, 애도의 감정은 찾아오기 마련입니다.

어머니가 오래도록 병을 앓다가 돌아가신 경우, 유가족은 아주 긴 시간 동안 이미 애도의 감정을 겪어 왔습니다. 어머니가 돌아가실 때쯤에는 가족들도 어느 정도 마음의 준비를 해 둔 상태일 것입니다. 하지만 마음속으로 준비해 왔을지라도 최후의 현실은 이제 막 도래했습니다. 어머니가 완전히 떠나신 것입니다. 이 땅에서 어머니를 다시는 뵙지 못할 것입니다. 기나긴 병고의 여정이 드디어 끝나고 어머니는 떠나가셨습니다.

이 같은 이별도 슬프기는 마찬가지이지만 가족들은 불가피한 이 상황에 대비해 왔습니다. 그들은 모순감정을 느낄지도 모릅니다. 어머니가 돌아가신 데 대한 슬픔과 더는 고통을 당하시지 않아도 된다는 안도감이 그것입니다. 길고 힘겨운 밤샘 간호가 드디어 끝났다는 사실에 기분이 홀가분해지기도 합니다. 이제 일상으로 복귀해 원래대로 살아갈 수 있습니다. 이런 안도감은 자연스러운 것입니다. 이런 감정에 대해 수치심이나 죄책감을 느낄 필요가 없습니다. 안도감이 든다고 해서 혹시 자기가 어머니께 불효하는 것이 아닌가 하는 마음을 가져서는 안 됩니다.

중요한 결정은 미룰 것

되도록이면 사랑하는 사람이 죽자마자 중요한 결정을 내리지 않기를 바랍니다. 슬픔에 깊이 잠긴 상태에서 결정을 내려서는 안 됩니다. 이성적인 판단이 서지 않은 채 상실에 따른 고통의 감정에서는 제대로 된 결정이 나올 수 없습니다. 예를 들어, 어떤 노부인이 남편이 죽은 지 한 달 만에 집을 팔아 버리고 딸네 집으로 이사를 들어갔습니다. 혼자 계실 어머니가 염려되어 빨리 이사 오시도록 딸이 서두른 것입니다. 어머니와 자식 모두에게 최선의 결정이 무엇인지는 시간을 두고 생각해야 하며, 가족들끼리 오랫동안 논의해야 합니다. 불안한 나머지 너무 성급하게 결정을 내리면 잘못된 결과를 가져올 수 있습니다.

아내를 잃은 남편이 일 년 안에, 심지어 몇 달 안에 재혼하는 경우도 있습니다. 도저히 혼자 살 수 없기 때문입니다. 이렇게 성급히 재혼이 이루어질 경우, 남편은 애도 과정을 제대로 거치지 않고 상실의 고통에서 단순히 도피한 것에 지나지 않습니다. 그렇게 재혼하면 문제가 생기기 쉽습니다. 남자가 우울증에 빠지거나, 몸이 쇠약해지거나, 성적인 문제가 발생할 수도 있습니다. 죽은 아내에 대한 애도를 제대로 완수하지 않았거나 심지어 시작조차 하지 않았다면 재혼할 준비도 되어 있지 않다는 뜻입니다.

특히 자녀가 있을 경우, 아버지가 재혼을 서두르면 자녀는 상처를 입고 아버지를 혐오하게 될 수도 있습니다. 자기들은 아직도 어머니의 죽음을 슬퍼하고 있는데 아버지가 서둘러 재혼해 버리면, 그것을 자기들을 전혀 배려하지 않은 행동으로, 어머니에 대한 배신으로 받아들일 것입니다. 새 어머니에 대해서도 좋은 감정이 들 리 없고 아주 적대적이 될지도 모릅니다. 아버지가 재혼을 통해 슬픔에서 벗어나려고 한다는 사실을 아이들은 아직 이해하지 못할 것입니다. 결국 이렇게 되면 자녀들의 상실감은 두 배로 커집니다. 어머니의 죽음에다가 아버지를 다른 여자에게 빼앗기게 되었으니 말입니다. 아버지의 잘못된 처신으로 가족 전체가 뿔뿔이 헤어질 수도 있습니다.

배우자를 잃은 지 얼마 되지 않은 사람이 고독에 빠져 자신을 물리적·정서적으로 돌봐 줄 사람을 찾아서 재혼할 때, 그러한 결혼이 과연 바람직한 것인지 옆에서 살펴 주어야 합니다. 신중에 신중을 기해야 하는 경우이니, 남들의 조언을 구하거나 가능하다면 상담을 받는 것이 좋습니다.

애도의 여러 방식

　우리는 다양한 방식으로 애도를 경험합니다. 그중에는 건강한 애도도 있고 그렇지 못한 경우도 있습니다. 어떤 이들은 애도를 미루지 않고 자연스레 그 과정을 겪어 냅니다. 애도를 미루면 나중에 우울증이나 기타 질환의 형태로 되돌아오기도 합니다. 장례 후 몇 달이 지나서야 고인과 관련된 사건이나 잊고 있던 어떤 기억 때문에 비로소 애도가 시작되는 경우도 있습니다. 어쨌든 한 가지 사실은 분명합니다. 애도는 피할 수 없습니다. 우리가 애도를 직시하고 헤쳐 나가고 해소하지 않는 한, 감정은 줄곧 남아 있을 것입니다.

　가족 구성원이 살아생전에 서로 좋은 관계를 유지했다면, 죽어서도 그런 관계가 지속됩니다. 서로 간에 대화가 별로 없던 가족이라면 누가 죽더라도 관계는 별반 달라지지 않을 것입니다. 가족 간 불화가 심했다면 부모의 죽음은 해소되지 않은 갈등과 분쟁을 다시 몰고 와 분노가 재연될 수도 있습니다. 유언 내용 때문에 갈등과 억울함, 원망이 터져 나오기도 합니다. 실제로 돌아가신 부모의 재산을 놓고 다툼이 벌어지게 되면, 애도 자체는 안중에도 없어집니다. 가족 문제를 별 감정 개입 없이 냉정하고 이성적으로 해결하는 데

익숙한 가정도 있습니다. 이들은 가족 중 누가 죽더라도 담담히 상황을 정리합니다. "어머니는 이제 하느님 품에서 영원한 안식과 기쁨을 누리고 계실 거야. 그러니 우리도 먹고 마시고 기운을 차리자. 어차피 우리도 머지않아 죽게 될걸, 뭐."

가족 관계가 원만하지 못하면 애도를 처리하는 방식도 원활할 수 없습니다. 이것은 진정한 애도가 아닙니다. 다행스럽게도 그런 가족 중에서 부모의 죽음을 계기로 그간의 문제들을 해결하기 위해 상담을 받는 경우도 있습니다. 부모의 죽음이 하나의 은총이 되어, 그간 반목했던 가족들을 다시 하나로 모으고 치유가 이루어지기도 합니다. 반대로 부모의 죽음으로 불화가 더 심해지고 서로 간에 반목도 깊어져서, 부모의 상실에 또 다른 상실을 더하는 결과를 낳기도 합니다. 가족 중 누가 죽으면, 특히 부모가 돌아가시게 되면 그 여파는 엄청난 것일 수밖에 없습니다. 부모가 돌아가신 후 이혼하는 사람이 얼마나 많습니까? 가족의 죽음으로 그 가정의 결함과 해소되지 못한 문제가 밖으로 드러나기도 합니다.

화해

우리에게 상처를 준 사람이 죽음을 눈앞에 두고 있다면 그때는 화해의 시기가 될 수 있습니다. 반대로 우리가 그에게 상처를 주었다면 용서를 구해야 합니다. 그를 위해서라기보다 우리 자신을 위해서입니다.

죽음을 앞둔 때는 은총의 시기이며, 사람들 사이를 가로막고 있던 장벽이 무너지는 시기입니다. 이해와 연민을 베풀기가 쉬워지고, 죽어 가는 사람이 마지막 순간에 이르렀다고 생각되면 용서와 화해도 가능해집니다. 과거에는 도저히 넘지 못할 것 같았던 불화의 장벽이 죽음을 앞둔 상황에서는 아무것도 아닌 것처럼 보입니다. 예를 들어 볼까요? 조앤과 오빠는 오랫동안 절교 상태로 지냈는데 그 오빠가 죽음을 앞두고 있습니다. 조앤은 오빠를 찾아보기로 결심합니다. 남매는 십 년 전 어머니가 돌아가셨을 때 어머니의 유언을 놓고 서로 다툰 이후 한 번도 만나지 않았습니다. 조앤은 그 당시 오빠가 자신을 부당하게 대했다고 믿고 있었습니다. 드디어 조앤은 그 문제를 오빠에게 솔직히 이야기하면서 오빠를 용서했고 남매는 서로 화해했습니다.

  죽은 사람은 더 이상 문제를 일으키지 않는 법이라, 문제 당사자가 죽고 나면 관계가 회복되는 경우도 있습니다. 이제 모든 문제를 분명하게 볼 수 있게 된 것입니다. 성적 학대 가해자가 죽은 다음에야 피해자는 안심할 수 있습니다. 자신을 성적으로 학대했던 아버지가 세상을 떠나고 나서야 아버지를 용서하게 된 딸도 있습니다.

  죽어 가는 사람과 남은 사람 사이에 새로이 친밀한 감정이 싹트기도 합니다. 말기 암에 걸린 남편을 몇 달째 간호하던 아내가 삼십 년 결혼생활에서도 느끼지 못했던 정서적 친밀감을 비로소 경험하기도 합니다. 심신이 약해진 남편이 그동안 단단히 무장해 온 자신을 이제야 풀어 놓고, 다감하고 애정 어린 본모습을 아내 앞에 드러내 보인 것입니다. 죽음을 앞두고 여러 가지 일을 해낼 수도 있습니다. 전에는 결코 경험해 보지 못한 대단히 심오한 차원의 감정을 나눌 수 있는 때가 된 것입니다.

마지막 나날을 함께하는 부부의 모습, 그 친밀한 관계보다 더 아름다운 광경은 없을 것입니다. 한 사람은 죽어 가고 있고 다른 사람은 그를 보살피고 위로합니다. 이것이 바로 결혼 서약에서 말하는 "즐거우나 괴로우나, 병들었을 때나 건강할 때나, 죽음이 우리를 갈라놓을 때까지" 함께하겠다는 약속을 지키는 모습입니다. 지상에서 두 사람이 친밀한 여정을 함께한 후 아름다운 목적지에 도달하는 모습입니다.

우리도 언젠가는 죽는다

가족이나 소중한 사람, 특히 제 또래의 사람이 죽었을 때, 우리는 굳이 말로 하지 않더라도 우리 역시 언젠가는 죽음을 맞게 되리라는 생각을 하게 됩니다. 죽어 가는 사람을 눈앞에서 보면 우리 자신의 유한성, 우리도 머지않아 죽을 존재임을 인정하지 않을 수 없습니다. 가끔은 이런 생각을 억누르거나 이런 주제의 대화를 피하기도 하지만, 죽음에 관한 생각과 느낌은 솔직히 직면하는 것이 좋습니다. 이때는 생명의 은총에 감사하고 생명을 소중히 배려해야 할 시간입니다. 우리 삶을 변화시키는 계기가 되는 때이며, 우리가 진정으로 변화할 수 있는 시기입니다. 하느님을 다시 찾거나 하느님과의 관계를 더욱 돈독히 할 수 있는 때이기도 합니다.

 이 글을 쓰고 있는 지금, 가까운 나의 벗이 암으로 죽어 가고 있습니다. 암 선고는 급작스러웠습니다. 의사가 처음에는 여섯 달 정도 시간이 남았다고 했다가 이제 몇 주밖에 남지 않았다고 진단을 바꾸었습니다. 나는 이 현실을 믿기 어렵습니다. 슬픔과 여러 가지 착잡한 감정이 복받쳐 이겨 내려고 노력하지만 힘이 듭니다. 그 친구는 나와 나이가 비슷하기에 이 상황은 내게도 큰 충격이며, 나 자신의 유한성을 직시할 수밖에 없습니다. 삶이란 얼마나 덧없는 것입니까! 나의 벗 조 신부의 운명에 슬퍼하면서 실은 죽음에 대한 나 자신의 불안에 직면하고 있는 것입니다. 지금과 같은 때는 감정이 너무 혼란스럽고, 무수히 많은 질문과 신앙 문제에 직면해야 합니다. 하지만 사랑하는 사람과 친구들의 죽음 앞에서 애도를 잘할수록, 우리의 마지막 상실이 될 자기 자신의 죽음도 더 잘 준비하게 되리라는 것을 나는 알고 있습니다.

 점차 시간이 흐르면서 애도에 잠긴 유가족들도 현실을 받아들이고 삶의 문제를 해결해 가기 시작합니다. 마무리되었다는 느낌, 그리고 떠나보낼 수 있다는 느낌이 듭니다. 떠난 사람을 언제나 그리워하면서, 살아 있는 한 가슴에 품고 지낼 것입니다. 어떤 의미에서 우리는 치유는 되었지만 상흔은 남아 있습니다. 그 사람이 사라져 버렸습니다. 모든 것이 변했고 다시는 예전으로 돌아갈 수 없습니다. 명절 같은 때는 사랑하는 사람의 부재가 더욱 절실히 느껴질 것입니다. 그 사람의 생일이나 기일에도 그를 그리워할 것입니다. 어떤 의미에서 우리는 사랑하는 사람의 상실 앞에서 여전히 회복 중에 있으며, 언제까지고 애도하는 가운데 삶을 이어 가는 것입니다.

배우자가 죽고 얼마나 지나야 재혼을 고려하기에 적당한 때일까요? 사람에 따라 다르겠지만 삼 년이나 오 년 정도가 적당하지 않을까 생각합니다. 보통 그 정도 시간이면 자녀들의 상처도 아물 것입니다. 자녀들의 치유는 대개 부모의 치유와 비슷하게 이루어집니다. 재혼을 진지하게 고려하고 있다면 자녀와도 충분한 대화를 나누는 것이 좋습니다.

세월이 흐른 뒤에도 죽은 사람의 기억이 떠오를 때마다 눈물이 나거나 슬픈 감정이 복받치기도 하는데, 이것은 자연스러운 현상입니다. 우리가 애초에 충분히 애도하지 않았다는 뜻이 아닙니다. 오랜 세월 우리 삶에서 떼어 놓고 생각할 수 없는 존재였던 그를 우리는 항상 기억합니다. 사랑하는 사람을 잃은 후에도 삶은 끝나지 않고 변화하듯이 그와 우리의 관계도 끝나지 않고 변화할 뿐입니다. 기일에는 친지들이 한자리에 모여, 식사에 앞서 촛불을 켜 놓고 고인을 추도하는 것이 좋습니다. 보이지는 않지만 우리 안에 살아 있는 그 사람을 기억하는, 따뜻하고도 힘이 되는 자리입니다.

애도 과정을 충분히 거치지 않고 감정을 억눌러 놓았다면 뜻하지 않은 상황에서 갑자기 고인에 관한 기억이 다시 떠오르는 것을 경험하게 될 것입니다. 그저 알고 지내던 사람의 장례식에 참석했다가 별안간 감정이 복받쳐 큰 슬픔을 느꼈노라고 토로하는 사람을 나는 상담 중에 많이 보았습니다. 이것은 그가 예전에 깊이 사랑했던 사람을 잃고도 제대로 애도하지 못한 감정이 마음속에 남아 있다가, 다른 이의 장례식을 계기로 갑자기 분출된 것이라고 볼 수 있습니다. 친지를 잃고 애도를 하긴 했는데 나중에 생각해 보니 가슴이 아니라 머리로 애도한 것임을 깨닫는 때도 있습니다. 이처럼 묻혀 있는 기억들을 언제나 명확히 알아차릴 수 있는 것은 아니지만, 그것들이 떠오를 때 우리는 현명한 사람들의 도움을 청함으로써, 해소되지 못한 슬픔의 감정을 찾아낼 수 있고 용기를 내어 슬픔에 직면할 수 있습니다.

유가족에 대한 태도

깊은 슬픔에 빠져 있는 사람 옆에서 우리는 어떻게 말하고 행동해야 할까요? 상처와 눈물로 범벅이 된 사람들을 대하는 순간은 어렵고 조마조마하기만 합니다.

실제로는 유가족들 곁에 있어 주는 것 말고 우리가 해 줄 수 있는 일이 거의 없습니다. 우리는 그들의 이야기를 들어 주고, 감정을 온전히 표출할 수 있도록 돕는, 진정한 현존의 성사를 베풀어 줄 수 있습니다. 우리가 곁에 있어 주기만 해도 그들은 기대고, 슬퍼하고, 울고, 웃고, 원망하고, 애걸하고, 화내고, 자애로운 태도를 드러낼 수 있습니다. 우리는 그들의 말을 들어 주어야 합니다. 그들이 느끼는 감정을 이해하고 편안히 받아들여야 합니다. 슬픔을 달래 줄 마법 같은 말도 없고, 죽은 사람을 도로 살려 낼 방도도 없습니다. 어쩌면 나중에 적당한 때를 봐서 위로의 말을 차분히 건네고, 정식으로 조의를 표할 수 있을 것입니다. 하지만 우선은 옆에서 따뜻이 감싸 주기만 해도 됩니다. 그들에게 필요한 것은 우리의 마음과 믿음입니다. 그들이 마음껏 애도할 수 있도록 충분한 시간과 장소를 마련해 주어야 합니다. 우리는 이렇게 그들의 상처에 위로와 격려의 기름과 포도주를 부어 줍니다.

여러 날이 지나고 몇 주가 흐른 뒤라도 그들의 안부를 물어야 합니다. 찾아가고 전화를 걸고 메일을 보내는 등 어떤 방법으로든 연락을 취하면서, 언제나 우리가 곁에 있으며 자신들을 생각하고 있음을 알려야 합니다. 애도하는 사람들과 함께 있어 주는 것(그들을 방문하고, 경야와 장례식에 참석하고, 장지에 동행하는 것 등)이 얼마나 든든한 힘이 되는지를 절대 과소평가해서는 안 됩니다. 그 자리에 함께 있어 주는 것 자체가 치유의 능력을 발휘합니다.

삶과 죽음은 한가지입니다. 일단 태어났으면 그다음으로 중요한 사건은 죽음입니다. 그러므로 애도는 삶의 본질적인 부분이라 할 수 있습니다. 애도할수록 우리는 더욱더 인간적이 되고 그리스도와 닮게 됩니다. 애도는 우리가 믿음과 희망 안에서 성장하게 해 주고, 삶 너머의 경지를 바라보게 해 줍니다. 바로 이 때문에 애도는 정서적으로 충만한 인간적 여정일 뿐 아니라 영적 여정이기도 합니다. 애도할 줄 아는 능력이야말로 모든 영성이 우리의 감성 능력에, 그리고 (하느님을 찾는) 인간사의 모든 측면에 몰입할 수 있는 능력에 뿌리내리고 있다는 증거입니다. 바로 이것이 예수님이 우리처럼 사람으로 태어나신 강생의 신비가 아닐까요? 애도 이외에 인생의 어느 부분에서 이토록 심원한 감성으로 인간다움의 깊은 차원에 도달하고, 삶의 의미를 똑바로 바라볼 수 있게 될까요?

개인적 소회

  이 장을 쓰는 동안 올해 아흔여덟이신 우리 어머니 바이올라의 심장병이 많이 악화되었습니다. 어머니는 노인 요양 기관에서 줄곧 산소호흡기에 의존한 채 치료를 받으셨습니다. 어머니의 죽음이 임박했음을 서서히 받아들일 수밖에 없는, 매우 힘든 상황이었습니다. 우리 식구들은 어머니에게 작별 인사를 할 마음의 준비를 시작했습니다. 어머니도 당신의 임종이 다가왔음을 아시고, 떠날 준비를 마치셨습니다.

  요양 기관에 입원하시고 한 달 후쯤 어머니는 돌아가셨고, 그동안 글로만 다루어 왔던 애도를 내가 직접 경험하게 되었습니다. 이제까지 나는 사랑하는 사람을 잃은 이들을 수없이 위로해 왔습니다. 그들의 슬픔을 함께 나누며 격려해 왔는데, 이번에는 내가 가장 사랑하는 사람, 어머니의 상실을 직접 겪은 것입니다.

우리 어머니의 죽음 앞에 많은 분이 사랑과 관심을 보여 주었습니다. 나는 깊은 감동을 받았고 그들로부터 하느님의 위로가 전해져 옴을 느꼈습니다. 내가 상실감에 빠져 있을 때 함께해 준 그분들의 고마움을 나는 죽을 때까지 잊지 못할 것입니다. 그토록 많은 이가 동행해 주었음에도, 개인적으로 남겨진 애도의 몫은 분명 있었습니다. 어머니와 나 단둘이서 당신 살아생전의 기쁘거나 슬펐던 순간을 나누는 시간을 의미합니다. 어머니는 지금도 나와 함께 계시면서 나를 도와주시고 위로해 주십니다.

애도에는 지름길이 없습니다. 내가 할 수 있는 말은 이것뿐입니다. "애도의 여정을 직시하고 똑바로 걸으십시오."

10. 불안과 두려움
생각하는 대로 되는 법이랍니다.

불안과 두려움은 삶을 구성하는 요소입니다. 살아 있는 한 불안과 두려움을 느끼지 않을 길은 없습니다. 불안이나 두려움을 전혀 느끼지 않는다는 말은 거짓말입니다. 두려움과 불안이 없는 사람은 죽은 사람뿐이기에 우리는 누가 죽으면, "평안함에 쉬어지이다"라고 진심으로 기도하는 것입니다.

그런데 두려움과 불안은 다릅니다. 두려움이 장차 일어날 문제에 대한 고통스러운 경각심이라면, 불안은 곧 닥쳐올 사건에 대한 불길함(실제든 상상이든 상관없이)에 사로잡혀 안절부절못하며 괴로워하는 것입니다. 하지만 우리는 언어 습관 속에서 두려움과 불안을 혼용하는 버릇이 있으므로 이 장에서도 같이 사용하려 합니다.

불안과 두려움의 문제를 탐색하기에 앞서 불안과 두려움이 반드시 부정적인 것만은 아니라는 사실을 밝혀야겠습니다. 긍정적 측면도 있다는 말입니다. 불안과 두려움이 긍정적이냐 부정적이냐 여부는 우리가 그것을 어떻게 사용하고, 그것이 삶에 어떤 영향을 끼치며, 우리가 어떤 마음으로 받아들이느냐에 달려 있습니다.

두려움과 불안은 우리의 아군이 될 수도 있으며, 장차 닥쳐올 위험을 경고해 주기도 합니다. 물리적·정서적·재정적으로 해를 입지 않도록 우리 스스로 경계하고 조심하고 적절한 조치를 취하게 해 줍니다. 불안과 두려움은 우리 자신과 우리가 가진 것을 보호하는 데 유용하게 사용할 수 있는 에너지를 제공해 줍니다. 문제가 생겼을 때 우리가 소극적으로 사태를 회피하지 않고 분명하게 대응하도록 도와줍니다.

두려움과 불안 때문에 심신의 반응이 일어나기도 합니다. 몸이 긴장으로 경직되고 아드레날린이 분비됩니다. 정신을 차리고 생각을 집중하기 시작합니다. 그러다가 위험이 들이닥치면 맞서 싸우기도 하지만, 경우에 따라서는 도망치거나 회피해 버리기도 합니다.

많은 청중 앞에 설 때 불안을 느끼는 것은 당연합니다. 이 같은 불안감의 에너지를 잘만 이용한다면 연사는 더욱 활기차고 자신감 있게 강연에 임할 수 있고, 강연은 더욱 설득력을 지니게 될 것입니다. 음주 운전 차량을 발견한 운전자는 불안감을 느끼면서 그 차를 피하기 위해 최대한 조심하게 됩니다. 추월하든가 뒤로 빠지든가 아예 다른 길로 피해 갈 것입니다. 심기가 불편하고 화가 나 있는 동료가 말을 걸어올 때도 우리는 불안 심리를 발동해서 그 사람에게 자신감 있는 태도로 분명히 맞설 수도 있고, 아니면 정중하게 자리를 피할 수도 있습니다. 이처럼 불안과 두려움을 보호막이나 보조재로 이용하여 위협적인 상황을 해결해 나가는 것입니다. 감정이 우리를 고양시켜 두려움과 불안을 건설적인 방식으로 활용할 수 있게 해 줍니다. 불안과 두려움은 우리의 자신감을 불러일으키면서, 명료하게 사고하고 효과적으로 신속하게 행동하도록 도와줍니다.

그런데 불안과 두려움이 타인이나 자기 자신과의 관계에 해를 입힌다면 그때는 부정적인 것이 됩니다. 불안한 감정이 우리를 압도하여 행동과 사고를 지배할 정도가 되면, 우리는 이성이 마비되어 터무니없이 일을 그르치게 될 수도 있습니다. 머뭇거리거나 충동적으로 행동하거나 아예 이도 저도 못하게 될지도 모릅니다. 극히 소극적이 되거나 무기력해져 버리고, 행동이 필요한데도 옴짝달싹 못하는 상황에 빠집니다.

불안에 휩싸이면 자기 자신과 자신의 판단에 대해 확신을 잃게 됩니다. 안 그래도 될 상황에서도 자기 비하와 죄책감을 느끼고, 실제로는 그렇지 않은데도 자기 잘못인 양 수치심을 느끼기도 합니다. 전에는 잘만 하던 일을 놓고 과연 잘할 수 있을까 하는 의구심이 들기도 합니다. 혹시 실수하면 어쩌나, 남들이 어떻게 생각할까 하는 걱정 때문에 무책임하게 의무를 회피해 버리기도 합니다. 초

> **우리는 대개 자신의 두려움과 불안을 인정하지 않습니다.**

조한 나머지 일을 그르치거나, 필요 이상으로 기운을 쓰고 시간을 쏟아 붓는 우를 범하기도 합니다. 일을 그르칠지 모른다는 걱정과 스스로에 대한 불신 때문에 완벽주의에 빠지는 사람도 있습니다. 완벽주의자는 두려움으로 마비되는 경우가 많아 우물쭈물하기 쉽습니다. 게다가 실패의 두려움 때문에 다시 무력감에 빠지기도 합니다.

우리는 대개 자신의 두려움과 불안을 인정하지 않습니다. 감정 자체를 부정하고 억누르고 거기서 벗어나려 합니다. 지나치면 신체적 증상으로 이어질 때도 있습니다. 고혈압, 시각 장애, 두통, 피로감을 겪거나 음식을 삼키기 힘들어지고, 호흡 곤란, 위경련, 사지 경직 등이 일어날 수 있습니다. 이것을 우리는 심신증이라고 부릅니다. 실제 고통과 신체적 증상이 따르지만 사실은 불안으로 야기된 것입니다. 자기가 온갖 질환을 다 앓고 있다고 상상하는 사람도 있는데, 이런 사람을 심기증心氣症 환자라고 합니다. 이들은 불안과 두려움을 내면화하면서, 자기 증상을 인정하지도, 해결하려 들지도 않습니다.

같은 말과 행동을 반복하는 강박행위를 통해 불안감을 표출하는 사람도 있습니다. 머릿속을 지배하는 강박사고 때문에 고통을 받기도 합니다. 강박사고는 간혹 종교적 색채를 띱니다. 실제로는 그렇지 않은데도 자신이 죄를 저질렀다고 생각하거나, 자기는 죄인이라고 계속 우깁니다. 이 같은 세심증도 고통스럽기는 마찬가지입니다. 이런 사람들은 지나간 일, 현재 일어나고 있는 일, 장차 일어날 일 할 것 없이 모든 상황에 대해 불안, 초조, 걱정을 멈추지 못합니다. 불안이 극심한 나머지 공황 발작이 일어나 호흡곤란이나 현기증을 느끼거나, 심지어는 죽을 것 같은 기분이 들기도 합니다.

공포증(포비아)을 가진 사람들도 있습니다. 공포증은 특정 사물이나 행동에 대해 격렬하고 병적인 불안을 보이는 증상입니다. 엘리베이터처럼 밀폐된 공간이나 고층빌딩같이 높은 곳을 싫어하거나, 날짐승을 지나치게 무서워하는 증세가 여기에 속합니다. 그런데 공포증은 그 자체가 문제가 되는 것이 아니라, 과거에 해소되지 못한 심각한 정신적 상처를 다루는 것이 중요합니다. 공포증이 있는 사람은 과거의 비극적 순간에 경험한 고통과 상처, 분노, 두려움을 안고 있습니다. 당시 그 문제를 제대로 처리하지 않고 억눌러 두었던 것입니다. 깊은 우울증이나 불안감, 기타 심리적 문제를 겪는 사람들은 알고 보면 '외상 후 스트레스 장애'를 앓는 환자들입니다. 적절히 다루지 않고 방치해 둔 과거의 외상들이 이제서야 신체적 · 정서적으로 적나라하게 재현되기 시작한 것입니다. 늘 불안해하는 사람들 역시 과거에 해소되지 못한 문제를 간직하고 있습니다. 이들은 지나온 삶을 곰곰이 되짚어 보면서, 지금도 스스로를 괴롭히고 있는 두려움, 분노, 상처, 모욕, 상실, 정신적 외상을 제대로 처리해야 합니다. 자신의 불안과 두려움을 이해하고 밑바닥까지 내려가 직면하면서 문제의 뇌관을 제거해야, 더 이상 파괴적인 불안에 시달리지 않고 그 지배에서 벗어날 수 있습니다.

불안에 떠는 사람들은 대개 자신감이 결여되어 있을 뿐 아니라 타인을 잘 믿지 못합니다. 불안과 우울이 너무 심해서 편집증 증세를 보이거나, 환각이나 망상에 빠지는 경우도 있습니다. 몸의 질환에 대해 너무 걱정하게 되면 불안이 오히려 병을 악화시킵니다. 의사는 신체의 병만 치료할 것이 아니라 불안과 우울증도 함께 치료해야 하는데 이를 무시하는 경향이 있습니다. 몸과 마음의 치료를 병행할 때만 환자는 완전한 치유에 이르게 됩니다.

상담이 필요한 상황도 있고, 간혹 약물 치료가 필요할 수도 있습니다. 약물 치료는 불안으로 인한 스트레스 때문에 뇌의 화학적 균형이 깨진 상태를 치료하는 데 도움이 됩니다. 이때 불안은 우울증과 마찬가지로 일종의 병이며, 요즘은 약도 효과가 좋아서 치료가 가능합니다. 오늘날 우리가 몸에 생긴 병을 의학의 힘으로 치료할 수 있는 것처럼, 극심한 불안이나 우울증 같은 뇌 질환도 약물 치료로 다스릴 수 있습니다. 반가운 소식이 아닐 수 없습니다. 하지만 대다수 사람들, 교육 수준이 높은 사람들조차 약물 치료에 대한 이해가 부족하거나 전혀 모르고 있는 경우가 많습니다.

불안감은 부정적 사고로 인해 나타나기도 합니다. 부정적 사고는 불안감을 증대시키고, 불안감은 다시 부정적 사고를 강화합니다.

악순환입니다. 부정적 사고를 변화시킴으로써 이러한 악순환의 고리를 끊어야 합니다. 나는 내담자들에게 부정적 사고를 즉각 바꿀 수 있다고 말하지만, 불안감이 사라질 때까지는 시간이 한참 걸립니다.

부정적인 생각이 불안한 감정을 불러옵니다.

각자의 내면에 긍정적 사고가 완전히 자리 잡을 때까지 자기 자신에게 긍정적이면서 진심 어린 격려의 말을 계속 들려줘야 합니다. 스스로에게 이렇게 말해 봅시다. "저렇게 어이없는 사람에게 휘둘리지 말자." "나는 이 난관을 헤쳐 나갈 수 있어." "나는 유능한 사람이야. 그러니까 이 직장에서 성공할 수 있어." 긍정적 감정이 들지 않더라도 하루에 몇 번이든 되풀이해야 합니다. 그러다 보면 결국 스스로를 긍정적으로 느끼게 될 것입니다. 이 같은 자기 암시적 발언은 위선이 아니라 자기 자신에 대해 진실하자는 것입니다.

불안감이 완전히 사라질 수는 없겠지만, 파괴적으로 우리를 지배하도록 내버려 두어서는 안 됩니다. 불안은 줄일 수 있습니다. 우리는 누구나 불안을 품고 살지만, 불안을 어떻게 다룰지 그리고 불안에 지배당하지 않으려면 어떻게 해야 하는지를 배울 수 있습니다. 스스로에 대한 자신감이 커 갈수록 부정적 사고는 자취를 감출 것입니다.

관계의 불안

불안과 두려움은 타인과의 관계, 특히 가까운 관계에 영향을 미칩니다. 불안과 두려움에 사로잡히게 되면 자신이 얼마나 자기중심적인 사람이 되어 버렸는지 눈치 채지 못할 때도 있습니다. 다른 사람에게 신경 쓸 겨를이 없어서 그들의 욕구와 불안, 상처에 무신경한 사람이 됩니다. 남들의 이야기를 들어 줄 여유가 없고, 그들에게 무슨 일이 일어나고 있는지 살필 마음도 없습니다. 이러다 보면 주변 사람들과 정서적으로 멀어지게 됩니다. 그들은 자기들이 방치되고 사랑받지 못한다고 느낄 테니, 상처 입고 분노하게 되는 것도 당연합니다. 관계는 일방적인 것으로 변하고 맙니다. 불안에 사로잡힌 사람은 세상과 주변 사람들을 잊어버리기 때문입니다.

배우자가 과연 자기를 사랑하는지 걱정스러운 나머지 무조건 복종하거나, 그를 기쁘게 하는 데만 급급해하는 상황도 생깁니다. 그에게 받아들여지고 그의 사랑을 얻기 위해 그가 원하는 것은 무조건 들어주고 동의하는 현상이 벌어집니다. 아니면 반대가 될 수도 있습니다. 상대에게 사랑받고자 하는 열망이 과하면, 도리어 그를 지배하고 억누르려는 경향이 생깁니다. 그런 식의 지배욕은 누가 더 강하다거나 누구를 사랑한다는 의미와는 아무 상관이 없는, 그저 불안의 또 다른 형태일 뿐입니다.

불안은 전염성도 강합니다. 한 사람이 불안해하면 상대방까지도 결국 불안에 빠지게 됩니다. 반대 경우도 있습니다. 한쪽이 온갖 불안에 시달리고 있으면 상대편에서는 자기만은 그렇게 되지 않으려고 상대방의 감정을 외면하고 무심히 방치하게 됩니다.

배우자의 불안에 압도당한 사람은 그를 돕지 못했다는 데서 오는 무력감과 자기는 부적격자라는 자괴감에 빠질 수 있습니다. 배우자를 돕고 싶지만 그렇게 하지 못하는 스스로를 쓸모없는 인간으로 여기는 것입니다. 상대방 역시 이쪽 배우자로부터 도움과 배려를 전혀 받지 못한다는 생각에 화를 내면서 정서적·성적으로 멀어지고 맙니다. 이렇게 되면 도움을 주지 못한 쪽은 죄책감과 수치심을 느끼게 되고, 결국 스스로를 무능한 배우자라고 단정 짓게 됩니다.

한 사람의 불안감이 아무리 크더라도 다른 한 사람은 스스로에 대한 믿음을 지켜야 합니다. 그렇지 않으면 덩달아 불안감에 휩쓸릴 수밖에 없습니다. 동요하지 않고 상대방의 불안을 해결하기 위해 노력해야 합니다. 스스로에게 충실하면서 불안감과 죄책감을 떨쳐 내고 결혼생활을 개선하기 위해 최선을 다해야 합니다. 스스로에게 더욱 자신감을 가지고, 상대에게 더욱 친절하게 대하고, 더욱 지지해 주고 배려해 주면 됩니다. 서로 사랑하는 사이에서 사랑과 다툼은 똑같이 중요합니다. 다툼의 과정을 통해서도 서로에 대한 섬세한 배려와 관심이 잘 드러납니다.

관계에서 불안감은 여러 형태로 나타납니다. 부부 문제를 비롯하여 성·자녀·돈·건강·부모 봉양 문제, 기타 현대 가정생활에서 일어나는 각종 문제가 안고 있는 불안과 두려움에 대해 부부가 허심탄회하게 상의한다면 서로 간의 신뢰가 더욱 커질 것입니다.

불안은 결혼생활에서 성 문제의 원인이 되기도 합니다. 최근 새로운 연구 결과와 더불어 이전에 비해 훨씬 상세해진 각종 정보 덕분에 성 문제에 대해 우리는 어느 때보다 많은 것을 알게 되었습니다. 여러 정보 덕에 부부의 성생활이 한층 개선되었고, 오해와 무지도 많이 사라졌습니다. 새로운 의약품들이 개발되어 성 기능 장애를 치료할 수 있게 되었고 성생활 강화도 가능해졌습니다. 그러나 이러한 발전에도 불구하고 결혼생활과 성생활에서 불안감이 중요한 영향을 끼친다는 사실은 분명합니다. 부부 중에 누가 불안을 느끼는가에 상관없이 부부는 함께 그 불안감을 퇴치해야 합니다. 서로가 서로를 민감하게 이해할 수 있어야 합니다.

부부 사이에 생기는 불안은 배우자 또는 자기 부모에 대한 숨겨진 원망의 표현일지도 모릅니다. 풀리지 않은 과거의 상처, 분노, 학대, 정신적 외상이 있을 수도 있습니다. 성에 관한 무지, 임신에 대한 두려움, 자신이 쓸모없다는 생각, 자존감 결여, 죄책감, 수치심, 그 밖의 심리적 문제들도 결혼생활에서 불안을 자아내는 원인이 되곤 합니다. 성생활에 대한 비현실적인 기대치, 성기나 가슴 크기에 대한 집착, 자기 몸에 대한 그릇된 이미지 등이 불안을 불러오고 이것은 다시 성 기능과 만족도에 영향을 미칩니다. 이 같은 불안감은 해결할 수 있는 것이지만, 우선은 해결하려는 의지가 있어야 합니다. 성생활은 우리 인간에게 있어 필요 불가결하고 민감한 부분입니다. 너무나 민감한 부분이라 불안이 조금만 개입되어도 안정감이 깨져 버립니다.

  중요한 관계일수록 각자의 관심사와 문젯거리에 담겨 있는 불안감을 서로 잘 알아야 합니다. 두려움과 불안에 대해 서로 대화해야 하고, 상대방의 불안감에 귀 기울여야 하며, 느낌을 서로 나누어야 합니다. 이렇게 함으로써 저마다 불안감을 잘 다루고 조절하면서, 자기 통제하에 불안감을 처리하고, 마침내 극복하게 되는 것입니다. 이럴 때 불안의 힘은, 부부의 문제를 악화시키고 마비 상태로 몰아넣는 파괴적인 것이 아니라 건설적인 방식으로 활용될 수 있습니다.

대응 방안

  불안과 두려움에 대처할 수 있는 여러 가지 방법이 있습니다.

1. 자각하라

  자신의 몸에서, 또 생각에서 불안과 두려움이 언제 일어나는지를 아는 것이 중요합니다. 현실 부정, 가식, 허세, 타인에 대한 원망, 불안감을 애써 무시하려는 태도는 도움이 되지 않습니다. 오히려 긴장과 스트레스, 초조가 더 심해질 뿐이며 신체적 문제가 발생할 수도 있습니다.

> 불안감을
> 애써
> 무시하려는
> 태도는
> 도움이 되지
> 않습니다.

2. 수용하라

자신이 두렵고 불안한 마음 상태임을 인정해야 현실을 받아들일 수 있고, 그런 다음 어떤 조치든 취할 수 있습니다. 불안과 두려움이 우리 삶의 일부이며, 앞으로도 그러할 것임을 인정하고 받아들여야 합니다. 불안하고 두려운 상태라고 해서 당황할 필요는 없습니다. 예수님도 불안과 두려움을 이겨 내셔야 했습니다.

3. 직면하라

타인과 의논하면서 불안감을 객관적으로 바라볼 수 있습니다. 불안과 연관된 모든 감정을 검토하여 긴장을 누그러뜨리고 영향력을 감소시켜야 합니다. 어깨에 생긴 멍울을 걱정만 해 봐야 소용 없습니다. 의사의 검진을 받아야 합니다. 별일 아니거나 심각한 것이거나 간에 일단 의사에게 보여야 치료를 시작할 수 있습니다. 어떠한 두려움이든 일단 맞닥뜨리고, 당신이 해야 할 일을 적극적으로 실행하십시오. 수잔 제퍼스가 『도전하라, 한 번도 실패하지 않은 것처럼』*Feel the Fear and Do It Anyway*에서 주장한 것도 바로 이 내용입니다.

제자들이 두려움에 떨면서 문을 잠그고 숨어 있을 때, 예수님은 잠긴 문을 통과해 나타나셨습니다. 우리도 두려움을 '통과해야' 합니다. 두려움이 우리를 삶에서 분리시키고 내면에 가두도록 내버려 두어서는 안 됩니다. 두려워하는 사람이나 상황 앞에 당당히 맞서야 합니다. 한 번만 해 보면 자신감이 생기고 스스로에 대해 긍정적인 기분이 들 것입니다. 우리는 더욱 강해지고 자신감 넘치게 변모할 수 있습니다. 제 목소리를 낼 줄 알아야 합니다. 그렇지 못하면 두려움을 이용해 남들이 우리를 통제하려 들 것입니다. 논쟁에서 이기거나 남들을 설복하지는 못하더라도 우리는 언제나 자신을 긍정적으로 대할 수 있습니다. 그럼으로써 자신과 타인을 더욱 존중할 수 있게 됩니다.

4. 꼼꼼히 들여다보라

불안과 두려움은 어디에서 옵니까? 불안한 가정과 부모 밑에서 따라왔을까요? 사랑, 포옹, 칭찬, 배려를 받지 못하고 자랐거나, 무시당하고 심한 꾸중을 들으며 성장했을 수도 있습니다. 정신적 외상을 입거나 참사를 겪거나 학대를 당한 적이 있습니까? 원인이 무엇이건 간에 불안을 끄집어내 직접 다루고 그것에 대해 이야기할 수 있어야 합니다.

불안을 야기하는 과거의 고통스러운 기억을 끄집어내고 해결하는 데 상담이 큰 도움이 됩니다. 부모에게서 유전된 문제라면 약물 치료가 필요할 것입니다. 생활하면서 받는 스트레스가 너무 커서 불안이 야기되거나 뇌의 화학적 균형이 깨지기도 합니다. 이럴 때는 상담도 받아 보고 약물 치료의 도움도 받아야 합니다. 이러한 증상을 굳이 다음 세대까지 넘겨줄 이유가 없습니다. 우리는 과거를 넘어서서 앞으로 나아가야 합니다.

한 가지는 분명합니다. 불안을 인정하고 불안과 함께 사는 법을 배워야 한다는 사실입니다. 불안을 넘어서고 불안에 삶을 지배당하지 않도록 해야 합니다. 예수님도 이와 비슷한 말씀을 하셨습니다. "누구든지 나에게 오면서 자기 아버지와 어머니, 아내와 자녀, 형제와 자매, 심지어 자기 목숨까지 미워하지 않으면, 내 제자가 될 수 없다"(루카 14,26). 예수님은 과거를 넘어 나아가라고 촉구하십니다. 부모를 원망할 필요는 없습니다. 그들 나름대로 최선을 다한 것입니다. 요즘 같은 정보와 지식이 당시에는 없었음을 기억하십시오.

5. 지금 이 순간을 살라

불안을 다스릴 수 있는 가장 좋은 방법 가운데 하나입니다.

6. 잠재우라

떠나보냄으로써 불안을 잠재울 수 있습니다. 불안과 두려움을 있는 그대로 받아들이고 다루고자 노력하다 보면 우리 안에서 불안은 점차 사라지게 됩니다. 그렇지 못할 경우, 우리 자신과 우리의 관계는 파괴되고 말 것입니다. 불안을 떠나보내고 앞으로 나아가며 자신을 신뢰하는 것이 중요합니다.

"어제는 지나갔고, 내일은 아직 오지 않았으며, 오늘만이 여기에 있습니다. 그러므로 오늘은 선물입니다." 너무나 많은 사람이 회한과 자기 불신과 죄책감과 잘못된 결정에 집착하여 과거에 매인 채 불안을 부채질하고 후회만 하고 있습니다. "이렇게 했었더라면 …" 하는 미련에서 헤어 나오지 못합니다. 이런 회한을 일평생 안고 살아가다 보면 초조와 걱정이 떠나지 않을 것이며 매사가 더욱 꼬이기만 할 것입니다.

오지 않은 내일을 두고, 이 일이 일어날까, 저 일이 일어나지 않으면 어쩌나 하고 염려하는 사람들도 있습니다. 이런다고 내일 일을 제대로 대비하는 것이 아닙니다. 혹시라도 있을지 모를 실수를 피하고자 전전긍긍하는 것일 뿐입니다. 내일, 다음 주, 내년에 집착해서 그 생각만 하고 그 이야기만 하면서도 예측 결과는 늘 부정적입니다. "만일 그렇게 된다면 …" 하는 생각이 끝없이 이어지면서, 두려움과 불안이 커지고 자신감과 에너지가 소진되며 이성의 힘과 판단력이 흐려집니다. 그리고 지나친 긴장이 실수를 불러옵니다.

내일 일어날 일을 두려워하다 보면 혼란과 긴장, 초조, 현실 인식 결여가 발생하기 쉽습니다. 상황을 언제나 과장되게 생각하고, 실제보다 더 나쁘게만 봅니다. 연구에 따르면 우리가 걱정하는 일의 약 80퍼센트는 절대로 일어나지 않으며, 설사 일어나더라도 우리가 염려하는 결과를 낳지는 않는다고 합니다. 비현실적인 기대 역시 두려움과 불안, 실망을 불러오기는 마찬가지입니다.

지금 이 순간에 초점을 맞추면 우리는 바로 지금 하느님께 감사 드릴 수 있을 뿐 아니라, 하느님의 뜻이 여기 우리 앞에 있음을 깨닫게 됩니다. 아이를 학교에 보내고, 업무를 처리하고, 어려운 사람을 돕고, 병원 예약 시간을 지키는 일들 속에 하느님의 뜻이 함께 있는 것입니다. 바로 오늘 최선을 다하도록 스스로를 격려해야 합니다(유달리 행복한 날도 물론 있겠지만요!). 굳건한 자신감을 바탕으로 스스로 힘을 북돋아 주면서, 친구들의 도움도 적극 활용해야 합니다.

불안에 대처하는 다른 방안도 있습니다. 자기 자신을 직시하고, 휴식을 취하고, 평온을 유지하고, 온정을 베풀고, 스스로를 이해하며 용서하고, 산책 같은 운동을 하는 것입니다. 몸의 긴장을 풀어 줄 방법을 찾아야 합니다. 자기 자신과 타인과 주변 상황에 대한 기대치를 현실에 맞게 조정해야 합니다. 자신의 한계를 인식하고, 문제 하나에 너무 골몰하지 않도록 시간을 제한하고, 포괄적 균형감을 유지하고, 자신에게 일어나는 좋은 일에 감사하고, 감정적 언사를 함부로 내뱉지 않도록 노력해야 합니다. 그래도 불안이 여전히 몸과 마음을 괴롭히면 그때는 의사의 도움을 청해야 합니다.

종교적 불안

종교에 대한 오해에서 비롯되는 불안을 잠깐 이야기해야겠습니다. 이러한 종교적 불안은 하느님에 대한 온전한 믿음에 해가 됩니다. 종교 안에서 지켜 오던 영혼의 평화가 깨지기 때문입니다. 이 같은 불안은 하느님과 우리의 관계를 멀어지게 하고, 우리의 영적 성장을 저해합니다. 게다가 우울증 같은 여타 정서적 불안마저 악화시킬 수 있습니다.

종교적 불안은 우선 부정적이고 두려운 하느님 이미지에서 비롯되고, 그다음은 죄에 대한 강박에서, 또 그리스도교적 메시지와 교회의 가르침에 대한 깊은 오해에서 비롯됩니다. 이 모든 것이 종교적 불안을 야기하는 원인들입니다. 불안을 해결하기 위해서는 성인들에게 적합한 종교교육을 대거 실시할 필요가 있습니다. 그럼으로써 우리는 초등학교 종교 시간에 배웠던 지식을 넘어서서 종교에 대해 명확히 인식하게 될 것입니다. 이러한 교육은 성인들로 하여금 종교적 불안에서 벗어나게 하면서, 그들이 신앙 안에서 성숙하도록 도와주고, 제대로 된 지식을 갖춘 양심을 발전시키도록 이끌어 줄 것입니다.

그리스도인은 예수님께서 가르치신 대로 사랑 가득하고 자비롭고 용서하시는 하느님을 믿음으로써 종교적 불안을 없앨 수 있습니다. 도처에 죽을 죄가 넘쳐 난다는 식으로 세상을 보지 마십시오. 세상에 죄가 존재하는 것은 사실이지만 좀 더 현실적이고 균형 잡힌 죄의식을 가져야 합니다. 예수님께서 복음에서 말씀하신 죄는 우리의 관계, 남에게 상처 주는 행위, 선을 행하지 않는 것, 일상생활에서 이웃을 돌보지 않는 행위 등을 의미합니다. 대죄를 제대로 이해한다는 것은, 미사를 빠지거나 욕설을 하거나 이러저러한 죄의

목록에 나오는 행동을 했으니 자기는 죽을 죄인이라는 생각에 괴로워하는 것과는 다릅니다. 타인을 저버리고 돌보지 않은 행위, 서로에게 계속 상처를 주는 행위에서 진정한 죄책감을 느껴야 합니다.

제2차 바티칸공의회 이후 우리는 신학과 성경에 대해 많은 지식을 새로 알게 되었습니다. 이토록 경이롭고 자유로운 지식은 널리 알려져야 합니다. 선택은 각자의 몫입니다. 더 많은 것을 배워 자유로워질 것인가, 아니면 지금에 만족하고 살 것인가? 불안을 자아내는 암흑 속에 머물 것인가, 아니면 참된 길을 비추어 주는 빛으로 나아갈 것인가? 예수님은 "건강해지고 싶으냐?"(요한 5,6)라는 질문을 우리에게 거듭 던지십니다.

물론 불안이 전부 다 사라지지는 않을 것입니다. 우리는 불안 속에 태어났고, 불안은 우리 삶의 일부입니다. 그러나 우리가 불안을 어떻게 다루느냐에 따라 사정은 달라집니다. 불안이 우리를 끝없이 잠식하거나 지배하도록 내버려 두어서는 안 됩니다. 여기서 실패하면 우리는 결코 자유로운 인간이 될 수 없습니다. 우리에게 희망을 주고 우리를 낙관적인 인간으로 만드는 신뢰의 기도로 삶을 가득 채워야 합니다. 성경은 "두려워하지 마라"라고 365번이나 말씀하십니다. 일 년 내내 매일 한 번씩 두려워 말라고 가르치는 것입니다. 예수님도 말씀하지 않으셨습니까? "두려워하지 말고 믿기만 하여라"(루카 8,50).

11. 재혼
이혼한 사람은 교회의 천덕꾸러기?

이혼의 현실을 제대로 논의하려면 재혼에 따르는 문제를 살펴보는 것이 중요합니다. 이혼하자마자 재혼하는 사람이 있는가 하면, 몇 년 지나서 재혼하거나 그냥 독신으로 지내는 사람도 있습니다. 초혼에 실패하는 사람도 많지만, 재혼을 해도 3분의 2는 다시 실패로 끝납니다. 놀라운 수치입니다. 한 번 결혼에서 실패했다면 그 실패로부터 배운 점이 있을 테니 두 번째 결혼은 성공할 확률이 매우 높을 것으로 흔히들 생각하지만, 이혼 후 적어도 3~5년은 지나야 정서적으로나 심리적으로 이혼의 상처에서 회복되는 것 같습니다. 첫 결혼 실패에서 통찰이나 교훈을 얻지 못하면 이혼 후 아무리 시간이 지난들 재혼이라고 잘된다는 보장이 없습니다.

첫 결혼에서 왜, 어떻게 실패했는지를 이해하는 데 필요한 정보를 얻지 못하면 재혼에서도 성공할 가능성이 낮아집니다. 대개는 자기가 재혼할 준비가 되었다고 생각하면서 지난 상처에서 완전히 회복되지 못한 것은 깨닫지 못합니다. 그래서 풀리지 않은 앙금을 두 번째 결혼에까지 끌고 들어가기 쉽습니다. 바로 이 때문에 그들에게는 첫 결혼의 실패 원인을 제대로 이해하기 위한 상담이 필요합니다.

첫 결혼이 왜 실패로 끝났는가?

다음 질문들은 이혼한 사람들이 첫 결혼을 성찰하면서 재혼을 위한 정서적·심리적 준비가 되었는지를 점검하는 데 도움이 될 것입니다.

- 결혼에 실패한 이유가 무엇인가?
- 결혼 실패의 상처에서 회복되고 있는가?
- 재혼할지, 독신으로 남을지 스스로 선택할 능력이 있는가? 자신이 온전하고 건강한 인간임을 자각하는가? 온전한 인간이란, 타인의 인정을 구하지 않으면서 한 인간으로서 자기 스스로를 완전하고 충만하게 느끼는 사람을 가리킵니다.

이런 질문들에 정직하게 답변할 수 있을 때 재혼의 성공 확률도 높아집니다.

1. 첫 결혼에 실패한 이유가 무엇인가?

　결혼생활의 원동력을 묻는 질문입니다. 서로 숨김없이 소통했습니까? 관계를 파괴하는 행동 양식은 없었습니까? 결혼생활에 지속적으로 갈등이 있었다면 무엇 때문이었습니까? 자기 주장을 펴는 태도는 적절했습니까? 갈등을 피하지는 않았습니까? 상대를 원망하고 탓하기만 하지는 않았습니까? 문제를 해결하고자 타협을 시도해 보았습니까? 먼저 말을 걸지 않은 것이 이혼의 원인은 아닙니까? 갈등 해소를 위해 어떤 방법을 써 보았습니까? 어떤 방법도 시도해 보지 않았다면 그것은 왜입니까? 분노를 어떻게 발산했습니까? 아니면 아예 발산하지 않았습니까? 부부 사이에 일종의 권력 다툼이 있었습니까? 각자의 부모들은 갈등에 어떻게 대처했었나요? 부부 중 한 사람은 갈등을 자유로이 표현하는 가정에서 자랐는데, 다른 한 사람은 꾹꾹 억누르는 분위기에서 성장하지는 않았습니까? 혹시 중독에 빠진 사람이 있었습니까?

　이 같은 질문과 성찰을 통해 관계에 유해한 행동 양식을 인정하게 되고, 두 사람의 관계를 결국 파경으로 이끌었거나 결혼생활이 항구적 관계가 되지 못하도록 가로막은 근본 원인도 드러납니다. 이렇게 얻어진 정보는 통상 결혼 관계를 넘어, 두 사람이 자라난 가정을 돌아보게 합니다. 이 과정을 통해 알코올중독자가 있는 가정이나 그 밖의 매우 불우한 환경에서 성장한 사실이 드러나기도 합니다.

**자신의 실수를
직시하려면
용기가
필요합니다.**

2. 어떻게 실패했는가?

부부간에 상대방의 결함이나 잘못된 언행, 무능을 찾아내는 건 쉬운 일입니다. 반면에 자신의 실수와 부족을 직시하려면 용기와 정직성이 필요합니다. 내가 저지른 잘못에 대해 책임을 인정하는 것이 가장 중요합니다. 상대방이 어떻게 잘못했는지도 알아야 하겠지만 내가 어떻게 잘못했는지를 아는 것이 더욱 중요합니다. 자문해 봅시다. 결혼생활의 문제점과 어려움 앞에서 나는 배우자를 어떻게 대했습니까? 그에게 적절하게 반응했습니까? 침묵으로 일관하거나 과민 반응을 보이지는 않았습니까? 상대방이 나의 자신감과 자존감을 좀먹게 내버려 두거나 나를 지배하도록 허용하지는 않았습니까?

고통스럽지만 대단히 중요한 질문들입니다. 이 같은 결정적 자료 없이 어떻게 더 나은 미래를 도모할 수 있겠습니까? 결혼이 실패한 것은 유감스러운 일이지만, 나 자신과 지난날에 관해 대단히 소중한 정보와 이해를 선사하는 귀하디귀한 정보들입니다.

결혼생활에서 참으로 독립적인 자기 자신으로 살지 못한 사람이 많습니다. 그들은 상담과 힘겨운 작업을 통해 이혼이라는 여정을 잘 마무리하면서 생전 처음으로 자기 자신이 누구인지를 알게 됩니다. 나는 이혼한 사람들, 특히 여성을 많이 상담해 왔는데, 결혼 전에는 이들에게 자존감이나 자기애, 자신감 따위가 거의 없었습니다. 결혼한 다음에는 그나마 있던 자의식마저 잃었습니다. 이들은 이혼 후에야 비로소 자유롭고 온전한 인간이 되었습니다. 부정적 자아상을 안고 결혼을 했으니 남편인들 제대로 고를 수 있었겠습니까마는, 이혼한 지금은 동반자를 선택하는 일도 더 잘할 수 있게 되었습니다.

소통에 문제가 있는 결혼에는 다양한 행동 양식이 있습니다. 그중 한 가지를 살펴보지요. 항상 제 할 말만 하면서 아내를 조종하는 피터라는 남자가 있습니다. 아내 조앤은 조용한 성품에 언제나 미소 띤 얼굴로 남편 뜻을 따릅니다. 남편은 조용한 자기 아내가 행복하고 만족스러운 결혼생활을 하고 있다고 생각합니다. 그러던 어느 날 조앤이 피터의 동업자 조지와 사랑에 빠져 별안간 남편을 떠나는 사건이 벌어집니다. 피터는 완전히 충격에 빠져 넋을 잃습니다. 그가 받은 상처와 분노와 배신감은 이루 말할 수가 없습니다. "어떻게 내게 이럴 수가 있단 말인가?" 피터는 한탄합니다. 아내에게 한 번도 불평불만을 들어 보지 못했으니 그는 자신이 항상 훌륭하고 자상한 남편이며 아버지라고만 생각해 왔습니다. 일이 이 지경이 되고도 큰소리치는 건 여전합니다. "나만큼 처자식에게 끔찍한 사람이 있으면 나와 보라고 해. 돈을 안 벌어다 주었나, 하자는 대로 안 해 준 게 있나, 술독에 빠져 살기를 했나 …." 아내가 떠나간 마당에도 그는 여전히 자기 장점만 보고 있는 것입니다.

이 사례를 보면 한쪽이 일방적으로 잘못한 것 같아도 실은 부부 모두에게 책임이 있습니다. 조앤의 진짜 문제는 자신감과 자존감이 부족하고, 솔직하게 소통하는 것을 두려워하고, 분노를 표출하는 데 어려움을 겪는 것(특히 남자에게) 등이었습니다. 따라서 조앤은 남편에게 오로지 순종적으로 굴면서 되도록 갈등을 피했던 것입니다. 조앤은 결혼생활 내내 남편의 지배적 성향 때문에 속으로 엄청난 적개심을 키워 왔습니다. 결과적으로 남편에 대한 존중과 사랑과 신뢰가 사라지고, 동시에 그녀 자신도 점차 자존감을 잃어 갔습니다. 그녀가 남편을 떠난 이유는 남편에 대한 분노와 부부 사이의 해소되지 않은 갈등 때문이었지만, 그동안 조앤은 이런 문제를 해결하고자 남편과 의논한 적이 단 한 번도 없었습니다.

한편 자기는 피해자라고 떠들고 다니는 피터는 결혼생활 동안 자기가 지독히 아내 위에 군림했으며 얼마나 무신경했는지 전혀 깨닫지 못하고 있습니다. 자기는 완벽한 남편이었다는 착각 속에 삽니다. 조앤이 조용히 지낸 것이 행복하다는 표시가 아니었음을 깨닫지 못합니다. 사실 피터는 아내가 무슨 생각을 하고 무엇을 느끼는지, 원하는 것은 무엇인지 제대로 알지 못했습니다. 그저 아내가 행복하려니 했을 뿐입니다. 조앤의 감정이나 욕구에 관심을 가진 적이 없었고, 그녀가 자신감과 자존감이 부족하다는 사실도 알지 못했습니다. 따지고 보면 피터 역시 자기 스스로에 대한 믿음이 부족했기에 아내의 성향을 즐겼다고도 볼 수 있습니다.

이 사례는 아주 전형적인 결혼 실패담입니다. 결혼 실패의 진짜 원인은 한쪽이 신의를 저버렸다든가 하는 대단한 이유가 아닙니다. 결혼은 두 사람 모두 자기의 약점을 인정하면서 태도를 바꾸려 노력하고, 건강하고 원만한 관계를 위해 함께 성장하려는 자세가 되어 있을 때만 성공할 수 있습니다. 헤어지고 나서 다시 화해할 가능성이 없다 하더라도 둘 사이에 있었던 문제를 해결하고 거기에서 교훈을 얻어야, 재혼도 할 수 있고 행복한 결혼생활을 기대할 수도 있습니다. 답답한 태도를 바꾸지 않고 실패에서 교훈을 얻지도 못한다면 재차 실패를 맛보게 될 것이며, 아니면 그냥저냥 결혼생활을 이어 가는 것이 고작일 것입니다.

3. 어떻게 치유되고 있는가?

자신에 대해서 무엇을 알게 되었습니까? 이혼하고 2~3년 지날 때쯤이면 결혼이 실패한 진짜 이유를 이해할 수 있어야 합니다. 이때쯤이면 실패에 대한 정보와 통찰이 생기면서, 상대방의 집안 내력이나 성장 배경도 서로 잘 이해하게 되어, 거기에서 자기네 파경과 관련된 중요한 정보도 얻게 됩니다. 서로의 집안 내력이 자신들의 관계에 미친 영향 가운데 좋은 점과 나쁜 점은 무엇이었습니까? 과거에 부모나 형제들과의 관계는 어땠습니까? 내 부모는 서로 어떤 사이였습니까? 부모 두 사람의 관계는 내 결혼생활의 청사진과 같은 것입니다. 내 결혼생활에까지 연결되는 부모의 장점과 단점이

어떻게 치유되고 있습니까? 스스로에 대해서 무엇을 알게 되었습니까?

있습니까? 부모와의 관계에서 해소되지 않은 갈등을 내 결혼생활에까지 끌고 들어오지는 않았습니까? 부모끼리의 소통 수준과, 나와 부모 사이의 소통 수준은 어떠했습니까? 단란하고 화목한 가족이었습니까, 아니면 시끄럽고 불화하는 가족이었습니까?

우리는 자신의 과거를 세 가지 방식으로 재현합니다.

첫째, 자기 집안의 실책을 되풀이합니다. "아버지가 알코올중독이었는데, 나도 알코올중독자와 결혼했습니다."

둘째, 과거에 반항합니다. "부모님은 늘 싸우고 서로 으르렁거리는 사이였어요. 그래서 나만큼은 결혼생활에서 절대로 싸우지 않고 화도 안 내겠다고 맹세했습니다."

셋째, 자기 집안의 좋은 내력은 본받으면서, 식구들의 결함은 최대한 닮지 않으려 노력합니다.

변화란 삶과 관계에 새로운 정보를 제공하는 것을 말합니다. 이런 식으로 우리는 유해한 과거의 악순환을 끊을 수 있습니다.

이혼한 사람들은 자신의 상처와 분노, 복수에 대한 강렬한 감정이 점차 사그라지거나, 자기 자신과 아이들에 대한 두려움과 불안이 가라앉고 자신감과 희망이 생겨날 때 비로소 자기가 치유되고 있음을 확신하게 됩니다. 자기 존재를 긍정하게 되면서 삶에 대한 책임감도 더욱 강해집니다. 더 이상 남의 탓을 하지 않습니다. 과거는 이제 아무런 영향을 끼치지 못합니다. 드디어 이혼이라는 어두운 골짜기를 빠져나왔다는 고마운 마음마저 듭니다. 파괴적인 결혼 생활이 막을 내린 데 대해 기뻐하고 즐거워하면서, 애초에 그런 결혼을 하지 말았어야 했다며 후련해하기도 합니다. 다시 전성기를 맞았습니다. 한 여성이 말합니다. "이혼이 아니었더라면 하느님이 내게 원하신 이런 멋진 사람이 될 수 없었을 거예요."

이혼한 사람들은 법적인 이혼 후에 감정적·심리적 이혼에 시간과 노력이 더 든다는 사실을 알아야 합니다. 심리적 이혼이 어려운 사람이 많습니다. 이들은 증오와 분노에 매달립니다. 어떤 의미로는 아직도 결혼 관계를 계속하고 있는 사람들이라고 볼 수 있는데, 증오와 분노는 전 배우자와의 관계가 계속 남아 있음을 의미합니다. 돈 문제, 자녀 문제, 기타 해소되지 않은 문제들 때문에 이혼 후에도 갈등이 지속되기 쉽습니다. 바로 이 점 때문에 이혼하는 사람들에게는 중재와, 특히 상담이 필수입니다.

이런 감정과 문제를 해소하지 않은 채 재혼을 해 버리면 그것은 이중 결혼생활을 하는 것이나 마찬가지입니다. 두 번째 결혼생활도 순탄하기 힘듭니다. 첫 결혼에서 파생된 모든 파괴적 요소에 여전히 얽매여 있습니다. 이런 상태로는 재혼생활도 위태로워지고 관계가 건강하게 발전하지도 못합니다.

> **상대방을
> 용서하는 것은
> 나 자신과
> 나의 치유를
> 위해서입니다.**

나이 든 자녀도 그렇지만 특히 어린 자녀는 재혼생활에서 스트레스와 불화의 원천이 됩니다. 첫 결혼에서 야기된 문제는 재혼생활에 꼭 필요한 정서적 에너지를 고갈시키기 쉽습니다. 재혼 후에 발생할 수 있는 자녀 문제나 돈 문제, 전 배우자나 친지와의 문제를 해결할 수 있는 확실하고 실제적인 계획을 세워 놓지 않는 사람들도 있는데, 재혼 전에 이런 문제를 철저히 검토하고 해결해 놓지 않으면 재혼마저 파국으로 치닫게 될지 모릅니다.

이혼의 상처가 아물고 있고 재혼할 준비가 되었다는 또 다른 증거로는, 헤어진 배우자를 용서하고, 하느님의 용서를 받아들이며, 자기 스스로를 용서하게 되는 것을 들 수 있습니다. 전 배우자를 용서하는 것은 무엇보다 자신을 위해서, 자신의 치유를 위해서입니다. 용서한다고 해서 그 사람에 대한 고통스러운 감정이 아예 되살아나지 않는다는 뜻은 아닙니다. 그를 다시 받아들이거나 화해한다는 뜻도 아닙니다. 용서하는 것과 상대방의 잘못을 묵인하는 것은 다릅니다. 과거를 떠나보내고 미래를 향해 앞으로 나아가는 것이 바로 용서입니다.

미래의 약속이 우리 앞에 있습니다. 지금까지 일어난 모든 일이 우리를 완전히 변화시켰습니다. 우리는 더 이상 비통해하지 않는,

희망 가득한 인간이 되었습니다. 이혼 경험과 상담에서 얻은 통찰력 덕에 우리 자신에 대해 더 풍성히 알게 되었습니다. 우리는 변했으며 자신과의 관계도 더욱 좋아졌습니다. 스스로에 대해 더 굳은 믿음과 희망을 가지게 되면서, 다른 사람들에 대한 희망과 믿음도 깊어지게 되었고, 이로 인해 인간관계에서도 더 나은 선택을 할 수 있게 되었습니다.

4. 재혼할지, 독신으로 남을지 스스로 선택할 수 있는가? 그리고 어떤 선택을 하든 나 자신이 온전하고 건강한 인간임을 자각할 수 있는가?

이혼의 목적은 재혼이 아닙니다. 상처를 치유하고, 자신의 내면에서 평화와 만족과 행복을 찾으려는 것입니다. 행복은 타인에게서 구할 수 있는 것이 아니라 자기 안에서 찾아야 하는 자신의 선택입니다.

재혼을 한다면 그것은 자유로운 선택이라야 합니다. 내가 무엇이 되기 위해서 반드시 누구와 함께여야 한다는 절박한 욕구 때문에 재혼을 선택해서는 안 됩니다. 외로움이나 혼자라는 데 대한 두려움 때문에, 보살핌 받고 보살펴 주고 싶다는 욕구 때문에 재혼을 결정해서는 안 됩니다. 재혼을 하려면 친밀하고 애정 어린(삶을 함께 나눌 수 있는) 관계를 맺고 싶다는 동기가 있어야 합니다.

재혼을 하려면 재혼 상대자가 (이전 배우자와 이혼했든 사별했든 상관없이) 자신의 상처를 치유하고 애도 과정을 제대로 거쳤는지,

그래서 다음 네 질문에 잘 대답할 수 있는지를 알아보고, 결과를 신중히 고려해야 합니다.

첫째, 지난 결혼생활과 자기 집안에 관해 통찰하고 있는가?

둘째, 결혼이 실패한 데 자기 책임도 있다는 사실을 인정하는가?

셋째, 그래서 변화했는가? 변화를 위해, 통찰하기 위해, 자신에 관해 알기 위해, 열정적인 삶을 위해 노력하고 있는가?

넷째, 비통과 분노와 원망이 삶을 지배하고 있지는 않은가?

이 질문들에 명확히 답변하지 못한다면, 아무리 좋은 결혼 상대자로 보일지라도, 또 그에게 아무리 끌릴지라도 결혼하지 않는 것이 좋습니다. 이런 사람과는 성공적인 관계를 맺을 가망이 없습니다. 결혼 서약을 하기도 전에 이미 끝난 것이나 다름없습니다. 만약 그가 결혼 전에 상담을 받겠다고 한다면 그것은 긍정적인 신호입니다. 그렇더라도 결혼을 서두르지 말고 상담이 효과를 거두는지를 먼저 지켜보아야 합니다.

이혼 경력이 있는 사람들이 상담을 통해 일단 상처를 치유하여 삶의 안정을 찾은 다음, 새로운 결혼 상대자를 내게 데려와 상담하게 하는 경우가 많습니다. 그러면서 재혼 후보자가 그 자신과 이전 결혼과 자기 집안에 대해 제대로 들여다보지 않는 한, 재혼하지 않겠다는 의지를 내비칩니다. 후보자가 재혼을 진지하게 고려하고 있다면 필요한 도움을 받기 위해 이 과정을 충실히 따를 것입니다. 말로만 하는 약속은 아무 소용 없습니다. 실천과 변화가 중요합니다.

당사자들이 스스로에 대해 잘 알고, 결혼생활을 잘하겠다고 약속한다 하더라도 재혼은 쉽지 않은 길입니다. 하물며 이전 결혼에서 무엇이 잘못되었는지도 모르면서, 감정과 욕구와 기타 노이로제 증세로 재혼을 서두르기만 한다면 그 결혼은 극히 위태로워지고 말 것입니다.

재혼에도 실패하고 삼혼, 사혼까지 하는 사람도 있는데, 이때라고 성공하라는 법은 없습니다. 두 사람이 진실한 정서적 친밀감을 추구하지 않기 때문에 실패하는 경우도 있습니다. 진정한 정서적 친밀감을 추구하기란 정말 힘듭니다. 그래서 대개는 친밀감의 영역에서 완벽을 추구하기보다 적당히 타협하려고 하지만, 적당한 타협만으로는 결혼생활을 성공적으로 이어 가기 어렵습니다.

이혼하고 새로운 남자와 만나고 있는 여성들을 상담하다 보면, 아직 마음의 준비가 되지 않았는데도 상대방이 성 관계를 강요한다는 말을 자주 듣게 됩니다. 건전한 정서적·심리적 관계에 기반하지 않은 관계는 실패하기 마련입니다. 그녀들은 성 관계를 맺지 않고는 '좋은 남자'를 만나기 어렵다며 씁쓸히 좌절감을 토로합니다. 이때는 양쪽 모두 진실한 관계에 돌입할 준비가 되어 있지 않은 상태입니다. 제 욕구만 채우려고 하는 남자는 필시 자신에 대해서 부족함을 느끼면서도, 상대방을 지배하려는 욕구를 드러내고 있는지도 모릅니다. 그들은 정서적 관계를 먼저 맺고 싶어 하는 여성들의 요구를 외면해 버립니다.

남성의 요구에 굴복하는 여성도 있습니다. 스스로 불안하고 자신이 없거나 다른 남자를 만날 수 없을지 모른다는 두려움 때문입니다. 이럴 때 자존감은 낮아지고, 복종과 지배의 문제가 제기되며, 불안과 비현실적인 기대가 초래됩니다. 정서적·심리적 친밀감을 진지하게 추구할 준비가 전혀 되어 있지 않은 사람들이 유사한 어려움을 겪게 되는 것은 당연한 일입니다.

많은 여성이 남성들에게 관계 실패의 원인을 진지하게 직시하도록 동기를 부여했습니다. 남성들은 생전 처음으로 자기 자신의 감정과, 남성 대다수가 갖고 있는 정서장애에 직면하여 씨름하기 시작했습니다. 제임스 샬러 박사의 『아내가 꿈꾸는 남편이 되는 법』 Become the Husband Your Wife Thought She Married이라는 책에서 이런 문제를 잘 다루고 있습니다.

재혼을 앞둔 이들은 자기들이 다방면에서 의견이 잘 맞는다는 말을 많이 합니다. 서로 의견이 같으면 좋은 것이지만 정말 중요한 것은 의견 차이를 어떻게 드러내고 조절할 수 있는가 하는 점입니다. 차이가 있음에도 어떻게 자기 자신을 지킬 수 있고, 그러면서 또 함께할 수 있는지가 중요합니다. 어떻게 두 사람이 숨김없이 소통할 수 있을지, 서로의 차이를 어떻게 드러내고 분노를 표현할 수 있을지, 혹은 어떻게 갈등 관계를 조절해 갈 수 있을지를 충분히 논의해야 합니다.

독신으로 남기

"독신으로 지내면서도 나 자신을 온전한 인간으로 볼 수 있을 것인가?" 이것은 중요한 문제입니다. 독신으로 살기를 선택한다면 우선 독신생활이 결코 오점이나 결함이 아니라는 사실을 분명히 인식해야 합니다. 독신은 하나의 삶의 방식이며 그 자체로 소명입니다. 독신생활에서 얻어지는 자유를 통해 공부를 더 하거나, 일에 몰두하거나, 사회봉사나 종교생활을 통해 남들을 도우면서 자기 삶을 확장할 수 있습니다. 의미 있는 활동을 할 수 있는 가능성과 기회는 많습니다.

독신으로 지낸다고 해서 타인과 정서적으로 친밀한 관계를 맺지 못한다는 뜻은 아닙니다. 어떤 생활 방식을 선택하더라도 정서적 친밀감을 누리는 것은 중요합니다. 재혼하지 않는 것이 꼭 재혼에 대한 두려움과 또다시 실패할 것에 대한 공포 때문이라거나, 스스로 부족함을 느껴서라고 할 수는 없습니다. 독신생활이 주는 의미와 기회 때문에 혼자 살기로 선택한 것뿐입니다. 이는 자기 자신을 긍정하는 마음이며, 스스로와 좋은 관계를 유지하려는 태도입니다.

독신을 선택한 사람에게 가족이나 친지가 결혼하라는 압력을 가하기도 합니다. 당사자는 현재 생활에 아무 불만이 없는데 주변 사람들이 편치 않은 것입니다! 이때는 본인이 독신에 대해 확고한 태도를 견지하는 것이 중요합니다. 그러면 주변 사람들도 결국 물러설 수밖에 없습니다.

독신자는 기혼자들과도 마음 편히 만나 어울리면서 스스로를 이방인이나 그 자리에 어울리지 않는 사람으로 여겨서는 안 됩니다. 때로는 독신자를 불편하게 생각하는 사람들을 상대해야 하는 경우도 있습니다. 독신자를 이상한 사람 또는 동성애자로 오해하는 사람들의 의혹을 해결해 주어야 하는 상황도 생길 것입니다.

나는 이혼한 사람들 중에서도 특히 여성들이 이혼의 충격에서 벗어난 후 홀로 행복하게 사는 모습을 많이 보았습니다. 이들은 재혼에 전혀 관심이 없었으며 자신감과 자의식, 삶과 자기 자신에 대한 만족도가 매우 높아 보였습니다. 삶에 목표가 있고 그것을 실현하고자 적극적으로 노력하는 모습이 자녀들에게도 정신적·도덕적으로 귀감이 됩니다.

이혼 후에 어떤 길을 선택하든 그것은 자유의지에 따른 선택이어야 합니다. 한 번 실패한 경험을 잘 정리하여 과거의 짐을 내려놓고, 정서적·영적 치유를 얻은 다음에야 이러한 자유로운 선택이 가능해진다는 사실에는 의문의 여지가 없습니다. 자기 자신에 대해 긍정적인 마음을 가지고, 자기 자신과 타인을 용서하며, 온전한 한 인간으로서 존재감을 느껴야 합니다.

가톨릭의 '혼인 무효'

가톨릭교회의 혼인 무효 선언이 가톨릭 신자들에게는 중요한 사안이라면 개신교 신자들에게는 수수께끼 같은 개념입니다! 혼인 무효 선언은 어떤 결혼이 결혼식 당일부터 적절한 혼인성사가 아니었음을 천명하는 것입니다. 세속에서는 합당한 결혼이었을 수 있습니다(따라서 자녀는 법적으로 정당합니다). 그러나 교회법상 정당한 혼인성사는 아니었다는 입장입니다. 혼인성사는 몸과 마음과 정신이 삶에서 일치를 이루는 것입니다. 그런데 어떤 사람들은 애초부터 그러한 일치를 이루는 것이 불가능합니다. 결혼 당시에 정서적·심리적으로 미숙하거나 손상되어 있었던 사람, 알코올이나 약물에 중독되어 있었던 사람도 여기에 해당됩니다.

혼인 무효 절차는 그 결혼이 어찌하여 성사에 부합하지 않은 결혼이었는지 원인을 조사합니다. 그리고 조사 결과에 준하여 교회는 결혼을 무효화할 수 있습니다. 즉, 그 결혼이 처음부터 합당한 혼인성사가 아니었다고 선언하는 것입니다. 혼인 무효 선언은 부부가 나쁜 사람들이었다고 말하지 않습니다. 다만 항구적이며 서로에게 생명을 주는 그리스도교적 혼인을 지켜 갈 능력이 없었다고 선언하는 것입니다.

어떤 결혼은 결혼 자체가 무효화될 수 있는 절차상 이유가 있을 수 있습니다. 예를 들어, 결혼에 관한 교회법을 어겼을 때 그 결혼은 무효입니다. 결혼 당시 심적 압력으로 결혼 당사자가 자유롭게 행동하기 힘들었다면 이때도 혼인 무효가 내려질 수 있습니다.

혼인 무효 선언을 받아 낸 가톨릭 신자가 재혼했을 때 심각한 문제에 봉착하는 경우가 적지 않습니다. 혼인 무효 선언만 받으면 재혼은 성공적으로 이루어진다고 누가 보장할 수 있습니까! 요즘은 혼인 무효 선언을 받은 신자가 재혼하려면 반드시 상담을 먼저 받도록 요구하는 교구가 많습니다. 필라델피아 교구의 경우 혼인 무효 선언을 받은 신자들이 재혼 전에 정신적 지원과 도움을 받을 수 있도록 상담 프로그램을 운영하고 있습니다. 교회 측에서 대단히 의미 있는 노력을 하는 것으로 볼 수 있으며, 다른 교구들도 이런 모범을 따라야 할 것입니다.

미국의 경우, 이혼한 가톨릭 신자로서 혼인 무효를 신청하면 85퍼센트 정도가 정식으로 혼인 무효를 허락받지만, 정작 신청하는 사람은 이혼한 신자 전체 가운데 고작 10퍼센트에 지나지 않습니다. 그렇다면 왜 이들은 혼인 무효를 신청하지 않는 것일까요?

첫째, 교회가 선언하는 혼인 무효에 관해 오해하고 있거나 무지한 경우가 많고, 혼인 무효 선언을 얻는 데 시간이 얼마나 걸리는지도 잘 모르기 때문입니다(미국은 통상 1~2년 정도 걸림). 고통스러운 이야기를 되풀이하고 싶지 않고, 신청 서류를 작성할 때 너무 사적인 내용까지 드러난다고 느끼는 사람들도 있습니다. 또 혼인 무효 선언을 신청하려면 돈이 많이 든다고 믿는 신자도 많습니다. 저명하고 부유한 가톨릭 신자들은 자신의 사회적·경제적 지위를 이용해서 혼인 무효 선언을 신속히 받아 낸다는 소문(사실 여부는 불분명함) 때문에 이런 오해가 더욱 가중되기도 합니다. 교회의 혼인 무효 법정에서 요구하는 신청비는 혼인 무효 선언에 필요한 사무 절차에 따르는 실비 수준입니다. 경제적으로 이런 경비를 감당하지 못하는 사람들을 감안해서 신청비를 감해 주거나 완전히 면제해 주는 경우도 있습니다. 혼인 무효 신청에 드는 경비는 이혼 소송에 드는 천문학적 비용에 비교하면 극히 적은 액수일 것입니다.

  나는 신자들에게 이혼 후 충분한 상담을 받고 나서 혼인 무효 신청을 해도 늦지 않는다고 말해 주곤 합니다. 이렇게 한다면 혼인 무효 신청 전에 마음의 준비를 훨씬 더 잘하게 되는 셈입니다. 더 나아가, 이들에게는 결혼 실패 후 조급하게 혼인 무효 신청을 하는 것보다 마음의 상처를 치유하는 일이 우선입니다. 이 과정이 혼인 무효보다 훨씬 더 중요합니다. 나는 혼인 무효를 신청하면 대부분 허용받는다는 사실을 말해 주면서 사람들을 안심시킵니다. 더 정확히 말해, 교회 혼인 법정에서 혼인 무효 심사 건을 접수하면 거의 확실히 절차가 진행된다고 보면 되겠습니다.

  혼인 무효 신청서에 기재해야 하는 내용이 많아서 부담을 느끼는 신자들도 있습니다. 아주 장황하게 써 오는 사람도 있는데, 핵심에서 벗어나거나, 결혼 실패 원인을 제대로 짚지 못하거나, 자기 책임에 대해서 부인하는 경우가 많습니다. 이럴 때는 전문 상담사의 도움을 받아서 결혼이 실패한 합당한 이유를 찾고 신청 절차를 진행하는 것이 좋습니다. 상담 과정에서 그들은 결혼 전부터 상대방에게 있었던 심리적 문제나 파경을 몰고 온 문제에 관해서 정보를 더 얻을 수도 있습니다.

교회 혼인 법정 책임자들은 혼인 무효 과정을 처리하는 데 도움이 될 만한 조력자를 선정해야 합니다. 내가 겪어 본 바로는 혼인 법정에 관여하는 대부분의 사제나 부제, 담당자들은 자기들이 상대하는 이들의 고통에 민감하게 깨어 있었습니다. 이분들은 진지하고 책임감 있는 자세로 온정과 자비와 그리스도의 마음을 반영하고자 노력하고 있습니다. 이 같은 사실들로 비추어 보건대, 혼인 무효 선언에 관해 가톨릭 신자들에게 더 많은 홍보가 이루어져야 할 것입니다. 혼인 무효를 신청하는 신자 수가 아주 적다는 사실만 보더라도 이에 관한 신자들의 오해와 무지가 얼마나 큰지 알 수 있습니다.

우리 가톨릭교회는 혼인 무효 제도가 효과를 거두지 못하고 있음을 인정해야 하며, 나는 이 모든 과정을 재검토하고 개선해야 한다고 믿습니다. 오랫동안 이혼한 사람들을 상담해 온 내 경험에 따르면 교회 책임자들은 다음과 같은 사항을 혼인 무효 절차를 개선하는 데 하나의 지침으로 고려해 봄직하다고 생각합니다.

첫째, 혼인 무효 신청에 전문적 상담을 필수적으로 동반해야 합니다. 교구에서 그런 서비스를 실비로 제공할 수 있을 것입니다.

둘째, 상담자는 내담자의 동의하에, 혼인 무효 신청과 병행하여 교구 혼인 법정에 평가 보고서를 제출해야 합니다. 이 보고서는 내가 이 장 앞부분에서 기술한 네 가지 질문에 관한 논의와 응답을 포함해야 합니다. 교회 법정은 상담 전문가의 통찰에 기초하여 신청자의 재혼 가능성에 관해 답변하게 될 것입니다.

셋째, 교구는 이혼한 사람들과 별거하는 사람들을 위한 지원 모임을 지속적으로 운영해야 합니다. 모임을 통해 그들은 정서적·영적 치유를 얻으면서 자신감을 되찾게 됩니다. 또한 교구는 결혼생활의 심리적 문제, 가정생활, 인간의 정서적·심리적 측면에 관한 워크숍을 마련할 수도 있습니다.

마지막으로, 교구의 혼인 법정은 이혼한 신자들에 대해 법적 측면보다 심리적·영적 치유의 측면에 더욱 초점을 맞춰야 합니다.

이 같은 내용들을 명확히 규정하고 발전시켜야 합니다. 이런 접근 방식이 혼인 무효 선언에 있어 현재 운용되고 있는 엄격한 법적 접근 방식보다 훨씬 더 유익하고, 부담감은 덜하면서, 한결 효율적이고 그리스도교적이라고 생각합니다. 더욱이 가톨릭 신자와 재혼을 앞두고 상대방의 치유에 도움을 주고 싶어 하는 비그리스도인에게도 덜 부담스럽게 느껴질 것입니다. 이럴 때 교회는 이혼했거나 별거 중인 이들에게도 지원과 격려를 제공하는 안식처가 될 수 있으며, 더욱 건강하고 행복한 재혼생활에도 도움이 될 수 있습니다. 다시 말하거니와 혼인 무효 선언의 전 과정은 법적 절차라기보다 사목적 방식으로 다루어지는 것이 옳다고 봅니다.

이유야 어찌되었건 혼인 무효 선언을 얻어 내지 못한 가톨릭 신자, 또는 이혼 후 비신자와 혼인성사 없이 일반 결혼으로 맺어진 사람들에게 성체성사에 참여하도록 하는 것은 큰 문젯거리입니다. 혼인 무효를 신청하지 않은 사람들은 더 말할 나위도 없습니다. 이러

**교회는
치유의 터전이
되어야 합니다.**

한 신자들에게 성체성사는 개인 양심의 문제가 되었습니다. 이들은 교회로부터 공식적으로 추방되지는 않았지만 가톨릭 예식에 맞춰 합당하게 재혼하지 않았으므로 성체를 영할 수 없다는 말을 듣습니다. 하지만 이들 중에도 성체를 영하는 신자가 많습니다. 신자로서 성체를 영할 권리가 있고 자신의 양심에 의거해서 판단했다고 생각하기 때문입니다. 이들이 옳든 그르든 오늘날 많은 신자가 이렇게 생각하고 행동하고 있음을 직시해야 합니다.

'종교적 고통'을 더하지 않더라도 이혼과 재혼은 이미 충분히 고통스러운 일입니다. 그리스도교 공동체는 이혼과 재혼을 겪은 사람들에게 위로와 치유의 터전이 되어야 합니다. 착한 사마리아 사람이, 강탈당하고 초주검이 된 나그네를 데려간 여관은 오늘날의 교회를 상징합니다. 교회는 행복한 결혼의 꿈을 강탈당한 사람이 위안과 지혜의 보살핌을 받고자 문을 두드리는 곳이어야 합니다. 이런 과정을 거쳐 치유되어 세상으로 나오는 사람은 비로소 삶의 여정을 헤쳐 나갈 수 있는 힘을 얻게 됩니다.

사람에게는 두 가지 기본 욕구가 있습니다. 하나는 타인과 긴밀한 관계를 맺고자 하는 욕구요, 다른 하나는 자기 삶에 책임을 지는 고유한 존재, 자기 삶을 스스로 지휘할 수 있는 능력 있는 존재가 되고자 하는 욕구입니다. 이 두 가지 욕구를 동시에 충족시킬 수 있는 가장 좋은 기회가 바로 결혼일 것입니다. 결혼은 우리가 한 개인으로서 성장하고 발전할 수 있는 섬세한 과정인 동시에 자기가 원하는 관계를 발견할 수 있는 기회이기도 합니다. 자아를 지키려는 욕구와 관계를 유지하려는 욕구 사이의 긴장은 건강한 긴장이며, 결혼생활에 창조적인 힘을 부여해 줍니다. 이로써 우리 모두는 지상의 삶에서 만족감을 누리고, 훗날 천상에서는 구원을 얻을 것입니다(더 자세한 정보를 원하시는 분에게 『교회에서의 재혼』*Remarriage in the Church After Divorce: Pastoral Solutions*을 추천합니다).

12. 행복한 결혼생활
나는 자신 있는데, 당신은요?

결혼은 타인과 긴밀히 연결되어 2세를 낳고 싶어 하는 우리 인간의 근원적 욕구에 대한 해결책입니다. 이로써 인류는 존속되고, 남자와 여자는 정서적·성적 친밀감이라는 멋진 체험을 누리게 됩니다.

  좋게든 나쁘게든 결혼은 인류 역사를 통해 여러 형태로 발전해 왔습니다. 결혼 제도는 진화해 왔지만, 배우자 학대나 남녀 불평등 문제 등 아직도 해결해야 할 점이 많습니다. 결혼을 통해 두 사람이 함께함과 동시에 독립적인 개인으로 남으려 할 때 자연스러운 긴장이 발생하기 마련입니다. 바로 이런 긴장이 부부가 모색하는 친밀한 관계의 원동력일지도 모릅니다. 결혼은 태곳적부터 문제가 많았습니다. 아담과 하와가 하느님과의 신뢰 관계를 무너뜨리고 두 사람 사이에 문제를 일으킨 것도 결혼을 통해서였습니다. 아담은 하와를 원망했고 하와는 뱀에게 책임을 떠넘겼습니다. 결혼생활을 잘해 보려고 애쓰는 사람들에게 이런 구도는 낯설지 않을 것입니다.

여러 차례 감행하면서까지 결혼생활을 제대로 한 번 해 보려는 사람들도 있습니다. 결혼생활을 통해 친밀감을 누리고 싶은 욕구가 그만큼 강렬하다는 증거입니다. 교육 수준은 매우 높아졌지만, 관계를 발전시키는 데 필요한 정보와 이해와 통찰이라는 면에서는 여전히 부족한 점이 많습니다. 젊은 세대가 결혼을 해도 부모들 결혼생활의 좋거나 나쁜 측면을 그대로 답습하는 경향이 있습니다.

오늘날은 결혼에 대한 회의주의가 팽배해 있습니다. 결혼을 해서 장기적으로 과연 좋은 관계를 유지할 수 있을지 두려워합니다. 결혼을 덫으로 묘사하는 많은 글에서도 결혼에 관한 회의적 태도가 드러납니다. 혼자 살면서 누리는 자유라는 이점 때문에 결혼을 미루는 젊은이들도 있습니다. 상대방을 위해 헌신하려는 의지가 없다 보니 결혼하지 않고 동거만 하는 경우도 있고, 친밀한 관계를 맺는 것 자체가 두려워서 일회적인 만남을 전전하기도 합니다. 불행한 결혼생활이나 이혼을 목격한 젊은이들이 자기네 결혼은 과연 성공할 수 있을지 불안해하는 것도 충분히 이해가 갑니다. 이들은 결혼에 냉소적인 시각을 갖게 되어 결혼을 피하기도 합니다.

나는 아름답고 항구한 결혼생활이 가능하다는 사실을 이 책을 읽는 독자들이 긍정적으로 받아들이기를 희망합니다. 그런 결혼에는 다섯 가지 특징이 있으며, 이 특징들이야말로 원만한 결혼 관계의 핵심을 이루는 것들로, 내가 앞에서 설명한 내용을 전체적으로 요약하고 있습니다.

첫째, 행복한 결혼생활을 위해서 부부 각자가 제 몫의 책임을 다해야 합니다. 결혼생활에서 자신이 맡은 역할에 집중하고, 제 할 일을 충실히 수행하는 것입니다. 각자 이렇게 자문해 보아야 합니다. 결혼생활에서 나의 역할은 무엇인가? 결혼생활을 잘 유지하고 발전시키려면 나는 무엇을 해야 할까? 배우자를 더 잘 알고 그의 삶에 도움이 되려면 어떻게 해야 할까? 이런 식으로 접근하면서 행복한 결혼생활을 위한 책임을 두 사람이 함께 나누어 지는 것입니다. 이는 상대방을 위해 시간을 내고, 함께하는 시간을 만들기 위해 먼저 노력해야 한다는 뜻입니다. 그리스도인의 결혼은 상대방을 섬기고 자신을 내어 주는 것입니다. 자신의 삶을 상대방 밑에 펼쳐 주는 것입니다.

결혼생활에서 자기 쪽 책임에 초점을 맞춘다는 것은 자기 잘못을 인정한다는 뜻입니다. 결혼생활에서 발생한 문제에 대한 자신의 몫, 불화를 일으킨 데 대한 자신의 책임을 직시한다는 뜻이기도 합니다. 배우자로서 나는 상대방의 상처, 분노, 비열함, 무시, 학대에 어떻게 반응했습니까? 침착하고 합당한 태도로 대응할 수도 있었고, 크게 반발하거나 원망하면서 방어적인 태도를 보일 수도 있었습니다. 상대방이 나의 자신감을 짓밟고, 자존감을 무너뜨리는 일

나부터 변해야 하는 건 아닐까요?

도 다 내가 허락했기 때문에 일어난 일은 아니었습니까? 변화는 내 쪽에서 먼저 일어나야 하는 것 아닐까요? 토니 헨드라는 『조 신부님: 내 영혼을 구해 주신 분』*Father Joe: The Man Who Saved My Soul*이라는 자전적 작품에서 남의 이야기를 듣는 것이 얼마나 중요한지를 멋지게 표현합니다. "타인을 알 수 있는 유일한 길은 그의 이야기를 듣는 것뿐입니다. 듣는 것만이 잘 모르는 상대에게 다가서는 방법입니다. 당신과 그 사람 사이의 벽을 넘어서는 일입니다. 경청은 이해의 시작이요, 먼저 사랑을 실천하는 길입니다."

결국 결혼생활을 어떻게 영위할 것인가는 나 자신이 결정할 문제입니다. 결혼생활의 행복은 자신에게 달린 일이지 상대방 책임이 아닙니다. 결혼생활에서 흔히 하게 되는 착각은, 행복은 상대방이 자신을 위해 만들어 내야 한다고 믿는 것입니다. 행복한 결혼은 행복한 두 사람의 결합이자 관계 맺음의 결실입니다.

행복한 결혼생활의 두 번째 특징은 명확한 소통의 기술을 터득하는 것입니다. 다시 말하지만 소통 기술을 향상시키는 것은 각자의 책임입니다. 상대방이 소통에 서툴거나 경청에 능한 사람이 아니라 하더라도 마찬가지입니다. 두 사람 모두가 원활한 소통을 위한 노력을 그치지 말아야 하며, 아무리 나쁜 일이라도 서로 숨기는 것이 없어야 합니다. 대개 한쪽이 소통 기술이 없을 때 결국 다른 쪽도 영향을 받아서 소통이 이루어지지 못합니다. 이때 소통을 잘하는 쪽에서 포기하지 않고, 확신을 가지고 노력한다면 언젠가는 결실을 맺게 될 것입니다. 그렇지 못하면 두 사람의 관계는 정말로 위태로워지게 됩니다.

소통을 잘하려면 세 가지 규칙을 따라야 합니다. 첫째, 소통하라. 둘째, 소통하라. 셋째, 무조건 소통하라. 결혼생활의 소통은 말을 넘어섭니다. 배우자 간의 성적 소통뿐 아니라 몸짓에도 풍부한 의미가 담겨 있습니다. 배우자의 생각과 감정과 기분을 잘 알고 적절히 반응하려는 자세가 되어 있습니까? 소통을 하다 보면 갈등이 빚어질 수도 있습니다. 진정한 소통에는 갈등이 따르는 법이며, 침묵이야말로 결혼생활을 망가뜨리는 주범입니다.

집중하여 경청한다는 것은 다른 사람이 말하고 생각하고 느끼고 요구하는 것을 잘 알아차리고 제대로 대응하고 있음을 의미합니다. 그의 존재를 온전히 인식하고 있다는 뜻입니다. 바로 이때 두 사람 사이에 공감이 꽃피기 시작하고, 합일과 치유가 이루어지는 것입니다. 이렇게 꾸밈없이 소통하고 주의 깊게 경청하면서 항구적인 신뢰 관계가 발전하고 정서적·심리적·성적 친밀감이 생겨나게 됩니다. 이로써 우리는 자기가 보살핌과 존중을 받고, 중요하게 받아들여진다는 느낌을 가질 수 있게 됩니다.

행복한 결혼생활의 세 번째 특징은 무슨 일이 있어도 결혼은 유지될 것이라는 낙관적인 태도를 부부가 함께 견지하는 것입니다.

이는 모든 것은 변화하며 더 나아질 것이라고 믿는 태도를 뜻합니다. 낙관적인 자세는 상황에 따른 대응 능력을 키워 주고, 우리는 더욱 낙관적으로 변모하게 됩니다. 곤란한 문제로 낙담하는 일이 생기더라도 한 사람이 낙관적인 태도를 유지하면 상대방에게도 긍정적인 영향을 미칠 수 있습니다.

행복한 결혼생활의 네 번째 특징은 용서입니다. 이것이야말로 그리스도인 결혼생활의 특징이라고 말할 수 있습니다. 결혼생활을 하면서 우리는 간혹 실수를 저지르거나 실망하고 상처를 받을 때도 있습니다. 그럴 때는 이러한 난관을 현실적으로 받아들이는 것이 중요합니다. 치유와 성장을 모색하고 있다면, 용서를 표현하는 것이 결혼생활의 핵심을 이루어야 합니다.

용서는 상처 입은 관계를 치유할 뿐 아니라 두 사람을 가깝게 만듭니다. 이런 경험을 통해 우리는 스스로를 잘 알게 되고, 서로의 장점과 단점에 대해서도 많은 것을 알게 됩니다.

마지막으로, 행복한 결혼의 이러한 특징들은 결혼생활을 지속해 나가려는 두 사람의 의지, 실패와 낙담과 좌절에도 불구하고 끊임없이 노력하겠다는 의지에 의해 강화되고 통합됩니다. 이 같은 충실함과 의지는 결혼생활을 활기차게 만들 뿐 아니라 부부 사이에 신뢰의 분위기를 형성합니다. 한쪽에서라도 결혼생활을 지키기 위해 갖은 애를 다 쓴다면, 결국 상대방에게도 긍정적인 영향을 미치게 되어 아름다운 결혼생활을 위해 함께 노력하게 만듭니다. 이렇게 되면 부부 사이에 강력한 신뢰가 형성되는 것은 당연한 일이라 하겠습니다.

> 신뢰는 결혼생활의 토대입니다.

신뢰는 결혼생활의 토대입니다. 무슨 일이 일어나건, 기쁠 때나 슬플 때나 두 사람이 함께할 것임을 믿어야 합니다. 이렇게만 된다면 얼마나 안정감 넘치는 결혼생활이 되겠습니까! 그런데 이쯤 되려면 부부 각자가 결혼생활에서 자기 몫의 책임을 다하려는 자세가 되어 있어야 합니다. 요즘처럼 자신의 욕구와 권리에만 매달리는 극도의 이기주의가 횡행하는 세상에서는 찾아보기 힘든 모습입니다. 이 같은 풍토에서 결혼생활은 '우리'가 아니라 '나' 위주로 돌아가기 쉽습니다. 결혼생활이 성공하려면 '나'와 '우리'가 모두 만족해야 하며, 그러기 위해서는 끊임없는 노력과 협력, 조정, 소통, 그리고 물론 갈등도 필요합니다. 앞에서 설명한 다섯 가지 특징을 실천할 수 있다면 행복한 결혼생활은 실현될 것이고, 드디어 사랑은 우리 앞에 현실로 다가올 것입니다.

결혼은 의지가 뒷받침되는 관계입니다. 결혼생활에서의 사랑은 사랑하겠다는 결심을 뜻합니다. 언제나 사랑을 느낄 수는 없더라도 사랑에 대한 기본적인 결심이 중요한 것입니다. 그리고 성적인 사랑도 결혼생활의 긴장 속에서 평안과 기쁨을 줄 수 있습니다.

연구 결과에 따르면 종교적 믿음과 실천에 바탕을 둔 결혼생활은 결혼의 의지를 굳건히 하고, 부부가 서로를 사랑하면서 어려움을 함께 이겨 나가게 해 줍니다. 자기들의 삶 안에, 온갖 문제 안에 하느님이 늘 함께하고 계시다는 믿음이 있으면 결혼생활에서 의미와 희망을 발견하게 됩니다. 결혼생활에 하느님의 은총이 함께하시는 것입니다.

완벽한 사람은 없습니다. 따라서 완벽한 결혼도 없습니다. 하지만 내가 제안한 행복한 결혼의 다섯 가지 특징은 결혼이라는 여정을 잘 헤쳐 나가도록 돕는 좋은 도구가 될 것입니다. 이것을 잘 실천하면 관계는 더욱 공고해지고 혼인 서약대로 서로에게 충실할 수 있습니다. "즐거울 때나 괴로울 때나, 잘 살 때나 못 살 때나, 성할 때나 아플 때나 서로 사랑하고 존경하며 신의를 지키게 하소서."

결혼생활의 다섯 가지 성공 비결을 다룬 이 장을 마치면서 나는 결혼 상담가인 레스 패로트와 레슬리 패로트가 함께 쓴 『행복한 결혼, 불행한 결혼』*Good Marriage, Bad Marriage*을 추천하고 싶습니다. 이 책에서는 내가 말한 내용들을 더 상세히 다루고 있습니다.

13. 가족

일주일에 한 끼라도 다 같이 먹어요.

가족은 사회 구성의 기본 단위입니다. 인류 시작 단계부터 가족은 존재해 왔고, 모든 문화권의 공통 구성 요소이기도 합니다. 어떤 사회에서나 가족은 기본적이고 필수적이며, 인류 번성을 보증하는 제도입니다. 사회의 저력과 내구력은 가족의 응집력에서 나옵니다.

그렇다면 가족을 유지하고 강화하는 방법은 무엇일까요? 모든 문화권과 사회에는 가족을 보호하기 위한 자체 법률과 전통과 금기가 있습니다. 서구 사회에서도 대개 유대-그리스도교의 가족 가치를 인정하는 것을 토대로 가족에 관한 귀중한 사회적 · 심리적 연구를 축적해 왔습니다. 이 장에서는 가족을 유지하고 강화하는 데 필요한 원동력을 밝혀 보고자 합니다.

소통

　가족이 화합하면서 원만한 가정생활을 이루기 위해서는 구성원 모두가 효과적으로 소통하는 것이 중요합니다. 부모는 자녀가 어릴 적부터 지속적으로 말을 걸고 대화를 나누는 것이 좋습니다. 어린 아이에게 말을 건네는 것은 아이에게 생명의 숨을 불어넣는 것이나 마찬가지입니다. 이때 아이는 생기를 띠며 반응을 보입니다. 부모와의 대화 속에서 아이는 자신의 고유성과 주체성을 깨닫기 시작합니다. 부모가 서로 소통하는 것이 둘의 관계에서도 기본이 되겠지만 자녀들에게도 본보기가 될 수 있습니다. 부모의 소통은 온 가족의 소통에 틀을 제공합니다. 온몸을 돌면서 몸 전체에 생명의 자양분을 공급해 주는 피와 같은 역할을 합니다. 소통을 통해 온 가족은 서로가 연결되어 있으며 서로를 잘 안다는 느낌을 가지게 됩니다.

　어떠한 상황과 현실에서도 소통은 이루어져야 합니다. 소통은 직접적이고 분명하고 꾸밈없고 정직해야 합니다. 소통을 통해 가족 각자가 느끼고 생각하고 이해하는 바를 서로 나눌 수 있고 자신의 욕구를 표출할 수 있습니다. 우리가 서로를 잘 알고 관계 맺기 위해서는 그처럼 열려 있는 소통 환경이 조성되어야 합니다. 그렇다고 해서 가족이 매사에 서로 동의해야 한다는 뜻은 아닙니다. 하나의 단위, 하나의 공동체로서 서로를 나눌 수 있으면 됩니다.

　아들이 아버지에게 해야 할 말을 어머니에게 하는 것은 간접 소통에 해당됩니다. 이때 어머니가 아들의 말을 대신 전하게 되면 아버지는 아들이 자기를 완전히 신뢰하지 않는다는 느낌을 받게 됩니다. 가족의 일치와 신뢰를 서서히 약화시키는 이 같은 간접 소통을 우리는 '삼각 구도'라고 부릅니다. 어머니는 아들의 말을 듣고 나서 아버지께 직접 말씀드리도록 아들을 격려해 줘야 합니다. 그렇지 않으면 어머니는 가족 내 원활한 소통을 저해하는 셈이 됩니다.

가족 상담을 해 보면, 같은 상황을 놓고도 각자가 다르게 해석하고 있음을 알 수 있습니다. 가족 문제 중 상당 부분이 이렇게 서로 다른 해석 때문에 빚어지는데, 상담 전까지는 대부분 이 사실을 깨닫지 못합니다. 서로의 생각과 논점을 잘 이해하지 못한 탓에 불필요한 분노나 오해가 야기되기도 하고, 서로 관계가 멀어지면서 서먹서먹해지기도 합니다.

앞서 말했듯이 소통의 주목적은 문제를 해소하는 것이 아니라 드러내는 것입니다. 소통은 가족 내에서 자기 자신을 드러낼 수 있게 해 줍니다. 서로가 느끼고 생각하고 이해하고 원하는 것을 솔직하게 드러낼 때 문제의 해결책은 쉽게 찾아집니다. 하지만 해결책을 찾는다고 해서 문제가 완전무결하게 해결된다는 보장은 없습니다. 해결될 수도 있지만 그렇지 못할 수도 있습니다. 기필코 합의를 이루는 것보다는 최소한 서로 협력하고 양보하고 관용할 수 있는 터전을 마련한다는 데 의의가 있는 것입니다.

온 가족이 소통에 참여해야 합니다. 누가 더 많이 말할 수는 있겠지만 아무도 소통을 독점하거나 지배해서는 안 되고, 침묵하는 사

> 가족
> 누구에게나
> 자신의 생각과
> 느낌을 말할
> 기회가
> 주어져야
> 합니다.

람이 있어서도 안 됩니다. 모든 구성원이 자기의 생각과 감정과 욕구를 자유롭게 표현할 수 있도록 분위기를 조성해야 합니다.

부모는 이 과정을 진두지휘하면서, 어떤 문제에 대해 구성원 각자가 생각하고 느끼는 바를 알고 있어야 합니다. 가장 어린 아이를 포함하여 가족 모두에게 발언 기회가 주어져야 하며, 그러고 나서 부모는 현실적인 판단이나 의견을 낼 수 있습니다.

이렇게 소통이 이루어져야 가족 간에 서로 이야기하는 법, 듣는 법을 익힐 수 있습니다. 이런 분위기 속에서 고통과 환희, 슬픔, 애정, 분노, 두려움, 후회, 실패, 성공을 서로가 깊이 나눌 때, 가족 모두는 정서적으로 연결되어 있음을 느끼고 친밀감을 맛보게 됩니다. 가족 구성원은 불화, 의견 차이, 성격 차이가 있더라도 함께 살아가는 법을 배워야 합니다. 이러한 소통을 통해 가족 모두는 각자의 삶에서 관계를 맺어 가는 기술을 익힐 수 있고, 가정에서 익힌 소통 기술은 평생을 두고 유용하게 쓰일 수 있습니다. 관계를 제대로 형성하고 유지해 나가지 못하는 사람도 많은데, 대개가 가정에서 소통하는 법을 배우지 못한 사람들입니다.

가정에서 제대로 배웠든 못 배웠든 소통과 경청의 기술은 누구나 확실히 알고 있어야 합니다. 그리고 자기 가족 내 소통의 좋거나 나쁜 측면을 정리하여, 나쁜 습관은 버리고 좋은 습관은 이어 가야 합니다. 또 오늘날 무궁무진하게 제공되는 자료들을 이용하여 효과적인 소통과 경청의 기법을 배워야 할 것입니다. 가정이나 결혼생활에서 심각한 불화가 터지고 난 후에야 비로소 소통 문제를 해결하기 위해 상담과 정보를 구하기 시작하는 경우가 많습니다. 우리는 누구나 하느님께서 주신 소통 능력, 경청 능력을 가지고 있습니다. 경청의 기술을 향상시킬 수 있는 능력은 누구에게나 있습니다.

갈등

갈등도 어느 가정에나 현실적으로 존재하는 원동력입니다. 가족 구성원들이 꾸밈없고 정직하고 직설적이고 분명하게 소통할 때 갈등은 당연히 발생합니다. 소통 속에서 문제가 선명히 드러나고 불화가 겉으로 표출됩니다. 갈등은 고통스럽고 힘든 일이지만 더욱 건강하고 원만한 가정을 이루는 데 도움이 되기도 합니다.

이른바 '조용한 가족'이 누구도 예상치 못한 폭력 사태를 빚어내는 경우를 우리는 흔히 접하지 않습니까? 소통이 제대로 이루어지지 않는 집안에서는 반드시 이렇게 탈이 나는 법입니다. 아니면 저변에 깔린 갈등이 신체적·심리적 증세로 드러날 수도 있습니다.

가정생활을 유지하고 구성원들을 결속시키는 데 갈등은 다소 필요합니다(거듭 말하지만 여기서는 창조적이고 건설적인 갈등을 이야기하고 있습니다. 폭력이나 정서적·육체적 학대는 갈등을 통제 불능의 지경으로 몰고 갈 뿐입니다).

아이들은 어릴 때부터, 합당한 갈등과 적절한 분노가 건강하고 원만한 가정생활의 필수 요소이며 살면서 겪게 되는 자연스러운 현상임을 배워야 합니다. 부모가 적절한 갈등을 이해하고 받아들일 능력이 있어야 아이들도 자신의 삶과 관계 속에서 갈등과 분노를 통합시키는 법을 배울 수 있습니다.

분노와 갈등을 허용하면서도 적절히 조절하는 집안에서는 가족 구성원들이 자신의 정체성을 제대로 확립합니다. 식구들끼리 대단히 가깝게 지내는 것 같아도, 자신의 의견을 표현하지 못하고 불화라면 무조건 피하려고만 하는 가족은 성숙할 수 없고 정서적으로 성장하지도 못합니다. 이들은 복제 인간일 뿐입니다.

한편 언제나 파괴적인 갈등으로 상처를 주고받는 가족은 응어리진 갈등과 분노 때문에 남들과도 부정적인 관계를 맺으며 살아갈 수밖에 없습니다.

자신감

자신감은 가정 내 안전감의 토대입니다. 오늘날 부모들은 사회에서 수많은 압력을 받고 있는데, 이 사회적 압력이 부모의 가치관에 어긋난 것일 수 있습니다. 그로 인해 자신감을 결여한 부모, 또는 서로 간에 합의하지 못하는 부모는 가치관 문제에 있어 자녀에게 혼란을 주거나 아예 자녀와 소통하지 못하게 됩니다. 어떻게 보면 이것은 일종의 정서적 방기입니다. 스스로에게 확신이 없는 부모는 자녀들의 잘못된 요구에 쉽사리 굴복하거나 자녀의 삶에 대해 그저 뒷짐만 지고 있는 경우가 많습니다. 이때 자녀는 어떻게 말하고 행동해야 할지 몰라 방향감각을 잃거나 혼란에 빠지게 됩니다.

부모도 나름대로 실수할 수 있습니다. 그러나 자기 확신이 있는 성숙한 부모는 굳이 변명을 하지 않아도 아이들이 부모를 신뢰하는 마음에는 변함이 없습니다. 물론 자녀가 부모에게 화를 내거나 반대할 수도 있습니다. 그럼에도 자신감 있는 부모는 자신감 있는 자녀를 길러 냅니다. 반대로 불안해하는 부모 밑에서는 아이 역시 불안해하고 자신감을 잃을 수밖에 없습니다. 아이가 건강하고 자신감 넘치는 어른으로 성장하기 위해서는 부모의 분명한 지도가 큰 역할을 합니다.

통제와 일관성

앞에서 말한 원동력으로부터 부모의 통제와 일관성이 흘러나옵니다. 건강한 통제를 가함으로써 부모는 자기 자녀가 어떤 아이인지, 현재 어떤 위치에 와 있는지, 자녀의 삶에서 어떤 일이 일어나고 있는지, 자녀가 무엇을 생각하고 느끼고 원하는지를 전반적으로 잘 알게 됩니다. 그것은 부모가 자녀와 함께하면서 대화하고, 무엇보다도 그들의 말을 귀담아듣는다는 뜻입니다. 필요할 때는 "안 돼!"라고 말하면서 자녀의 주장과 분노와 불평에 귀 기울여야 한다는 뜻이기도 합니다.

통제에는 일관성이 따라야 합니다. 예측할 수 있는 방식으로 행동하고 생각하고 처신해야 한다는 뜻입니다. 이때 부모는 즉흥적인 기분이나, 생각과 논리의 변덕에 따라 태도를 바꿔서는 안 됩니다. 부모가 일관성이 없으면 자녀는 대단히 혼란스러워합니다. 가정 내에 질서와 계획과 경계가 분명히 서 있을 때, 자녀는 부모로부터 무엇을 기대할 수 있는지 잘 알게 되고, 이런 것들이 모여 아이의 안전감이 커 가고 부모에 대한 신뢰도 생깁니다. 융통성이 필요한 경우도 있겠지만, 전반적으로 일관성 있는 분위기가 전제된 후에 융통성도 발휘되어야 합니다.

아이들은 일관성이 없고, 기분이 이랬다저랬다 하기 쉽습니다. 특히 십 대들은 변덕이 심합니다. 이럴 때 부모는 자기 자신을 잘 추슬러서 자녀들의 변덕에 말려들지 않아야 합니다. 자녀들은 부모로부터 어떤 틀과 경계와 한계를 원합니다. 아이들이 이런저런 방식으로 부모를 시험해 보는 것은 자연스러운 일이므로, 부모는 이 점을 잘 알고 수용하면서 규율과 원칙을 유지해야 합니다. 잘못된 행동에 따른 결과는 짚고 넘어가되 동시에 무엇이 잘못되었는지에 대해 자녀와 대화를 나누어야 합니다. 부모와 자녀가 서로 허심탄회한 마음으로 대화할 수 없다면, 아이들은 혼란스러워하고 불안해하면서 분노를 표출하게 될 것입니다.

규율은 자녀들에게 필요한 보살핌과 사랑을 제공합니다. 어른들은 규율과 처벌이 다르다는 사실을 잘 이해하지 못합니다. 규율

(discipline)이라는 말은 '가르치다, 훈련하다, 이끌다'라는 뜻의 라틴어 디세레discere에서 파생되었습니다. 어린 시절 자신이 경험한 가혹하고 엄격한 규율에 대한 반감 때문에 규율을 외면하려는 부모가 많습니다. 이들은 규율을 세우는 것은 엄두도 내지 않으면서, 자녀들이 방종하고 버릇없이 구는 것을 방임합니다. 이렇게 되면 결국 아이들은 불안해하고, 자신감을 잃고, 행복을 모르고, 통제도 되지 않는 사람으로 자라기 쉽습니다.

부모의 통제와 일관성은 가정에서 질서의 분위기를 자아냅니다. 질서가 있는 곳에 사랑과 신뢰와 관계가 자랄 수 있습니다. 서로 간에 관계가 이루어지지 못한 가정에서 규칙만 강조한다면 반항만 불러올 뿐입니다. 절도 있는(자기 삶을 통제할 줄 아는) 부모는 자녀에게 규율을 부과할 수 있습니다. 당신 자신부터 통제하십시오. 그러면 당신 자녀를 통제할 수 있을 것입니다.

헌신의 의지

마지막으로, 앞에 나오는 모든 요소에 에너지와 의미와 동기를 부여하는 가장 중요한 요소는 헌신의 의지입니다. 헌신의 의지는 가족에 대한 봉사, 가정생활을 잘 이끌겠다는 의지를 말합니다. 그러기 위해서는 각자가 자신의 역할을 완수해야 합니다. 가장 어린 사람부터 최고 연장자까지 가족 모두에게는 원만한 가정생활을 위한 책임이 주어져 있습니다. 바로 이것이 헌신의 의지입니다. 가족은 하나의 시스템(체계)입니다. 그리고 가족 내 모든 구성원은 이러한 시스템 작동에 필수 불가결한 요소입니다. "한 사람은 모두를 위해, 모두는 한 사람을 위해." 어느 집을 막론하고 가훈으로 삼을 만한 말입니다. 좋든 나쁘든 모든 구성원의 행동은 가족 시스템에 영향을 미칩니다. 그런 가족 내에서 구성원들은 소속감과 존재감을 느끼고, 자신의 정체성을 찾게 됩니다. 인간에게는 누구나 두 가지 욕구가 있는데, 유의미한 타자와 관계 맺고자 하는 욕구와 저마다 고유한 존재가 되고자 하는 욕구가 그것입니다.

집집마다 정도의 차이는 있겠지만 어느 집이든 원만하지 못한 구석은 있기 마련이며, 이것이 바로 인간사의 현실입니다. 이러한 부정적 특징은 대물림되기도 하지만, 어느 세대에 이르러 개선이 일어나기도 합니다. 언제나 희망은 있습니다. 한 사람이 가족 시스템 전부를 직접 바꿀 수는 없지만, 한 사람이 변하면 나머지 구성원 전체에 영향을 끼칠 수 있습니다.

부모가 현실감 있는 기대를 가지고 가족에게 헌신하는 모습은 자녀들이 나중에 커서 자신의 가족을 꾸리는 데도 좋은 본보기가 됩니다. 자녀들은 유의미한 타자와 긴밀한 관계를 맺고 싶은 욕구와 자신의 정체성을 지키고 싶은 욕구 사이에는 언제나 긴장이 감돈다는 사실을 알게 될 것입니다. 물론 이 긴장은 균형을 이루어야 합니다. 지속적인 소통과 의미 있는 갈등 관계가 존재할 때 가족 내에 균형 잡힌 긴장이 가능할 것입니다.

온 가족이 함께 식사하겠다는 확실한 의지가 있어야 가족의 틀이 한층 공고해질 수 있습니다. 함께 식탁에 둘러앉아 그날 있었던 일을 이야기하고, 정보를 나누고, 오해를 풀 수도 있습니다. 그렇게 서로를 더 잘 알게 되고, 서로에게 어떤 일이 벌어지고 있는지를 알게 됩니다. 식탁에서 오가는 대화 속에서 긴장은 누그러지고, 갈등과 분노가 가라앉고, 상처가 치유됩니다. 때로는 열띤 토론이 일어나거나 불편한 문제가 제기되기도 합니다. 웃음과 화기애애한 기운이 감돌기도 하고, 기쁨과 슬픔이 교차하기도 하는 자리입니다. 간단하게 피자를 나눠 먹건 근사하게 차려진 식탁을 마주하건 가족이 함께 모인 식사 자리는 서로를 나누는 근본 자리가 됩니다. 음식뿐 아니라 생명을 함께 나누는 자리입니다.

요즘처럼 바쁜 세상에서는 식구들도 저마다 할 일이 많습니다. 부모가 맞벌이를 하는 경우에는 가족이 한데 모여 식사하기가 힘들 수도 있습니다. 이때 부모는 확실한 의지를 가지고 적어도 주중에 한 번은 함께 모여 밥을 먹을 수 있도록 계획을 잡아 실행해야 합니다. 자녀들이 반대하더라도 부모는 자신감과 확신을 가지고 일관성 있고 확실하게 계획을 밀고 나가야 합니다. 이러한 식사 자리에서 가족은 많은 것을 얻게 될 것이며, 언젠가는 자녀들도 이 자리를 기

> 가족이
> 함께한 식탁은
> 서로의 일상을
> 나누는
> 자리입니다.

다리게 될지도 모릅니다. 자녀가 장성하여 제 가정을 꾸리고 나서도 이런 전통을 이어 나간다면, 가족과 함께한 식탁은 오래도록 좋은 추억으로 남을 것입니다.

추수감사절이나 성탄절 같은 특별한 날, 가족과 자리를 함께하려고 애쓰는 모습들을 보면서 가족 식사 자리가 얼마나 중요한지를 절실히 느끼게 됩니다. 이 자리는 일상의 고통에서 그들을 고양시키고, 치유와 용서를 불러일으키면서, 기쁠 때나 슬플 때나 이들을 하나로 묶어 주는 영적 체험의 현장이 될 수도 있습니다.

서로 인정하고, 칭찬하고, 뜻을 같이하고, 감사를 표현하는 마음은 가족 구성원들을 결속시키는 또 다른 힘입니다. 이런 요소들이 한데 모이면, 최악의 시련이 닥쳐올지라도 가족을 엮어 주는 강력한 아교 역할을 합니다. 이러한 특징들(아니 오히려 덕목이라 할 만한)은 가정생활의 일부로 당연시되는 경우가 많지만, 이 당연한 것이 전혀 갖추어지지 않은 가정도 많은 것이 안타까운 현실입니다. 이러한 덕목과 함께 자신과 타인을 존중하는 데 기본이 되는 예의와 바른 몸가짐도 필요합니다. 남들에 비해 자연스레 미덕이 몸에 밴 사람도 있겠지만, 우리 각자가 노력하고 실천하지 않으면 이 같은 미덕은 점차 사라지고 말 것입니다.

건강한 가정생활의 특징을 실천함으로써 우리는 자기 가족이라는 울타리를 넘어서서 타인에 대해서도 인식할 수 있게 됩니다. 타인을 치유하고, 결속시키고, 친밀감을 키워 갑니다. 그들에게 소속감과 존재감을 불어넣어 주고, 개성을 발전시키도록 도와줄 수도 있습니다. 그리고 이렇게 타인과 연대함으로써 마침내 우리 모두는 자신만의 고유한 존엄성을 깨닫게 되는 것입니다. 이 같은 미덕이 가정생활 내에서 간과되거나, 부차적인 것으로 치부되거나, 가까운 사람들 사이에서만 이야기되곤 하지만, 따지고 보면 이것이야말로 가족이 건강하고 생기 있게 살아갈 수 있는 토대가 됩니다. 예수님도 이렇게 말씀하시지 않았습니까? "두 사람이나 세 사람이라도 내 이름으로 모인 곳에는 나도 함께 있기 때문이다"(마태 18,20).

14. 감사하는 마음
먼저 고맙다고 말하세요.

감사는 성숙한 인간과 참된 그리스도인의 특성입니다. 창조의 모든 경이로움 속에, 인류 역사 속에, 각자의 삶 속에, 가족 내에, 그리고 모든 사람에게서 감사가 나타날 때 그것은 하느님의 선하심을 나타내는 징표가 됩니다. 감사에는 악과 불의가 존재하는 세상의 현실을 인정하면서도 이런 것들을 넘어서는 힘이 있습니다. 감사는 선한 것만을 기억하기 때문입니다. 감사는, 언제나 선이 악을 이겨 내고 비록 결함이 있더라도 인간은 누구나 근본적으로는 선하고 축복받은 존재라는 희망을 우리에게 불러일으킵니다. 감사를 표현하는 일은 모든 관계, 특히 가까운 관계에서 기본이 됩니다. 감사는 사람들을 서로 결속시키고 상처 입은 관계를 치유합니다.

우리를 둘러싼 세상을 인식하는 것과 우리 삶의 조화 사이에 균형을 유지할 수 있는 제일 좋은 방법은 감사할 줄 아는 사람이 되는 것입니다. 감사는 선과 악의 문제를 균형 잡힌 관점에서 보게 해 주고, 삶에서 근시안적인 편견을 갖지 않게 해 줍니다. 감사는 우리의 정신을 고양시키고 아울러 우리 인생의 나침반이 옳은 방향을 가리키게 도와줍니다. 그러므로 폭풍우가 몰아치더라도 우리는 계속 항해해 나갈 수 있습니다. 감사는 우리가 갖가지 고난과 비극을 겪을 때 느끼곤 하는 절망감과 무력감에 대한 해독제로서, 우리에게 용기와 힘을 북돋아 주어 앞으로 나아갈 수 있게 합니다.

하느님이 우리에게 주신 무수한 선물에 대해 감사하는 마음을 가지게 되면 우리 삶에서 하느님이 함께하고 계심을 더욱 깊이 자각할 수 있습니다. 그런데 은총을 많이 받은 사람이 어느 날 비참한 사건에 맞닥뜨려 비통해하고 분노한 나머지 하느님으로부터 멀어지는 모습을 보면 참으로 실망스럽고 가슴이 아픕니다. 비극과 상실의 충격이 가라앉고 나면 대개는 슬픔과 분노와 우울의 늪에 빠지고 마는데, 이렇게 되면 평정을 되찾기 힘들 뿐 아니라 고통을 극복하고 앞으로 나아가기도 힘들어집니다.

감사하는 마음을 갖는다고 해서 힘겨운 현실이 달라지는 것은 아니지만, 상황을 극복하고 고통스러운 감정을 조화롭게 헤쳐 나가는 데 도움이 되는 것은 분명합니다. 감사는 과거의 좋았던(성공과 이득과 성과와 행복을 누리던) 때를 기억하게 해 주고, 현재의 어려움과 인생의 상실에 대응할 수 있는 능력을 키워 주는 희망을 되살려 줍니다. 감사하는 태도는 비참한 현실 속에서도 우리가 정신을 똑바로 차리고 대처할 수 있게 하며, 숱한 인생의 상실 속에서 슬퍼할 때도 큰 위로가 될 뿐 아니라, 지금까지 우리가 누려 온 은총과 축복을 새삼 깊이 실감하게 해 줍니다. 감사는 우리의 삶과 상실에 응답하는 방식입니다.

최근에 어머니가 돌아가시고 슬픔에 잠겨 있던 나에게도 감사는 큰 도움이 되었습니다. 어머니의 고귀한 덕성이 하느님과 어머니에 대한 내 감사의 정을 더욱 깊여 주었고, 감사의 마음은 내가 어머니의 상실을 애도하는 데 특히 도움이 되었습니다. 어머니의 죽음 앞에서 느낀 슬픔과 그 밖의 여러 감정을 헤치고 나아가는 데 큰 힘이 된 것은 물론입니다.

우리는 삶에 악이나 고통이 존재한다는 사실을 부인하지 않고 그것에 굴복하지도 않습니다. 혹시라도 굴복하게 된다면, 악과 고통에 휩쓸려 그것들이 우리 삶을 지배하도록 내버려 둔 데 대해 스스로 책임을 져야 합니다. 우리에게는 현실에 맞설 수 있는 힘이 있습니다. 그 능력을 인식하고 감사하면서, 고난에 맞서는 우리의 의지도 더욱 강해집니다.

우리의 소중한 관계에서도 감사하는 마음은 우리를 조화로운 인간으로 만들어 줍니다. 다른 사람에게 상처를 입으면 우리는 상대가 우리에게 저지른 잘못에만 초점을 맞추면서, 일찍이 그들이 우

**감사는
우리 마음에
평화를
가져다줍니다.**

리에게 베푼 수많은 선행과 사랑은 잊어버리고 맙니다. 그들의 선과 사랑을 기억하려 노력하고 감사하게 될수록 우리의 상처가 아물고 분노가 가라앉게 되며, 더불어 용서와 화해가 앞당겨질 수 있습니다. 감사가 요술 방망이는 아니지만 생각을 차분히 정리하는 데 긴요할 뿐 아니라 상처 난 우리 영혼에 바르는 치유의 기름 역할도 합니다. 감사는 모두의 가슴에 평화를 가져다줍니다. "감사합니다"라는 말 한마디에 상대방 얼굴에는 미소가 피어나고, 말하는 우리도 만족감을 느끼게 됩니다.

감사를 표하는 것은 상대방의 가치를 인정하는 것이므로, 상대방도 스스로 가치 있는 존재라는 느낌을 받습니다. 감사의 마음은 비통을 누그러뜨리고, 좌절감을 달래 주고, 안절부절못하는 마음을 어루만지고, 가슴을 따뜻하게 만듭니다. 사람들이 추수감사절에 느끼는 감정이 이러할 것입니다. 추수감사절은 이 나라에서 성탄절 다음으로 성대하게 경축하는 날로, 대다수 미국인이 서로 간에 그리고 하느님께 고마운 마음을 표현하고자 하는 열망을 잘 나타내 주는 날입니다.

사람은 누구나 행복을 원합니다. 또 모든 사람은 저마다 삶에서 행복을 누릴 자격이 있습니다. 행복은 자신 안에서 우러나오는 것이며, 행복을 키워 나갈 책임도 자신에게 있습니다. 그 누구도 행복을 가져다줄 수 없습니다. 우리 자신 말고 그 누구도 우리를 행복하게 만들지 못한다는 말입니다. 타인에게서 또는 물질적인 것에서 행복을 찾으려는 사람이 너무나 많은데, 이것은 크나큰 착각이며 끝없는 욕구불만으로 이어질 뿐입니다.

행복을 느끼는 사람들은 보통 자기 삶 속에서 선과 축복을 예민하게 느끼는 사람들입니다. 감사할 줄 아는 사람일수록 행복해 보인다는 사실을 기억하십시오. 이들은 삶이 자신에게 가져다준 성공과 선과 선물에 대해 만족과 감사를 표합니다. 행복이 행복을 낳습니다. 그리고 행복은 감사에서 자양분을 얻습니다. "행복이 우리를 감사하는 사람으로 만들어 주지는 않습니다. 감사함으로써 행복한 사람이 되는 것입니다"(다비드 슈타인들라스트).

모든 것을 다 가진 것처럼 보이는 사람 중에 행복하지 않은 이가 그토록 많다는 사실은 정말 놀라운 일이 아닐 수 없습니다. 그들은 감사의 마음을 도무지 표시할 줄 모르는 사람들입니다. 그렇게 하면 자기 마음도 훨씬 좋아질 텐데 말입니다. 반대로 가진 것은 얼마 없어도 행복한 사람들이 있으니, 바로 자기가 가진 것에 감사할 줄 아는 사람들입니다. 다른 점이라고는 감사하는 태도뿐입니다.

우리가 무척 잘해 준 어떤 사람들 때문에 마음이 착잡할 때가 있습니다. 그들이 곤경에 처했을 때 우리는 두 팔 걷어붙이고 도와주었고, 슬픔에 잠겨 있을 때도 곁을 지켜 주었습니다. 그런데 어느 날 그들이 우리에게 등을 돌립니다. 우리에게 실망하고 마음에 상처를 입었답니다. 오해 때문에 빚어진 일이 분명합니다만, 그래도 그들이 어떻게 이럴 수가 있답니까? 지금 당장은 마음이 상하고 화가 날 수도 있겠지만, 예전에 그렇게 잘해 준 일을 다 잊었단 말입니까? 잘해 준 것은 왜 그리 쉽게 잊는답니까? 고마운 마음에서라도 우리를 이해하고 친절과 연민을 베풀어야 하는 것 아닙니까? 정말이지 고통스러운 일입니다. 하지만 남들이 우리에게 배은망덕하다고 해서 속을 끓이지는 맙시다. 그보다는 오히려 더욱 너그럽고 베풀고 감사하는 사람이 되고자 노력해야 합니다.

가까운 사람에게서 심하게 상처를 받았을 경우 관계가 끊어질 수도 있습니다만, 그렇더라도 그 사람이 내게 잘해 주었던 일은 잊지 말아야 합니다. 이렇게 하는 것이 상처와 분노를 누그러뜨리고 다독이는 데 도움이 됩니다. 관계가 끊어져 마음 아파하고 괴로워할 때도 우리는 감사의 마음을 잊지 말아야 하겠습니다.

우리가 살아가면서 만나는 사람들 가운데 제일 상대하기 힘든 사람이 불평을 입에 달고 다니는 사람입니다. 그들은 무엇 하나 만족하는 법이 없고, 제대로 평온을 누리지도 못합니다. 이들에게 행복은 딴 세상 이야기입니다. 세상만사를 삐뚤어지게 보고 비판적으로 대하는 것 자체에서 만족과 활력을 느끼는 상습적인 불평꾼들입니다. 잔이 절반쯤 차 있어도 이들 눈에는 항상 부족하게만 보입니다. 이런 삶 어디에 감사의 정신이 존재하겠습니까? 이들은 불안한 사람들이고 마음속 깊이 상처를 입은 사람들일지도 모릅니다.

이런 사람들 때문에 마음이 흔들려서는 안 됩니다. 우리는 감사하는 태도를 키움으로써 이들의 부정적인 영향을 받지 않도록 하고, 우리 삶을 지배당하거나 우리까지 가련한 인간이 되지 않도록 노력해야 합니다.

감사하는 태도 키우기

감사하는 태도를 키우는 데 도움이 되는 몇 가지 안을 제시해 보겠습니다. 일단 자기가 가진 것에 감사합시다. 감사하다는 말을 남들에게 자주 합시다. 나쁜 일, 악한 일, 불의한 일의 존재를 부정하지 않으면서도 삶의 긍정적인 면을 보려고 애씁시다. 자신이 제법 괜찮은 상황임을 인정합시다. 부정적인 것뿐 아니라 긍정적인 측면도 고려하면서 삶을 너른 견지에서 바라봅시다. 그리고 언제나 균형 잡힌 시각을 유지합시다.

나날의 삶 안에서 하느님께 기도하고 감사드릴 일입니다. 그러려면 사람들 사이에서도 서로서로 감사를 표시해야 합니다. 한두 번 감사를 표한다고 해서 상대방이 기억할 것으로 기대하지 마십시오. 끊임없이 "감사합니다"를 되풀이해야 상대방의 귓가에 가 닿게 됩니다. 감사는 결속과 치유와 모든 관계, 특히 결혼생활과 가정생활을 긍정할 수 있는 원천입니다.

자신의 삶과 관계에 대한 감사가 그 사람의 성격을 좌우합니다. 마음과 영혼에서 우러나오는 감사를 표현하는 것이야말로 그 사람의 성숙도를 나타내는 징표입니다. 이러한 감사는 말뿐 아니라 너그럽고 충실하고 믿음직한 행동으로도 표현할 수 있습니다.

타인에 대한 존중과 관심을 나타내는 감사의 표현이야말로 튼튼한 관계의 초석이 됩니다. 감사는 결혼생활과 가정생활에서 겪는 상처를 극복하도록 도와주고 관계를 변화시킵니다. 또 관계 안에서, 우리 자신 안에서 느끼는 상처와 좌절을 치유해 줍니다. 감사는 우리에게 위안과 미소를 가져다주며, 영혼을 살찌우고, 타인에 대해서도 더 큰 배려와 관용을 베풀도록 우리를 성장시킵니다. 단순한 한마디, "감사합니다"에는 삶을 변화시키는 힘이 있습니다.

감사는 우리가 사면초가에 이르는 것을 방지하는 일종의 항우울증 치료제 역할도 할 수 있습니다. 감사를 통해, 우리가 현재 지닌 것과 과거의 좋은 기억들(해결된 문제를 포함하여)의 가치를 인식함으로써 우리의 영혼은 성장합니다. 긍정적인 사고와 기억은 너그러운 감정을 불러일으키고, 이것은 다시 하느님이 우리 삶에 함께하고 계시다는 사실에 대한 자부심과 신뢰를 굳건히 해 줍니다.

남들에게서 받는 감사와 인정은 우리에게 결코 흡족하지 않을 것입니다. 따라서 기대치를 현실적으로 조정해야 합니다. 직업적으로 남들을 돕는 위치에 있는 사람들에게 이것은 중요한 문제인데, 특히 부모 자식 간에도 해당되는 이야기입니다. 내가 보기에 요즘 젊은이들은 과거 어느 때보다 제 부모의 은혜를 몰라주고 부모의 은덕에 무신경한 것 같습니다. 부모도 자녀들이 감사하는 마음을 품고 그 마음을 표현하는 법을 제대로 가르치지 못하는 형편입니다. 감사하는 태도는 가정에서 맨 먼저 배워야 합니다. 부모는 자녀에게 감사의 마음을 가르치는 것뿐 아니라 자녀가 고마워하지 않을 경우, 부모가 얼마나 상처받고 실망하는지를 분명하게 표시해야 합니다. 부모가 이런다고 해서 자녀에게 죄책감을 강요하는 것은 아닙니다. 오히려 자녀로 하여금 건강한 관계와 그리스도교적 가정생활의 매우 중요한 측면을 제대로 인식하도록 교육시키는 것입니다.

감사를 맨 처음으로 배우는 곳은 가정입니다.

오늘날 부모들은 물질적인 면에서 자녀들의 버릇을 잘못 들이고 있다는 비판을 많이 받습니다. 이런 모습은 대개 부모 자신이 어렸을 때 느꼈던 결핍감을 보상받으려는 심리에서 비롯됩니다. 평소에 물리적으로나 정신적으로 자녀와 가까이 있어 주지 못한 미안한 마음을 상쇄하려는 행동이기도 합니다. 어쨌거나 부모가 자녀들에게 감사를 요구하거나 기대하지 않는 태도입니다. 자녀들이 스스로 알아서 감사하는 마음을 가지게 될 거라고 기대하신다면 그것은 큰 오산입니다. 자발성은 교육에서 비롯되는 것으로, 일관성 있는 규율에 뿌리내리고 있어야 제대로 발휘될 수 있습니다.

궁극적으로 부모는 자신의 말과 가르침과 모범으로써 자녀들에게 감사의 정신을 심어 줄 책임이 있습니다. 이는 자녀들의 인격 형성에 중요한 역할을 하는 것은 물론이거니와 정서적 성숙도, 관계의 질, 그리고 자비로우신 하느님을 인식함에 있어 그들의 삶을 좌우할 것입니다. 감사하는 태도는 가족 간 존중심, 세심한 배려, 유대감을 키워 줍니다. 온 가족이 주일날 함께 모여 하느님을 찬양하는 마음 역시 바로 이 감사에서 비롯되는 것입니다.

아무리 강조해도 지나치지 않습니다. 감사하는 태도는 우리 인간을 변화시킵니다. 감사하는 사람이 되면 우리는 더욱 너그럽고 친절하고 따뜻한 마음으로 타인을 받아들이게 됩니다. 매사에 불만을 늘어놓기보다는 자기가 가진 것에 만족할 줄 알고, 타인이 베풀어 준 선행을 더욱 민감하게 받아들이는 사람이 될 수 있습니다. 다른 사람들 안에 있는 선도 잘 알아보고 섬세히 느끼게 됩니다. 그 무엇보다도, 감사하는 태도를 가진 사람은 우리 안에 함께 계시고 우리가 아버지라고 부르는 분, 곧 하느님의 선하심과 사랑과 용서와 자비와 연민을 보다 분명히 깨닫고 예민하게 느낄 수 있을 것입니다.

감사의 말

첫 책 『상처 입은 감정의 치유』(분도출판사 1999)를 많은 분이 읽어 주시고, 속편을 쓰도록 격려해 주신 덕분에 이 책 『상처 입은 관계의 치유』가 세상의 빛을 보게 되었습니다. 성원해 주신 모든 분께 감사드립니다.

지난 40년간 내 곁에서 지혜와 용기와 비판과 지원을 아낌없이 베풀어 주었으며, 이 책을 완성하는 데도 힘이 되어 준 로즈메리에게도 한결같은 감사를 전합니다.

내 친구이자 유능한 편집자인 패트릭 코너 신부도 원고를 꼼꼼히 검토해 주었습니다. 그의 소중한 비판과 조언과 격려를 결코 잊지 못할 겁니다.

녹음테이프를 원고로 풀어 주신 뉴저지 체스터필드 클라라 관상 수녀회 플로렌스 수녀님과 도나 수녀님께도 진심으로 감사드립니다. 듣고 글로 옮기는 일을 귀찮다 않으시고 즐겁게 해 주셨지요.

출판사에 보낼 초고를 다듬어 준 든든한 벗 데이비드와, 컴퓨터 작업에 도움을 준 제퍼슨 풀 신부에게도 고마운 마음을 표해야겠습니다.

마지막으로, 34년 세월 동안 나를 믿고 저마다의 고통스러운 체험을 고백해 준 수많은 분께 내가 얼마나 큰 은혜의 빚을 지고 있는지 말씀드리고 싶습니다. 의미와 치유를 구하며 우리는 함께 삶의 여정을 걸어왔습니다. 스스로를 직시하는 용기를 보여 주신 그분들의 통찰력 덕분에 이 한 권의 책을 엮을 수 있었습니다. 내적 평화와 치유를 모색하는 분들 누구라도 그러한 통찰의 힘에서 큰 도움을 받을 수 있을 것입니다.